래퍼가 말하는

래퍼

인터뷰어 김봉현

인터뷰이 창모(래퍼, 프로듀서) | 엠씨메타(래퍼, 프로듀서) | 팔로알토(래퍼, 하이라이트레코즈 대표) | 이영욱 (전 뮤지션, 하이라이트레코즈 이사) | 더콰이엇(래퍼, 프로듀서, 일리네어레코즈 대표) | 스윙스(래퍼, 저스트뮤 직 대표) | 딥플로우(래퍼, VMC 대표) | 화나(래퍼, 힙합 복합공간 어글리정션 운영) | 제이에이(프로듀서, KAC 한국예술원 교수) | 뉴올(프로듀서, 기획자, 〈마이크 스웨거〉 제작자) | 제이제이케이(래퍼, 랩 레슨 클래스 운 영) | 디제이 켄드릭스(디제이, 힙합 클럽 무드 운영) | 석찬우(흑인음악 전문 에이전시 스톤쉽 대표) | 장한별(일 리네어레코즈 이사) | 최성웅(힙합엘이 대표) | 박하재홍(래퍼, 작가, 힙합 활동가) | 김용준(힙합플레이야 대표) (이상 원고 게재 순)

래퍼가 말하는 래퍼

2020년 1월 23일 초판 1쇄 발행
2023년 6월 14일 초판 4쇄 발행

지은이 김봉현 | 펴낸곳 부키(주) | 펴낸이 박윤우
등록일 2012년 9월 27일 | 등록번호 제312-2012-000045호
주소 03785 서울 서대문구 신촌로3길 15 산성빌딩 6층
전화 02) 325-0846 | 팩스 02) 3141-4066
홈페이지 www.bookie.co.kr | 이메일 webmaster@bookie.co.kr
제작대행 올인피앤비 bobys1@nate.com
ISBN 978-89-6051-765-3 14300
ISBN 978-89-85989-61-9(세트)

이 도서의 국립중앙도서관 출판예정도서목록(CIP)은 서지정보유통지원시스템 홈페이지 (http://seoji.nl.go.kr)와 국가자료공동목록시스템(http://www.nl.go.kr/kolisnet)에서 이용하실 수 있습니다.(CIP제어번호: CIP2019047672)

부키 전문직 리포트 24

래퍼가 말하는
래퍼

18명의 힙합퍼가
솔직하게 털어놓은
힙합의 세계

김봉현 지음

부·키

들어가는 말

나는 '글'과 '말'로 힙합을 하는 사람 - 김봉현 (힙합 저널리스트) 6

1장 뮤지션으로서의 래퍼, 직업인으로서의 래퍼

01 "가장 중요한 건 '근본'이에요"
　　－ 창모 (래퍼, 프로듀서) 16

02 "래퍼는 내가 할 수 있는 가장 이상적인 형태의 직업"
　　－ 엠씨메타 (래퍼, 프로듀서) 35

03 "하이라이트는 늘 길을 먼저 제시해 왔어요" 52
　　－ 팔로알토 (래퍼, 하이라이트레코즈 대표), 이영욱 (전 뮤지션, 하이라이트레코즈 이사)

04 "예술가로서 성숙한다는 건 또 하나의 어른이 되는 것"
　　－ 더콰이엇 (래퍼, 프로듀서, 일리네어레코즈 대표) 77

05 "힙합은 교과서와는 다른 교훈을 줘요"
　　－ 스윙스 (래퍼, 저스트뮤직 대표) 100

06 "래퍼가 되고 싶다면 당장 랩부터 하세요"
　　－ 딥플로우 (래퍼, VMC 대표) 120

07 "재미를 느끼는 것이 가장 큰 재능이에요"
　　－ 화나 (래퍼, 힙합 복합공간 어글리정션 운영) 138

2장 힙합 씬에도 다양한 직업군이 있다

08 "힙합도 교육이 가능하다고 생각해요"
— 제이에이 (프로듀서, KAC 한국예술원 교수) 160

09 "자리를 지키는 것만큼 중요한 게 없죠"
— 뉴올 (프로듀서, 기획자, 〈마이크 스웨거〉 제작자) 183

10 "자신의 능력으로 씬을 뚫고 가는 힘이 있어야 해요"
— 제이제이케이 (래퍼, 랩 레슨 클래스 운영) 203

11 "학교라는 제한된 환경을 똑똑하게 이용하세요"
— 디제이 켄드릭스 (디제이, 힙합 클럽 무드 운영) 221

12 "공급은 많은데 뚫린 문이 없어서, 제가 만들기로 했죠"
— 석찬우 (흑인음악 전문 에이전시 스톤쉽 대표) 242

13 "저희는 수익보다 멋이 중요해요"
— 장한별 (일리네어레코즈 이사) 257

3장 힙합 씬의 한계를 확장해 나가는 사람들

14 "힙합을 이해하는 비즈니스맨이 필요해요"
— 최성웅 (힙합엘이 대표) 276

15 "평범한 래퍼로서도 할 수 있는 일은 너무 많아요"
— 박하재홍 (래퍼, 작가, 힙합 활동가) 290

16 "고민할 시간에 시도하는 게 나아요"
— 김용준 (힙합플레이야 대표) 309

나는 '글'과 '말'로
힙합을 하는 사람

| 김봉현 |

1998년부터 힙합을 좋아했고 2003년부터 글을 썼다. 음악 평론가로 알려졌지만 힙합 저널리스트라는 직함을 선호한다. 힙합에 관한 책을 꾸준히 쓰거나 번역하고 있다. 힙합과 한국, 힙합과 정신 건강의 관계에 관심이 많다. 유튜브 렙 티비(REP TV)에서 래퍼들과 대담을 하고 있고, 최근 리스너를 위한 새로운 음악 가이드 '매디'(maedi.kr)를 오픈했다. 랩을 하진 않지만 글과 말로 힙합을 하고 있다.

이 책을 다 읽고 나면 아마 이런 생각을 할지도 모르겠다. '래퍼들이 청소년 때 의외로 문제아가 아니었잖아?' 그렇다. 인터뷰에 응해준 대부분의 래퍼들은 학창 시절에 문제아도 아니었고 사고뭉치와 거리가 멀었다. 딱히 반항을 심각하게 하지도 않았다. 오히려 학교에 꼬박꼬박 잘 나가는 학생이었다. 물론 공부를 그리 열심히 하지는 않았지만 한편으론 자기 안에 남다른 무언가를 지니고 있던 소년들이었다. 타인을 규정하는 일은 늘 조심스럽지만, 이 정도로 정리가 대략 가능할 것 같다.

　래퍼는 아니지만 '글'과 '말'로 힙합을 하는 사람으로서 나 역시 그랬다. 더 정확히 말하면 사실 난 그 정반대의 극단에 있는 존재였다. 나의 10대 시절은 두 단어로 요약된다. 모범생, 그리고 우등생. 가출 한번

한 적이 없고 결석 횟수도 한 손가락으로 꼽을 정도다. 담배는 피워 본 적이 없고 지금도 입에 대지 않는다. 아마 죽는 날까지 피울 일은 없을 것 같다. 백일장이 열리면 늘 장원을 받았다. 고등학교는 인문계 수석으로 졸업했다. 졸업식 날 학교장 상을 받았다. 전교 1등이었다.

재수 없게 들릴 수도 있지만 사실이다. 손석희가 팩트체크를 해도 자신 있다. 중고등학교 시절의 나를 되돌아보면 공부와 음악밖에 없었다. 공부를 열심히 하거나 음악을 열심히 들었다. 그 결과 꽤 좋은 대학에 들어갔고 그 후 나는 거짓말처럼 공부를 하지 않았다. 물론 장학금을 받은 적이 딱 한 번 있다. 그러나 대학 생활 전체를 통틀어 평균 학점이 아마 3.0을 넘지 않았을 것이다. 반전이라면 반전이다.

언젠가 이 아이러니에 관해 혼자 생각해 본 적 있다. 그렇게 공부를 열심히 하고 또 잘하던 내가 대학에 들어간 순간 왜 공부를 놓게 된 걸까. 둘 중 어느 하나가 가짜였나. 둘 중 하나는 이봉현이었나. 하지만 둘 다 나였다. 이게 내 결론이다.

나는 그저 눈앞에 있는 것을 열심히 하는 사람

내가 생각하는 나는 무엇이든 열심히 하는 사람이다. 그러나 그 것만으로는 부족하다. 최고가 되어야 한다. 그 분야에서 '짱'이 돼야 한다. 그래야 잠을 편하게 잘 수 있다. 학창 시절에 나에게는 특별한 꿈이 없었다. 아버지가 판사가 되라고 하시기에 한번 돼 볼까 생각해 본 적은 있는데, 진지한 고민으로 이어지지 않았다. 그런데 앞서 말했듯 나에겐 꿈은 없었지만, 무엇이 됐든 열심히 하는 사람이었다. 그래서 공부도 그렇게 했던 것이다. 부모님이 공부를 잘하길 원했고 내가 그것을 나의 과제로 받아들였기 때문이다.

공부를 잘해서 돌아온 결과들은 늘 만족스러웠다. 선생님들은 늘 나를 좋아했고, 부모님 역시 나를 자랑스럽게 여겼다. 누군가의 자랑이 된다는 건 기분 좋은 일이었다. 사람들에게 훌륭한 학생으로 보이는 게 맘에 들었다. 그래서 고등학교를 졸업할 때까지 계속 공부를 잘하기로 했다. 공부가 딱히 내가 원하는 꿈은 아니었지만, 그렇다고 싫지도 않았다. 크게 힘들지도 않았다. 그래서 그냥 잘했다. 공부는 내 10대 시절의 과제였다. 내가 완수해야 할.

대학에 들어가자 공부는 더 이상 내 과제가 아니게 됐다. 부모님은 고3 이후로 내게 공부를 잘해야 한다고 말하지 않았다. 대학에 들어갔으니 이제 다된 것처럼 느껴졌다. 대학 생활을 재미있게 했다. 같은 과 여자애와 사귀기도 했다. 그녀가 약속 시간에 늦을 때 화를 냈던 게 가장 후회된다. 나한테 예뻐 보이려고 꾸미다가 늦은 걸 몰랐다. 모르는 게 많았다.

스물한 살 때 음악 웹진에 글을 쓰기 시작했다. 그때 내가 생각했던 것을 재현하면 다음과 같다. '내가 잘하는 게 뭐지? 난 다른 것보다 글을 잘 쓰잖아. 백일장 때 매번 장원을 받았으니까. 그럼 내가 좋아하는 게 뭐지? 난 음악을 좋아하잖아. 중고등학교 때 늘 카세트테이프와 CD를 끼고 살았으니까. 그렇다면 내가 잘하는 것과 좋아하는 것을 결합해 볼까. 좋아. 음악에 대해 글을 쓰면 되겠군.' 토씨 하나 안 틀렸다고는 말 못 한다. 하지만 그때 실제로 이와 비슷한 생각을 했다. 지금 떠올려 보면 기적에 가깝다. 스물한 살 주제에 자기 객관화를 하다니. 스물한 살의 봉현이에게 편지를 보낼 수 있다면 네가 그때 가장 잘한 일이 바로 이거라고 말해 주고 싶다.

하지만 이는 동시에 내가 꿈을 뒤늦게 찾았다는 뜻이기도 하다. 스물한 살이 돼서야 처음으로 좋아하는 일을 시작한 거니까. 비록 그때는 이 일을 직업으로 삼을 생각까지 하지는 않았지만 어쨌든 좋아하는 일을 시작한 거니까. 그러니 10대인 당신이 아직 이루고 싶은 꿈을 찾지 못했다고 해도 문제나 잘못이 아니라고 말해 주고 싶다. 꿈은 빨리 찾는 것보다 정확하게 찾는 것이 더 중요하다.

중요한 건 내 재능이 무엇인지 아는 것

자기가 가진 재능의 종류를 정확히 파악하는 일 역시 매우 중요하다. 음악 웹진에 글을 쓰기 시작한 스물한 살 때 나는 이런 생각도 했다. '나는 음악을 정말 좋아하지만 나에게 예술가로서의 재능은 별로 없는 것 같아. 가사가 주는 감명은 논리나 이성에서 나오는 건 아니잖아. 그런데 난 어떤 가사를 보고 잘 받아들일 수 있는 사람이긴 해도 가사를 그렇게 쓸 수 있는 사람은 아닌 것 같아. 그래도 난 음악을 좋아하긴 하는데 어쩌지. 그럼 음악을 듣고 감상을 적고 해설하는 일을 해 보면 어떨까. 그런 게 나한테 더 잘 맞을 것 같은데.'

앨범 리뷰를 쓰기 시작한 건 바로 이런 이유에서였다. 음악을 좋아한다고 꼭 뮤지션이 될 필요는 없다고 생각했다. 오히려 이러한 강박 때문에 예술가로서 특별한 재능이 없음에도 뮤지션으로 활동하면서 불행해지는 사람이 더 많지 않은가. 어쩌면 나는 '예술을 사랑하는 기계' 같은 사람이 아닌가 싶었다. 예술을 사랑하지만 예술가로서의 재능은 부족한, 그렇기 때문에 예술가와는 다른 위치와 맥락에서 예술에 관한 일을 하는 사람 말이다.

예술을 사랑하니까 무작정 예술가가 되는 것은 위험하다. 그렇다고 예술가로서 재능이 부족하니 예술과 완전히 무관한 삶을 살아야 한다는 법도 없다. 그럴 때는 이 둘을 최선으로 조화시키면 된다. 그렇게 찾아낸 답이 바로 음악에 관해 글을 쓰는 일이었다. 그렇게 나는 음악 평론가로 출발해 힙합 저널리스트가 되었다. 예술가로서의 재능과 저널리스트로서의 재능은 엄연히 다르다는 사실을 언제나 명심하면서. 즉, 힙합을 좋아한다고 해서 무조건 래퍼가 되어야 하는 것은 아니다. 당신의 재능은 랩과 다른 카테고리에 있을 수도 있다.

인내는 재능의 별책부록이 아니다

'짧은 참을성은 별로 없지만 긴 인내심은 강한 것 같아.' 아다치 미츠루의 만화 《H2》에 나오는 대사다. 내가 이 만화의 주인공처럼 멋있진 않지만 이 대사는 나에게도 그대로 적용된다. 실제로 난 줄을 서야 하는 음식점에는 절대로 가지 않는다. 기다리기 싫다. 기다리느니 죽는다. 더 적절한 사례가 있다. 난 플레이스테이션4 게임 CD를 살 때 온라인 주문보다는 직접 매장에 가는 편이다. 지출로 따지자면 온라인 주문은 무료 배송이거나 택배비 3000원 정도가 들고, 직접 매장에 가서 사면 왕복 택시비가 2만 원 정도(와 시간이) 든다. 즉 온라인 주문을 하면 논을 1만 원 이상 아낄 수 있(고 시간도 아낄 수 있)다. 하지만 내 선택은 번번이 매장 방문이다. 택배가 오는 하루 이틀을 기다리기 싫어서다. 아 몰라. 빨리빨리. 언제 기다려.

하지만 내가 매사를 이런 자세로 대하는 건 아니다. 그랬다면 내가 지금껏 음악에 관한 글을 쓰고 있을 리가 없다. 그렇다. 나는 내가 좋아하는 일은 이렇게 대하지 않는다. 좋아하는 일을 할 때 나는 인내심 최강 전사가 된다. 올해로 음악에 관해 글을 쓴 지 16년이 넘었고, 그동안 대통령이 네 번 바뀌었지만 나는 여전히 내 자리에 남아 있다. 힙합 대통령은 나다. 장기 집권 중이다.

처음부터 윤택하진 않았다. 아니, 오히려 이 직업이야말로 한국에서 매우 열악한 직업 중 하나였다. "한국에서 힙합 음악으로도 먹고살기 힘든데 힙합 음악에 관한 글을 써서 먹고살겠다고?" 요즘 10대들은 믿기지 않겠지만 이런 말을 한창 들을 때가 있었다. 내가 하는 일은 불모지 중의 불모지였다. 취미로는 할 수 있겠지만 직업으로서는 가망 없으니 대학을 졸업하면 빨리 그만두어야 하는 일. 빨리 그만두고 친구들처럼 대기업에 들어가거나 공무원이 되라고 강요받던 때. 나에게도, 한국 힙합에도 그런 때가 있었다.

하지만 시간이 지나며 상황이 바뀌기 시작했다. 래퍼들의 노래가 음원 차트에 등장하기 시작했고 〈쇼미더머니〉가 열풍을 일으켰다. 힙합이 대세 음악으로 떠오르기 시작했다. 그러자 사람들이 당황하기 시작했다. 신문에서, 방송에서, 잡지에서 이 상황을 설명해 줄 사람을 찾기 시작했다. 일명 '컨트롤비트 대란'도 좋은 예다. 래퍼들이 컨트롤비트 대란을 일으켰고 이 사건은 포털 사이트 실시간 검색 순위를 며칠이나 장악했다. 미디어에서는 대관절 이게 무슨 일인지 알 수가 없었고, 그 내막을 풀어 줄 사람이 필요했다. 그리고 그들이 고개를 돌렸을 때 그 자리에 내가 있었다. 아니, 나밖에 없었다. 나는 그때를 아직도 잊을 수 없다. 척박한 불모지가 블루오션이 되는 순간이었다.

사람들은 성실함이나 꾸준함 같은 덕목을 재능의 별책부록 정도로 생각하는 경향이 있다. 하지만 재능만큼 중요한 것은 인내다. 일희일비하지 않고, 긴 인내심으로 자기 자리를 지킬 것. 그렇게 하다 보면 기회는 온다. 100퍼센트라고 단언할 순 없지만 99퍼센트라고 말할 수는 있다. 꽤 확률 높은 싸움이다. 자신이 정말로 좋아하는 일을 위해서라면 이 정도는 해야 하지 않을까.

여기서 말하고 싶은 건, 있는 그대로의 한국 힙합

들어가는 말을 길게도 썼다. 나는 이 책의 인터뷰어이기도 하지만 동시에 나 또한 한국 힙합의 플레이어다 보니 내 이야기를 늘어놓게 됐다. 나의 삶으로도 힙합에 관심 있는 청소년에게 도움을 줄 수 있다고 생각했기 때문이다. 잊지 마. 나는 한국의 유일한 힙합 저널리스트. 모두가 안 된다고 했을 때 되는 걸 증명한 사람.

힙합 저널리스트 김봉현 외에도 한국 힙합에 관련된 여러 인물을 이 책에 초대했다. 래퍼가 가장 많지만 아닌 사람들도 있다. 또 래퍼인 동시에 레이블의 대표인 사람도 있다. 그들과 나의 대화가 이 책을 읽는 사람들에게 직업과 진로로서의 힙합을 온전히 드러냈기를 바란다. 환상을 주고 싶지도 않고, 필요 이상의 비판도 경계했다. 그저 정확한 한국 힙합을 독자들에게 전달하고 싶었다.

이 책에 참여해 준 모든 이에게 감사드린다. 인터뷰의 취지를 설명하며 참여를 요청했을 때 계산하거나 잰 사람은 단 한 명도 없었다. 기꺼이 모두 나의 제안을 받아들여 주었다. 나는 그것이 사랑이라고 생각한다. 이 음악에 대한 사랑, 이 문화에 대한 사랑, 나아가 한국 힙합에 대한 사랑 말이다. 그 사랑이 여러분에게도 가닿았으면 좋겠다.

1장

뮤지션으로서의 대표, 직업인으로서의 대표

"가장 중요한 건
'근본'이에요"

| 창모(CHANGMO) |

본명 구창모. 래퍼이자 프로듀서로 앰비션뮤직 소속이다. 2014년 디지털 싱글 《Gangster》로 데뷔하여
《MOTOWN》《돈 벌 시간 2》《닿는 순간》 등 다수의 EP와 믹스테이프를 발매했다. 더콰이엇과 함께 〈쇼미더머
니〉 시즌 7에 사상 최연소 프로듀서로 출연했다. 2019년 발표한 앨범 《Boyhood》로 멜론 음원 차트 1위를 기
록했다.

창모가 아마추어일 때부터 나는 그를 지켜보고 있었다. '#결국
엔유명해진다' 같은 해시태그를 앞세운 그의 패기가 싫지 않았다. 무엇
보다 힙합 특유의 자신감과 긍정적인 태도를 일찌감치 체득한 것처럼
보여 더 관심이 갔다. 창모는 결국 유명해졌고 〈마에스트로〉는 전국에
울려 퍼졌다.

이 책을 위해 창모가 아닌 다른 젊은 래퍼를 섭외할 수도 있었다.
하지만 나는 일찌감치 창모를 리스트에 올려놓았다. 젊기만 한 래퍼가
아니라 패기와 깊이를 동시에 지닌 래퍼가 필요했기 때문이다. 더불어
힙합 문화를 사랑하고 힙합 씬에 사명을 느끼는 래퍼가 필요했다. 대
담이 끝난 후 그의 '직품'이 기대돼 참을 수가 없었다.

피아노를 치겠다던 다섯 살 소년, 래퍼가 되다

힙합을 언제부터 좋아했나요?

힙합을 인지하고 좋아한 건 열세 살부터예요. 그 전에도 랩을 알긴 했지만 그냥 보컬의 하나인 줄 알았거든요. 그러다가 에픽하이 같은 그룹이 나오면서 랩 뒤에 문화가 있다는 걸 그때 알았죠. 궁금해서 찾아보다가 투팍(2Pac)도 알게 되었고 랩에는 생각보다 유서 깊은 문화가 있다는 사실을 알게 됐어요. 그리고 그게 우리나라 문화가 아니라는 것도요.

다른 음악이 아니라 힙합에 빠진 이유가 있을까요?

특별하잖아요. 다른 장르를 폄하하는 건 아니지만 발라드나 팝, 댄스는 작곡가와 머리를 맞대고 음악을 만들어 회사와 계약해서 내면 되는 건데 힙합은 달랐어요. 음악을 그냥 내는 게 목적이 아니라 어떤 절차가 있어서, 정신적으로 그 관문을 넘어야 되는 것 같은 느낌이랄까. 그래서 신비롭게 느껴졌어요. 주술사 느낌도 좀 있었고요(웃음).

주술사 느낌이라니 흥미롭네요. 이에 대해 조금 더 자세히 설명해 줄 수 있나요?

말로 표현하기 어려운데……. 예를 들면 예전에 한국 래퍼들은 "아 이건 힙합이 아닌데……" 하면서 별거 아닌 걸 가지고 엄청 고민하고 그랬잖아요(웃음). 제가 어렸을 때 한국 힙합의 가장 큰 이슈도 이런 거였어요. "이게 힙합이고! 이건 가요다." 그래서 힙합을 하던 사람이 가요를 하면 욕을 엄청 먹고 변절자 취급을 당하고 그랬거든요. 근데

:: 창모는 피아노를 치는 래퍼다. 그래서 수많
은 래퍼가 가지지 못한 무기를 가진 래퍼이기도
하다.

이게 나쁘지만은 않다고 생각했어요. 어쨌든 기준이 있는 거니까요.

다른 장르에서는 안 그러는데 힙합에서는 진짜, 가짜를 철저히 구분하고 어떨 땐 집착까지 하니까 그게 이상하면서도 멋있어 보였다는 이야기인가요?
네. 맞아요.

어릴 때 이미 그걸 느꼈다니 대단하군요(웃음). 그럼 학창 시절에는 어떤 학생이었나요?
일단 절대 나쁜 애는 아니었어요. 그렇다고 되게 착한 애도 아니었고요. 그 당시에 서는 피아노를 계속 지고 있었기 때문에 학교생활에 잘 빠져들지는 못했어요. 그리고 중학교에 들어가자마자 랩을 시작했고 서울에서 랩을 하는 애들이랑 교류를 했어요. 그러다 보니 학창 시절을 생각해 보면 그냥 학교에서 시간을 축내고, 집에 돌아가서 비트와 랩 가사를 쓰고, 피아노 학원에 가서 피아노 연습하고 이 생활의 반복이었던 것 같아요.

당시 성적은 어땠나요?
공부는 못했어요(웃음).

공부는 열심히 하지 않지만 딱히 사고도 치지 않는, 그러면서 학교는 잘 나가는 그런 학생이었군요. 학교를 그만둬야겠다는 생각은 안 해 봤나요?
그런 생각을 고등학교 때 하긴 했어요. 요즘 저보다 어린애들은 과감하게 자퇴도 하던데 사실 당시에 저는 확신이 없었어요. 내가 래퍼로 성공할 수 있을지 확신이 없었고 래퍼로 잘될 거라는 생각도 솔직히 그 당시엔 하지 않았어요. 피아노 쪽으로 진로를 정해야겠다는 생각이 더 컸죠.

실력에 대한 두려움이 내 강점을 찾게 만들었다

조금 의외네요. 창모 님 음악을 들었을 때는 굉장히 강한 확신을 가졌을 거라고 추측이 되거든요. 일종의 두려움이었나요?
네. 두려움이었어요. 생각이 너무 많았거든요. 나는 못생겼고, 말발이 좋지도 않고, 랩을 들었을 때 목소리가 매력적이지도 않다고 생각했어요. 피아노도 다른 애들보다는 잘 치지만 특출 난 수준은 아니라고 생각했죠. 하지만 시간이 지나면서 내 강점에 집중해 보자고 마음먹었고 그렇게 지금까지 오게 된 거죠.

그럼 학교를 계속 다녔던 걸 다행이라고 생각하겠네요?

고등학교 생활은 사실 되게 행복했어요. 저희 고등학교에는 신기한 선생님도 많았거든요. 도서관 사서인데 밤에는 록밴드에서 베이스를 치는 분도 계셨고, 또 제 친구들은 다 예술 쪽에 관심이 많았어요. 미술하고 패션하고 음악 만드는 놈들이었죠. 런던에 있는 패션 대학교에 가는 게 목표인 형들도 있었고요. 이런 사람들과 어울리다 보니 고등학교 생활 자체는 만족스러운 편이었죠.

학창 시절에 학교에 있는 시간이 아깝다고 생각한 적은 없나요? 그 시간에 음악 작업을 하는 게 낫다고 생각하거나.

특별히 그런 생각을 하진 않았어요. 그냥…… 학교는 가야 하는 곳이니까 일단 가고 그 나머지 시간을 나에게 쓰면 된다는 생각이었어요. 학교에서 가사를 끄적이지도 않았고요.

어떤 고등학생이 지금 찾아와서 래퍼로 성공하기 위해 자퇴를 하겠다고 한다면 어떤 이야기를 해 줄 건가요?

진짜로, 진짜로 성공할 수 있으면 해도 좋다고 말하고 싶어요. 하지만 제가 생각하는 '진짜 성공'은 3~4개월짜리 성공이 아니에요. 아무것도 하지 않아도 3년은 그 상태를 유지할 수 있는 성공이어야 진짜 성공이죠. 그런데 요즘 친구들은 너무 자극적인 것만 보는 경향이 있어요. 래퍼들이 부자가 되는 모습, 노래 한 곡이 히트해서 인생 역전을 하는 자극적인 모습에만 노출되니까 자기도 그렇게 해야겠다고 생각하는 것 같아요.

어렸을 때 따로 꿈이 있었나요? 혹시 피아니스트였나요?

저도 그게 의문이에요. 명확히 피아니스트가 되어야겠다고 꿈을 정하지는 않았던 것 같아요. 오랫동안 피아노를 쳐 왔으니까 이 기술이 내가 가장 오래 연마한 기술이고 내가 제일 잘할 수 있는 기술이니까 이걸로 가야겠다는 생각 정도였다고 할까.

〈마에스트로〉는 창모가 스타로 발돋움한 계기가 된 노래다. 이 노래는 2017년 음원 순위 66위를 기록했다. 물론 가요 전체를 통틀어서다. 〈마에스트로〉의 매력과 멋에 대해 여러 가지를 말할 수 있겠지만 역시 가장 중요한 것은 피아노였다. 시작과 함께 나오는 피아노 연주, 그리고 피아노 치는 남자가 랩을 한다는 정체성은 사람들에게 신선함으로 다가갔다. 음악적으로도 사람들이 더 편안하게 받아들일 수 있는 포인트가 되었음은 물론이다. 창모 스스로에게도 이것은 장점이었다. 다른 수많은 래퍼가 가지지 못한 무기를 가진 셈이니까. 래퍼를 꿈꾸는 당신은 자신만의 어떤 무기를 가지고 있나?

피아노는 어떻게 배우게 됐는지 궁금합니다. 부모님의 권유였나요?

아니요. 다섯 살 때 제가 먼저 배우겠다고 했어요. 저희 집에 장난감 피아노가 있었는데 제가 그걸 되게 좋아했거든요.

그렇다면 어떤 계기와 과정으로 래퍼이자 프로듀서인 지금의 모습이 되었나요?

피아노를 치는 와중에 힙합 문화도 계속 접했어요. 저랑 친구들은 인터넷만 하는 애들이었으니까요. 성공한 외국 래퍼들을 보면서 '진짜 멋있다. 와, 이렇게 살 수도 있구나'라는 생각을 했죠. 그러다가 일리네어레코즈를 알게 됐어요. 한국에서도 그렇게 살 수 있다는 걸 보여 준 사람들이었죠. 자연스럽게 그 사람들처럼 살고 싶다고 생각했어요. 그렇게 '살고 싶다'가 '살 수 있다'가 된 거죠. "나도 이 사람들처럼 살 수 있어."

부모님은 어떤 분들이었나요?

일단 엄마가 저희 교육을 거의 전담하셨어요. 엄마의 교육 방침은 딱 이거였어요. "하고 싶은 거 다 해." 하고 싶은 직업을 골라 보라고 하지 않고 하고 싶은 직업을 다 말해 보라고 하셨죠. 그래서 제가 하고 싶은 직업을 다 말하면 설명을 해 주시면서 네가 하고 싶은 거 다 할 수 있다고 하셨어요. 제가 하고 싶은 걸 계속 떠올릴 수 있게 해 주셨죠. 체험도 시켜 주셨고요.

그럼 부모님과의 갈등은 전혀 없었겠군요.

그렇죠. 언젠가 엄마가 제 방에서 영어를 독학하고 계셨어요. 엄마가 헤드셋 마이크를 쓰고 계시기에 그걸 보고 저도 녹음해 보고 싶어져서 한번 해 봤죠. 엄마 입장에서는 당황스러웠을 거예요. 제가 랩 음악을 듣는 건 아셨지만 녹음까지 할 줄은 모르셨을 테니까요. 하지만 엄마는 절 응원해 주셨어요. 엄마는 그냥 전폭 후원이에요. 물론 제가 가사를 좀 세게 쓸 때는 걱정하시기도 하지만요.

창모 님 같은 경우는 사실 좀 드물 것 같아요. 꼭 힙합이라서 그런 게 아니라 자식이 음악을 하겠다고 하면 보통 부모님은 걱정을 많이 하시잖아요.

맞아요. 열 가족이 있다면 저희 집 같은 분위기는 한두 가족밖에 안 될 것 같아요. 그런 점에서 감사함을 느끼죠.

나는 직장인처럼 작업하는 래퍼

창모 님에게 직업이란 어떤 의미인가요?

요즘 제가 앨범을 만들고 있어서 그런지 모르겠는데 직업은 장인이 되는 과정 같아요. 장인은 어느 순간부터 돈벌이가 아니라 작품의 퀄리티에 많은 신경을 쓰잖아요. 지금 저한테 직업은 그런 의미로 다가와요. 내가 만족할 때까지 퀄리티를 끌어 올려야 하는 거죠. 물론 그걸 세상에 내놓았을 때 사람들이 좋아하면 진짜 기쁘겠지만 그렇지 않더라도 스스로 가치 있는 일을 해냈다고 믿는다면 괜찮다고 생각해요.

직업이란 기본적으로 돈을 버는 행위지만, 그 이상의 무엇이 있어야 한다는 말로 들리는군요.

그렇죠. 저도 랩을 시작할 땐 돈이 제일 중요했어요. 그런데 어느 순간부터 영혼이 없어지는 것 같았어요. 원래 제 목표는 제가 낼 수 있는 최대한의 퀄리티로 완성한 작품을 사람들에게 주는 것이었어요. 어느새 잊고 있었는데 요즘 그걸 다시 찾았어요.

그렇다고 지금까지 본인이 했던 것들을 모두 부정하는 건 아니죠?

그런 건 아니에요. 저는 변화의 폭이 되게 큰 사람이거든요. 〈마에스트로〉를 만들 때는 내가 진짜 '쩌는' 걸 만들어서 사람들 돈을 가져와야겠다 생각했어요. 하지만 지금은 내가 온전히 만족하는 게 우선이고, 그 후에 사람들도 좋아해 준다면 더 좋겠다는 마음이에요.

비행기에 탈 때 직업란에 뭐라고 쓰나요?

뮤지션이요.

래퍼가 아니라 뮤지션이라고 쓰는군요?

뮤지션이나 아티스트라고 써요. 저는 결국 제가 아티스트라고 생각해요. 랩도 하지만 작곡가이기도 하니까……. 아무튼 다른 사람에게 말할 때는 제가 하는 걸 다 합쳐서 아티스트라고 말해요.

그러면 음악 하는 것을 언제 처음 직업으로 인지했나요? 취미와 다른 개념으로요.

2016년이요. 그 전까지는 음악 작업을 할 때 '삘'이 오는 걸 기다렸어요. 또 작업은 많이 했지만 특별한 목표는 없었죠. 그런데 2016년에 《MOTOWN》을 만들면서 이런 생각을 했어요. 나의 작업 루틴을 만들고 계획적으로 한 곡씩 만들자. 그러려면 나는 매일 규칙적인 삶을 살아야 하고, 계속 스스로에게 동기부여를 해야 한다. 직장인처럼 매일 나가서 해야 한다. '나는 프로다, 프로로서 일을 해야 한다.' 이런 마음이었죠.

:: 퍼렐 윌리엄스의 영상을 보고 삶의 루틴을 만들었다는 창모. 이렇듯 다른 예술가의 삶도 들여다볼 필요가 있다.

어떤 사람들은 직장인처럼 작업해야겠다고 생각했다는 창모 님의 말에서 의아함을 느낄 수도 있겠어요. 사람들은 보통 예술가의 루틴은 직장인의 루틴과 다르다고 여기잖아요.

제가 유명인들의 규칙이나 하루 루틴이 궁금해서 찾아본 적이 있어요. 그걸 배우면 그 사람들처럼 될 수 있을 것 같아서요. 그래서 퍼렐 윌리엄스(Pharrell Williams) 영상을 보게 됐는데 예상외로 되게 건강하게 사는 거예요. 오전 10시에 일어나서 스튜디오 가고, 스튜디오에서 저녁 7시까지 작업하고, 끝나고 돌아와서 운동하고 서류 확인하고 자고. 그걸 보고 저도 일단 스튜디오에 늘 나가 있어야겠다는 생각을 한 거죠. '삘'이 오든 안 오든.

래퍼를 꿈꾸는 사람이라면, 혹은 더 나아가 예술가의 꿈을 키우고 있는 사람이라면 이미 성공한 예술가의 '삶'을 들여다보는 것도 매우 중요하다. 우리는 예술가의 작품에서 좋은 에너지를 받을 수 있지만, 동시에 예술가의 삶을 통해 깊은 영감을 얻을 수 있기 때문이다. 창모가 퍼렐 윌리엄스의 삶에서 영감을 얻었듯 말이다. 이미 예술가의 삶을 살펴볼 수 있는 좋은 콘텐츠가 많이 있다. 유튜브에만 가도 다양한 다큐멘터리가 당신을 기다리고 있다. 그중엔 자막이 있는 것도 있고 없는 것도 있겠지만, 이 기회에 영어 공부도 하자. 예술가의 작품은 곧 예술가의 삶이 빚어낸 것이라는 사실을 잊어선 안 된다.

지금 한 말은 랩을 하는 것과 래퍼로 사는 것은 다르다는 말로도 들리네요.
네. 맞아요.

래퍼로 사는 건 예술가로 사는 동시에 프리랜서로 사는 것이기도 하잖아요. 자기가 일을 만들고 계획해야 하고 남이 시키지 않아도 스스로 해야 하는 거죠. 어찌 보면 생활인으로서의 면모가 있어야 한다는 생각이 들어요. 그리고 많은 사람이 이걸 해내지 못해서 사라지고 있고요.
맞아요. 사실 음악을 하는 사람의 목표는 번뜩이는 가사를 쓰고, 번뜩이는 곡을 써서, 결국 최고의 음악을 만드는 거잖아요. 그런데 그 '느낌'이 올 때까지 기다리는 사람은 아마추어예요. 프로가 된다는 건 그 시간적 간격을 좁히는 거거든요. 번뜩이는 게 계속 나와야 하는 거죠. 그러려면 자신을 더 냉정하게 바라보면서 더 노력해야 하고요. 또 밖에서 보기엔 래퍼들이 돈을 쉽게 버는 것처럼 보일 수도 있지만, 적어도 제 주변에 있는 잘 벌고 잘사는 래퍼 중에는 좋은 음악이 나오기를 앉아서 마냥 기다리는 사람은 없어요.

대표적으로 더콰이엇이 있을까요?

네. 더콰이엇 형이 대표적이죠. 전 팔로알토 형이랑 더콰이엇 형을 보면서 자극을 많이 받아요. 더 열심히 해야겠다고 정신을 차리게 하는 사람들이죠.

아티스트의 삶과 직장인의 삶, 어느 쪽이 더 힘들까요?

저는 제 삶이 행복하다고 생각해요. 정신적으로 훨씬 자유로울 수 있거든요. 아티스트라는 직업이 자유로워야만 할 수 있는 거잖아요.

그렇다면 래퍼 혹은 프로듀서가 되기 위해서 갖춰야 하는 자질에는 어떤 것들이 있을까요?

사실 저는 제 나이대, 그리고 제 다음 나이대 아티스트들이 굉장히 어려운 상황에 놓여 있다고 생각해요.

어려운 상황이란 어떤 의미인가요?

지금은 인터넷 때문에 어떤 음악 흐름이 생기면 전 세계의 모든 사람이 접하고 영향을 받는 환경이 됐잖아요. 이게 좋은 면도 있는 반면에 전 세계 애들이 그 흐름에 영향을 받게 되니까 매일 똑같은 음악이 나오고 있기도 하거든요. 물론 그중에 특출한 것도 나오기는 하지만 뭔가 전체적으론 혼란스럽고 어려운 상황이에요. 아티스트라면 이 모든 걸 끊고 내가 하고 싶은 나만의 것을 자신 있게 세상에 내놓을 수 있어야 하거든요. 자기만의 태도, 자기 음악에 대한 자신감을 확실하게 가졌으면 좋겠어요.

창모 님도 그런 경험을 한 적이 있나요?

요즘 새 앨범을 만들면서 이런 걸 많이 느껴요. 일단 저 역시 사람들의 관점에선 트렌디한 요즘 래퍼잖아요. 그런데 지금 만드는 앨범은 그런 것과 거리가 멀거든요. 그래서 고민을 많이 했어요. 하지만 제 마음을 들여다보니 지금 이 음악을 고수해야겠다는 생각이 들었어요. 쪽박을 칠지 대박을 칠지는 모르겠는데 이 앨범이 나오면 저는 그것만으로 일단 엄청 기쁠 것 같아요.

필요한 건 힙합에 대한 지식과 확실한 태도

아까 장인에 관해 이야기한 부분과 연결되네요. 그러면 혹시 지금까지 음악을 해 오는 동안 저지른 실수나 실패 중에 기억에 남는 것이 있나요?

일단 실수는 너무 많이 했어요. 가사에서 실수도 했고, 어렸을 땐 사람 대할 때 실수가 많았죠. 형들을 무례하게 대하기도 했고요. 그리고 실패는…… 사실 지금까지 매 순간을 실패라고 생각하긴 해요. 스물 하나둘 때 제가 믹스테이프를 세 장 정도 냈는데 그때 반응이 시원찮았거든요. 그것도 실패라면 실패라고 할 수 있고, 앰비션뮤직과 계약하고 《돈 번 순간》 앨범을 냈을 때도 저는 실패라고 생각했어요.

왜 그 앨범을 냈을 때 실패라고 생각했나요?

작품의 완성도가 제 마음에 안 들었기 때문이죠. 사람들의 반응도 시원치 않았고요. 수익으로는 실패가 아니었지만 인생의 단계로 본다면 실패였어요. 저에게 실패란 안 좋은 앨범을 냈을 때인 것 같아요.

사람들은 보통 실패 뒤에 무너질 때도 많은데, 창모 님은 그렇지 않았던 것 같군요. 그렇다면 본인에게 실패란 어떤 의미인가요?

저는 지금도 제가 어떤 잘못을 저지른다면 아무것도 없었던 때로 언제든지 돌아갈 수 있다는 생각을 항상 해요. 공들여 쌓아 왔지만 잘 못하거나 실패하면 다시 떨어질 수 있다고 말이죠. 제 인생에는 실패가 많았어요. 물론 실패하면 그 순간에는 정신적으로 힘들어요. 하지만 그 때마다 게임처럼 다시 위로 올라왔어요. 앞으로 또 실패한다고 해도 제 가 추구하는 가치를 위해서 계속 다시 도전할 거예요. 그래서인지 몰라 도 저는 실패라는 단어를 평소에 편하게 입에 담는 편이에요.

일종의 자신감이라고 봐도 될까요? 실패해도 다시 올라갈 수 있다는?

네. 실패를 해도 다시 올라갈 수 있다는 자신감은 확실히 있죠.

지금 한국에서는 래퍼라는 존재를 어떤 시선으로 보고 있다고 생각하나요?

전체적으론 연예인처럼 본다고 생각해요. 잘생긴 배우나 잘생긴 아 이돌은 아니지만 특별한 걸 가지고 있는 연예인 같은?

부정적인 시선과 긍정적인 시선, 어느 쪽이 더 클까요?

아직은 부정적인 시선이 더 크다고 봐요. 래퍼를 연예인 범주에 넣 는다고 가정한다면 연예인 중에서 가장 사건 사고가 많은 존재라는 느 낌이랄까요. 인터넷에서 떠들기 가장 좋은 사람들이죠. 그런데 저는 래 퍼들이 대체로 순수하다고 느끼거든요. 지금까지 음악을 이용하려고 마음먹은 래퍼는 본 적이 없어요. 힙합을 대하는 태도도 각자 확실히 서 있고 지금까지 제가 만난 래퍼들은 모두 이 문화를 존중해야 한다

:: 인터뷰 당시, 정규 앨범 발매를 앞두고 있었던 창모는 음악과 태도에 관한 깊은 고민을 드러내 보였다.

는 생각을 가지고 있어요.

그러면 래퍼들의 위상이나 지위가 예전보다 올라갔다고 볼 수 있을까요?

몇몇 래퍼의 위상이나 지위가 올라갔을 뿐이에요. 전체적으로 한국 힙합의 위상이나 지위가 올라갔다고 말하기엔 아직 무게감이 살짝 부족하지 않나 싶어요.

현실적으로 한국에서 래퍼를 직업이라고 부르기에 아직 이르다고 보는 건가요?

그건 또 아니에요. 어쨌든 래퍼들이 활동할 수 있는 길은 많아졌잖아요. 사람들이 래퍼를 연예인으로 인식하고 있기도 하고요. 그 순간 래퍼는 직업이 된 거죠.

그렇다면 10대들은 왜 래퍼가 되고 싶어 할까요?

제가 어렸을 때 생각하던 거랑 비슷하지 않나 싶어요. 인생 역전, 부자, 인기, 자유로움, 패션, 이런 것들이 매력적으로 보이겠죠. 음악만을 보고 판단한다기보다는 라이프스타일을 매력적이라고 여기는 것 같아요. 물론 그중에 음악이 중요한 비중을 차지하겠지만요.

래퍼가 되고 싶어 하는 10대에게 조언을 하나 한다면 어떤 말을 해 주고 싶나요?

주변의 래퍼 동생들한테 제가 늘 하는 말이 있어요. '근본이 필요하다.' 근본 없이 뛰어들지 말라고요. 제가 생각하는 근본은 그 분야에 관한 확실한 지식, 확실한 태도를 말해요. 또 그 분야에 뛰어들어 얻을 수 있는 가장 큰 가치를 돈이 아니라 작품으로 대하는 태도 역시 포함돼요. 그렇지 않다면 근본이 없다고 생각해요. 근본을 확실히 가지고 시작하면 저절로 목표가 설정될 것이고 주변에서 방해를 해도 나아갈 수 있는 힘을 얻을 수 있을 거예요.

돈을 좇기보다 돈을 따라오게 만들어야 한다는 말로 받아들여도 될까요? 자기가 좋아하고 잘하는 걸 하다 보면 돈은 자연스럽게 들어온다는 뜻으로 들리는군요.

네. 그런데 확실한 목표를 설정해야 해요. 그냥 막연하게 열심히 하면 안 되죠. 사실 제가 피아노를 그만두게 된 이유도 확실한 목표가 없어서였거든요. 하지만 랩에 대해서는 확실한 목표를 갖고 해 왔어요. 그래서 여기까지 올 수 있었던 거죠.

결핍을 경험할 때 표현의 범위도 넓어진다

나중에 자식이 래퍼가 되겠다고 하면 어떻게 할 건가요?

말리진 않겠지만 지원은 해 주지 않을 거예요. 제이든 스미스(Jaden smith)나 MC그리한테 미안하긴 한데 힙합은 인생의 바닥을 찍고 올라가는 경험을 해 봐야 비로소 잘 표현할 수 있는 음악이거든요. 제이든 스미스가 아무리 랩을 잘해도 가질 수 없는 멋이 있다는 말이죠. 그래서 전 제 자식이 랩을 하고 싶다고 하면 지원을 안 해 줄 거예요. 그러면 걔가 힘들어 죽으려고 할 거고, 저는 그게 걱정되니까 애초에 래퍼를 꿈꾸지 말았으면 하는 마음이 있어요.

결핍을 가진 상태에서 그걸 채우고 자신의 역경을 이겨 냈을 때 멋있어지는 음악이 힙합이라는 뜻으로 이해해도 될까요?

맞아요. 그리고 그걸 경험한 순간 표현할 수 있는 영역이 엄청 넓어진다고 생각해요.

비슷한 맥락에서 힙합은 어떤 힘을 가지고 있다고 봐요. 특히 삶의 태도 면에서 사람들에게 좋은 영향을 주는 음악이죠. 창모 님은 힙합에서 어떤 영향을 받았나요?

그냥…… 저 자신을 찾은 것 같아요. 제가 진짜 원하는 걸 마음 깊은 곳에 들어가서 볼 수 있는 법을 배웠어요. 10대 때 저는 남의 눈치를 많이 봤어요. 당시에 전 안경을 쓰고 다녔는데 어떤 안경이 어울릴지, 애늘이 놀리진 않을지 늘 생각했어요. 주변을 너무 많이 신경 쓰던 평범한 아이였죠. 랩을 시작한 후에도 한동안은 멋있는 래퍼들을 보면 주눅이 들곤 했어요. 난 멋있지 않은데 정말 래퍼가 될 수 있을까 고민 했죠. 하지만 힙합에는 이런 태도도 있잖아요. '나는 이렇게 생겼지만 여자들은 날 좋아해' '난 바닥에서 올라왔지만 당당해' 랩을 통해 이런 메시지를 접하면서 자신감을 가지게 됐어요. 못생긴 놈도 자신 있게 말하고 행동할 수 있다는 점을 깨달았죠. 릴 웨인(Lil Wayne)도 그렇게 했잖아요. 그래서 저의 부족함을 저를 돋보이게 만드는 강점으로 만들기 위해 노력했어요. 그 후로 자신감이 생겼고 자존감도 올라갔다고 생각해요.

인터뷰도 거의 막바지네요. 마지막 질문입니다. 앞으로 더 생기면 좋겠다, 혹은 앞으로 더 생길 것 같다고 예상되는 힙합 관련 직업이 있나요?

새로 생기기보다는 이미 있지만 늘어나야 할 직업이 많아요. 일단 봉현 님 같은 분도 더 많아져야 하고, 뮤직비디오 감독과 힙합 엔지니어도 너무 적어요. 무대 연출가나 크리에이티브 디렉터도 마찬가지고요.

맞아요. 래퍼만 너무 많아요. 힙합을 좋아하면 대부분 래퍼가 되고 싶어 하잖아요. 하지만 래퍼로서 갖추어야 할 재능을 모두가 가지고 있는 것은 아니라는 게 문제거든요. 그래서 저는 사람들이 자기가 가진 재능의 종류를 명확히 파악해야 한다고 봐요. 일찍 파악할수록 더 좋고요.

그렇죠. 래퍼 100명 중에 살아남는 건 한 명이거든요. 하지만 나머지 99명이 잘못했다는 건 아니에요. 각자가 가진 재능이 다르니까요. 솔직히 지금 한국에서 랩 스타라고 불리는 사람들은 대부분 1인 기업이에요. 더콰이엇 형도 자기 일은 자기가 다 처리하고요. 그런데 만약 래퍼가 아니라 다른 힙합 관련 종사자들이 더 많아진다면 분업화가 잘 이루어질 거고 그러면 아티스트가 짊어지는 부담도 줄어들겠죠. 그렇게 되면 음악의 퀄리티도 더 훌륭해지지 않을까요?

예를 들어 엔지니어 직군만 봐도 미국은 분야별로 다양하게 있잖아요. 힙합만 전문으로 맡는 엔지니어도 많고요. 그런데 우리나라에서는 힙합도 대중가요 쪽 엔지니어에게 맡겨야 하고 만약 결과물이 맘에 안 들면 제가 직접 또다시 만져야 하는 상황이 발생해요. 이런 것들이 아무래도 좀 아쉽죠.

마지막으로 이 책을 읽는 사람들에게 당부 한마디 해 주세요.

무엇을 하고 싶든 꿈을 가졌으면 좋겠어요. 꿈을 가지고 내가 할 수 있다고 생각하고, 꿈을 보고 확실한 계획을 세워서 달려 나갔으면 좋겠어요. 모두 응원합니다.

"래퍼는 내가 할 수 있는
가장 이상적인 형태의 직업"

| 엠씨메타(MC META) |

본명 이재현. 래퍼이자 프로듀서다. 나찰과 함께 1997년 '가리온'을 결성해 2장의 정규 앨범을 발표했다. 한국 언더그라운드 힙합의 상징적인 존재로 존중받는다. 《무까끼하이》를 통해 사투리와 랩을 성공적으로 접목했고 시인 김경주, 힙합 저널리스트 김봉현과 프로젝트 팀 '포에틱 저스티스'로 활동하고 있다.

엠씨메타는 한국 힙합을 통틀어 가장 나이가 많다. 그와 동갑인 인물로는 이하늘, 현진영이 있다. 하지만 나는 엠씨메타를 보며 물리적인 나이는 그저 숫자일 뿐임을 매번 깨닫는다. 그냥 하는 말이 아니다. 다양한 시도와 실험 정신, 그리고 무대 위에서의 에너지 레벨은 그의 정신적인 젊음을 증명한다.

이 책을 위해 만난 사람 모두가 좋은 이야기를 해 주었다. 그러나 '힙합과 직업'이란 테마로 본다면 엠씨메타의 이야기는 다른 누구의 것보다 큰 울림을 내게 안겨 주었다. 힙합을 직업으로 삼아 살아가는 사람으로서 한 수 배웠다고 할까. 그가 해 준 말을 연료 삼아 앞으로의 삶을 더 잘 준비할 수 있을 것 같은 예감이 든다. 이 책을 읽는 이들도 그랬으면 좋겠다.

목표가 없던 소년, 힙합으로 '삶의 태도'를 만들다

힙합을 좋아하게 된 계기가 궁금합니다.

원래는 록을 좋아했어요. 고등학교 때 저는 록을 즐겨 듣던 학생이었죠. 그러다 'AFKN'이라는 주한미군 방송에서 힙합을 듣게 됐어요. 강렬한 느낌을 받았죠. 차별화된 사운드라고 생각했어요. 사운드에 빠져서 힙합을 듣다가 랩 가사의 표현에서도 자극을 받았어요. 'motherf**ker' 이런 가사가 나오는데, 뭔가 신세계였죠. 그 후부터 힙합 앨범을 수집하기 시작했어요. 힙합 마니아가 된 거죠.

랩 가사의 공격성이나 거친 표현에 거부감은 없었나요?

없었어요. 당시에 저는 대구라는 보수적인 도시에서 사는 삼 형제 중 맏이였어요. 제가 어떤 존재인지 스스로 느낀 적도 없고 질문한 적도 없었죠. 만들어진 길을 따라가는 전형적인 학생이었어요. 그런데 힙합 음악은 마치 내가 뭔지를 선언하는, 그러니까 나 자신을 강렬하고 직접적이고 솔직하게 표현한다는 느낌을 받았어요. 사운드도 그랬지만 가사에서 비속어를 쓴다든지 자극적인 표현을 거리낌 없이 쓰는 면이 인상적이었죠. 자기의 생각과 감정에 온전하게 솔직하니까 그렇게 할 수 있는 거잖아요. 타인을 의식하면 남이 들었을 때 거북할 수도 있는 표현을 쓸 수 없겠죠. 그런데 전 타인을 의식하지 않는 그 자세가 너무 좋았어요. 그래서 래퍼들이 왜 이런 얘기를 하는지, 왜 이렇게 강렬한 표현을 아무렇지 않게, 자신감 있게 내뱉는지 생각해 보면서 그들의 메시지에 엄청 집중을 했어요.

:: 1999년 지금은 역사 속으로 사라진 마스터플랜에서의 한 컷. 엠씨메타는 한국 힙합과 같이 성장했다고 해도 과언이 아니다. 그러나 그는 가장 젊은 래퍼다.

학창 시절에는 어떤 학생이었나요?

생활 태도는 좋았어요. 개근상을 받았죠. 초등학교 6년, 중학교 3년, 고등학교 3년 내내 한 번도 지각, 결석이 없었어요.

지각조차 한 번도 하지 않았다고요?

네. 지각한 적도 없었어요. 건강해서 별로 아프지도 않았고요. 제가 다닐 때만 해도 학교라는 곳은 굉장히 신성하고 절대적인 공간이었어요. 아파도 가야 하는 곳이었고, 개인 사정이 있다고 해서 빠지거나 거부할 수 있는 곳이 아니었죠. 당시에는 잘 인식하지 못했지만 그런 것들이 바로 시스템에 짓눌려 있는 모습이었던 것 같아요. 그런데 제가 또 공부는 잘 안 했어요. 공부에 취미가 없어서 좋아하는 과목만 좋아했어요. 그래서 전체적으로 공부를 못했죠. 좋아하는 과목만 좋아하고 못하는 과목은 되게 못하는 학생이었어요.

엠씨메타 님과 비슷하게 학창 시절을 보낸 래퍼들이 많아요. 학교에는 곧잘 나가지만 공부에는 크게 관심이 없고, 사고는 딱히 치지 않으면서 좋아하는 것에만 엄청 관심이 있는 학생이랄까.

아, 그렇군요. 얘기를 들어 보니 이해가 가요. 래퍼들에 대한 고정관념 때문에 사람들은 의외라고 생각할 수도 있겠지만요.

뮤지션이 된 직접적인 계기는 어떤 것이었나요?

제가 경북산업대학교 90학번이에요. 지금은 대구 경일대학교로 바뀌었죠. 그때가 학생운동 끝 무렵이었는데 저희 학교가 데모를 되게 심하게 했어요. 학교 재단에 비리가 있어서 더 그랬던 것 같아요. 그런데 저는 고등학교 때부터 데모를 싫어했어요. 시내에 나가면 매일 최루탄 냄새가 났거든요. 그래서 대학에 가서도 친구들이 데모한다고 하면 도망 다니고 그랬어요. 데모해서 수업이 휴강되면 당구 치러 가고 막걸리 먹으러 다녔죠. 하루는 같은 과 여학생이 집회를 하다가 저희한테 욕을 하더라고요. 비겁하다고요. 그때는 걔가 왜 우릴 욕하는지 이해를 못 했어요. 도대체 내가 뭘 잘못한 거지? 생각하다가 기분이 찝찝해져서 그다음 집회에 한번 참여해 봤죠.

그런데 가 보니 뭔가 확 오더라고요. 특히 재단이 저지른 비리가 확실히 체감됐어요. "우리 부모님이 뼈 빠지게 등록금을 마련했는데, 재단이 그걸 사리사욕에 쓰고 있다고? 안 되지." 그 후로 저도 데모에 참여하기 시작했어요. 물론 저는 본격적으로 학생운동을 했던 사람은 아니에요. 하지만 그때 경험이 저의 어떤 부분을 건드렸어요. 속에 있던 저항 정신 같은 거랄까. 항거하는 에너지가 표출됐고 그게 힙합과 아주 잘 맞아떨어졌죠. 그러면서 힙합에 확 빠져들게 됐어요. 흑인이 겪는 차별에 대해 알 수 없는 동질감도 들었고, 이래저래 힙합에 빠지게 된 거죠.

힙합은 내가 할 수 있는 가장 이상적인 형태의 직업

언제부터 힙합 음악을 하는 것을 직업으로 생각했나요?

사실 저는 힙합을 직업적으로 하고 있다는 점을 뒤늦게 인식했어요. 2010년에 가리온 2집이 나오고 나서야 그런 생각을 했던 것 같아요. 앞에서도 말했듯이 대학에 들어간 뒤에 힙합에 빠지게 됐고, 그 후로 제 삶 자체가 바뀌었어요. 그 전에는 그냥 먹고 싸고 생존하니까 살아갈 뿐 목표가 없었어요. 그런데 힙합이 제 삶의 태도를 명확하게 만들어 줬어요. 래퍼들의 이야기, 그들의 태도, 그 사운드를 들으면서 깨달은 것이 제 인생의 모토가 됐죠. 그러면서 힙합을 직업적으로 접근하기보다는 평생 가져가야겠다고 생각했어요.

당시에는 록 음악이 상업성 논란에 휩싸이던 시절이었어요. 본 조비(Bon Jovi) 같은 뮤지션이 상업적으로는 성공했지만 그만큼 욕도 많이 먹었죠. 예를 들면 이런 거예요. "얘들은 커머셜해. 상업적인 것은 쓰레기야. 상업성은 뮤지션에게 독이야. 결과를 봐라. 커머셜을 지향해서 성공했던 로커 중에 예술적인 성취를 이룬 사람이 있냐?" 거기에다 그때 제가 들었던 힙합 음악도 크리스 크로스(Kriss Kross)나 엠씨해머(MC Hammer) 같은, 팝으로서 성공한 것들이었죠. 지금이야 이들의 음악을 다르게 평가하지만 그때는 수준 낮고 변질된 음악으로 봤거든요. 그래서 저는 자연스럽게 제가 하는 힙합 음악을 먹고사는 것과 완벽하게 분리해야겠다고 생각했어요. 먹고사는 건 따로 알아서 해결하고 이 음악은 온전하게 순수한 형태로 놔두겠다고 마음먹은 거죠. 그래야 제가 상업주의라는 독을 먹지 않을 테니까요. 지금이야 'Swag'과 'Flex'의 시대지만 1990년대는 'Real'의 시대였잖아요. Real이 상업화되면 Fake가 된다는 공식이 있었던 거죠.

1990년대 후반부터 2000년대 초반 정도까지의 한국 힙합은 엠씨메타의 말대로 'Real'의 시대였다. 당시에는 '힙합 정신'이란 단어가 자주 쓰였다. 아무도 그 단어의 뜻을 정확히 알지 못했지만 모두가 그 단어를 입에 담았다. 무엇이 힙합 정신인가? 래퍼는 랩으로 무엇을 말해야 하는가? 언더그라운드란 무엇인가? 이런 질문들에 대한 당시 래퍼들의 막연한 대답은 진지하고 거창한 가사로 구체화되어 한국 힙합의 모습을 형성했다. "힙합은 시대에 저항하는 거야." "힙합은 사회 비판이지." "나는 언더그라운드 래퍼니까 저 꼭두각시 댄스 그룹과는 다른 진짜 이야기를 할 거야." "래퍼는 늘 마이크로 진실만을 뱉는 존재야."

그렇다면 엠씨메타에게 직업이란 무엇인가요?
네. 그걸 먼저 이야기했어야 했는데. 직업의 정의 자체야 뭐 먹고살기 위해, 생계를 위해 하는 일이겠죠. 그런데 생계를 유지하기 위해선 때로는 비굴해야 하잖아요. 때로는 하기 싫은 일도 해야 하고 누군가에게 무릎을 꿇어야 하기도 하고요. 누군가에게 고개를 숙이고 나의 무언가를 꺾어야 하는 일이 생계죠. 그런데 전 제 힙합을 그렇게 하기가 싫었어요. 제 음악만큼은 무릎 꿇기 싫고, 꺾이기 싫었죠. 좀 거창하게 얘기하자면 제가 하고 싶은, 저의 가장 순수한 의지의 결정체가 바로 저의 힙합이었어요. 그렇다 보니 힙합을 직업과 철저히 분리시켰어요. 반대로 저에게 직업이란 힙합을 유지하기 위해 제가 할 수 있는 모든 일이었죠.

가리온 2집을 내고 나서야 힙합을 직업으로 인식하게 됐다고 했잖아요. 그렇다면 가리온 1집을 CD로 발매해서 수익을 얻었을 때에도 힙합은 엠씨메타 님에게 직업이 아니었던 건가요?

그랬어요. 물론 지금은 생각이 달라졌지만, 당시만 해도 힙합은 저에게 하나의 '길'과도 같았어요. 조금 과장하자면 저는 힙합의 길을 걷는 구도자였던 거죠. 구원의 길이든 깨달음의 길이든. 그런 존재를 직업이란 단어로 표현하기가 싫었어요. "직업이니까 하는 거야"라고 말하기엔 힙합은 제게 더 큰 존재였죠. 그렇기 때문에 저의 힙합을 훼손하지 않기 위해서라면 무슨 일이든 다 할 수 있었어요. 저의 힙합을 먹고사는 것과 떼 놓기 위해서라면 주차장 도우미 일까지 마다하지 않았죠.

주차장에서 일했던 일화는 힙합 씬에서 이미 널리 알려져 있어요. 사람들은 "그 엠씨메타가 주차장 일까지 했다니……" 하면서 안쓰럽게 바라봤지만 엠씨메타 님에게는 오히려 기꺼이 할 수 있는 일이었던 거군요.

맞아요. 저한테는 순수한 길, 힙합이라는 길이 있었으니까요. 그 무엇보다 고귀한 음악이 순수하게 유지될 수 있는 길이 있었기 때문에 주차장 일도 할 수 있었던 거죠. 누가 제 뺨을 때리고 얼굴에 침을 뱉어도 괜찮았어요. 만약 힙합을 직업으로 인식하고 이걸로 먹고살아야 된다고 생각했다면 저는 지금까지 랩을 할 수 없었을 거예요.

:: 가리온 2집을 냈을 때 엠씨메타는 비로소 힙합을 직업으로 인식했다고 한다. 그 전까지 음악을 위해서 다양한 일을 했지만, 힙합 뮤지션으로서의 자존감으로 버텨 냈다.

실제로 일을 할 때 누군가에게 뺨을 맞아 본 적이 있었던 건가요?

제가 세브란스병원에서 주차 도우미로 일을 했어요. 1년 6개월 정도 했죠. 병원에 오는 사람 중에는 기분 좋은 사람이 없어요. 출산이나 퇴원 말고는 다 아파서 오거나, 왔는데 충격적인 얘기를 들어서 화가 나 있거나. 제가 하는 일은 응급차가 들어오는 길을 확보하는 일이었는데 병원에 오는 사람들이 급하니까 응급실에 차를 대고 가 버리는 거예요. 그럴 때 제가 여기 차를 대면 안 된다고 말하면 사람들이 대뜸 화부터 냈어요. "네가 뭔데 차를 대라 마라야" 하면서요. 그러다 싸우게 되고 어떤 사람은 저에게 쌍욕을 하면서 얼굴에 침도 뱉었어요. 저도 사람인지라 욱하게 되고 그런 식으로 파출소에도 몇 번 갔었죠.

이런 일을 겪다 보면 자존감이 안 깎일 수가 없어요. 그래도 제가 꿋꿋하게 버틴 이유는 힙합 덕분이었어요. '아무리 고통스럽고 힘들고 자존감이 바닥을 치는 일을 겪더라도 나는 힙합 뮤지션이고 아티스트고 내 작품이 언젠가는 인정받을 거다, 그리고 인정받는 게 돈으로 치환되지 않더라도 그 자체가 지금의 고통에 대한 보상을 줄 거다.' 뭐 이런 생각으로 버텨 냈죠.

아까 가리온 2집이 나올 때쯤 힙합을 직업적으로 인식하게 됐다고 했잖아요. 그 과정은 어땠나요?

2집을 내기까지 엄청나게 고통스러웠어요. 창작의 고통이 대부분이었지만 생활고도 있었죠. 그래서 할 수 있는 일은 다 했어요. 번역 알바도 했었고 노가다도 했었죠. 랩 레슨도 했는데 최저 생계비 정도의 수익이었어요. 그러다가 가리온 2집이 한국대중음악상에서 '올해의 앨범상'을 받은 후에 공연 제의가 좀 들어오기 시작했죠. 그때부터 수입이 좀 늘어나긴 했지만 여전히 온전한 결혼을 꿈꿀 수 있는 사이즈는 아니었어요. 하지만 공연도 들어오고 몸값도 좀 올라가면서 잘만 하면 이걸로 먹고살 수 있겠다는 생각을 했던 것 같아요. 물론 그게 순전히 음악만 해서 먹고살 수 있겠다는 생각은 아니었지만요. 최소한의 생계 유지는 하면서 음악을 통해 계속 기회 창출을 하자는 마인드라고 할까요.

지금도 학교에서 학생들을 가르치면서 창작 활동도 병행하는 것으로 알고 있어요. 이런 형태가 이상적이라고 생각하나요?

그럼요. 이상적이라고 생각해요. 저는 내년에 쉰 살이 돼요. 몇 년 전만 해도 '이제 50대인데 우린 아직 2집밖에 없잖아?' 같은 걱정을 했어요. 그런데 40대 중후반을 지나면서 자신감이 붙었어요. 오히려 이젠 기대가 돼요. 50대가 되고도 내가 뭔가 할 수 있는 게 있다는 것, 그리고 그게 여전히 저한테 즐거움을 주는 것이라는 사실 때문에요. 누군가는 저보고 이제 50대니까 슬슬 뒤로 물러나야 하는 게 아니냐고 할 수도 있어요. 하지만 저는 원래 실험이나 새로운 시도를 좋아해서 지금까지 벌여 놓은 일도 많고, 그렇다 보니 여전히 여러 방면에서 제 몫을 할수 있다는 생각을 해요. 봉현 씨랑 같이하고 있는 프로젝트 '포에틱 저스티스'만 하더라도 몇 년째 계속하고 있고 재즈 팀과도 한 달에 한 번씩 함께 공연을 해요. 페이를 떠나서 일이 계속 생기고 그 일이 전부 조금씩 자리를 잡고 확장되는 게 느껴져요. 50대가 되면 그것들이 좀 더 분명한 모양새를 띨 것이라고 생각해요.

만약 제가 처음부터 음악을 온전하게 직업으로 인식해서 이걸로 먹고살아야 된다는 짐을 스스로에게 지웠으면 아마 이렇게 될 수 없었을 거예요. 오히려 그로부터 온전히 자유로웠기 때문에 여기까지 올 수 있었던 거죠. 지금은 제가 할 수 있는 것들의 가장 이상적인 형태로서 힙합을 직업으로 인식하고 있어요. 힙합을 모태로 다채롭게 여러 가지로 뻗어 나가는 것이 제가 바라던 바였으니까요.

교육은 나에게 에너지를 얻는 새로운 창구

학교에서 가르치는 일이 창작에 좋은 영향을 줄 때도 있겠지만, 또 반대로 창작에 필요한 에너지를 소모시키기도 할 것 같은데요.

두 가지가 다 있어요. 처음에는 압구정에 있는 학교에 출강했어요. 그때 인천에서 압구정까지 왕복하면서 일주일에 두 번 나갔는데 이게 에너지를 너무 깎아 먹는 거예요. 이동 거리와 시간 때문이기도 했지만 일주일에 이틀을 강의에 쓰니까 일주일 전체가 그 이틀에 완전히 장악 당하더라고요. 학생들과 얘기를 나누고 케어하는 과정에서 생기는 에너지 소모가 상당했죠. 그런데 시간이 흐르고 고민을 하다 보니 이제 노하우가 생겼어요. 학교에서 쓰는 에너지와 음악에 쓰는 에너지를 분리할 수 있게 됐어요. 에너지를 좀 더 효율적으로 쓸 수 있게 된 거죠.

그리고 학생들에게서 얻는 것도 있어요. 음악 취향도 엿볼 수 있고 유행에 대한 정보도 들어요. 그래서 요즘에는 오히려 학교에서 에너지를 얻고 있어요.

지금도 여전히 누군가는 음악 창작만으로 먹고살아야 한다는 강박을 가지고 있을 수 있어요. 이런 사람들에게 엠씨메타 님은 그럴 필요 없다고 이야기해 줄 건가요?

그러고 싶어요. 하지만 인생은 각자의 것이고 각자가 살고 싶은 대로 살아야 하죠. 누군가는 힙합을 종교적인 수준까지 느끼는가 하면 누군가는 벼락부자가 되기 위해 힙합을 할 수도 있어요. 제 입장을 말하자면 저는 힙합을 평생 하고 싶어요. 그러려면 힙합에게 스트레스를 주면 안 돼요. 힙합을 평생의 취미로 유지하려면 다양한 실험으로 계속 재미를 느껴야 해요. 재미가 없으면 지속할 수 없으니까요.

누군가에게 힙합은 도박일 수 있지만 저에게 힙합은 도박이 아니에요. 평생 가져갈 반려자 같은 거죠. 만약 저와 비슷한 생각을 가진 사람이 있다면 인생 끝까지 힙합을 할 수 있게 다양한 다른 자질을 개발하라고 말하고 싶어요. 예를 들어 래퍼이면서 연극배우일 수도 있고 래퍼이면서 힙합 유튜버를 할 수도 있는 거죠.

힙합을 하면서 지금까지 부모님과의 관계는 어떠했나요?

앞에서 말했듯이 저는 힙합을 먹고사는 걸로 규정하지 않았어요. 취미로 했죠. 부모님도 그렇게 아셨으니 별다른 걱정은 없으셨어요. 오히려 어릴 적에는 저에게 어떤 음악이 됐든 연주 정도는 하나 할 수 있으면 좋지 않겠느냐고 권장하시기도 했죠. 그런데 1997년에 IMF가 터졌을 때 제가 매주 공연하고 음악에 더 빠져드니까 그때부터는 걱정을 좀 하셨어요. 두 가지 걱정이었죠. 결혼과 직업이요. 명절 때도 어머니가 올라오셔서 직업은 그렇다 쳐도 결혼은 하라고 하셨어요. 그런데 악순환의 뫼비우스 띠 같은 얘기인 게 결혼을 하려면 직업이 있어야 하잖아요. 결국 같은 얘기인 거죠. 실제로 아버지께서 저 몰래 결혼정보회사에 제 정보를 넣었는데 빵점이 나온 적이 있어요. 그때 아버지가 너무 실망하셨죠······.

우연인데, 제가 준비한 질문에도 그게 있어요. 대표적인 결혼정보회사 듀오에서 래퍼는 몇 등급을 받을 수 있다고 생각하는지 질문을 하려고 했거든요.

저는 빵점이에요. 래퍼는 연예인 쪽으로 볼 테니까 지속성이 없고 안정적이지도 않죠. 게다가 저는 나이도 많고 언더그라운드잖아요. 그때 부모님이 많이 걱정하셨던 기억이 나요.

"결혼정보회사에서 래퍼는 몇 등급을 받을 수 있다고 생각하나요?" 이 질문을 준비한 후 나는 모든 래퍼에게 이 질문을 꼭 던져야겠다고 마음먹었다. 물론 나는 결혼정보회사에 관심이 없다. 등록할 생각도 없고, 앞으로도 아마 하지 않을 것이다. 오히려 비판적인 관점으로 바라보는 편이다. 하지만 그와 별개로 결

:: 결혼정보회사에서 빵점을 맞았다고 했지만, 그는 2012년 아름다운 신부와 결혼을 했고 여전히 래퍼로서 살아가고 있다.

혼정보회사의 척도가 이 책에 필요하다고 생각했다. 결혼정보회사의 척도는 곧 한국 사회에서 그 직업이 지닌 위상 및 안정성과 관련이 있을 것이고, 이에 대한 래퍼 당사자들의 의견이 궁금했다. 그리고 이 내용이 이 책의 독자에게 좋은 참조가 되길 바랐다.

그래도 심각하거나 극적인 갈등은 없었군요?

네. 부모님도 그렇고 저도 나이를 먹은 후였기 때문이에요. 또 저는 굉장히 오랫동안 음악 마니아였고 앨범 수집가였어요. 그러다가 어떤 계기를 통해서 음악을 시작했고 차츰 자신감을 얻으면서 여기까지 온 거죠. 그렇다 보니 부모님께 말씀드릴 때도 저에겐 충분한 근거가 있었어요. 왜 내가 이걸 좋아하고 왜 위험하지 않은지 자신 있게 말씀드릴 수 있었죠. 그러니까 하루는 부모님이 제가 하는 걸 이해해 보시겠다고 공연장에 오셨어요. 그러고는 생각을 바꾸셨죠. 무대에서 제가 너무 행복해하는 모습을 보신 거예요. 그 후로 제가 음악 하는 것을 인정하셨어요. 제 서포터가 되신 거죠.

지금 한국에서는 래퍼를 어떤 시선으로 보고 있다고 생각하나요?

예전에 청소년의 직업 선호도 순위에 개그맨이 있었어요. 지금은 아마 유튜버가 높은 순위에 있겠죠. 래퍼도 그런 식으로 보는 것 같아요. 지금 제일 핫한 것 중 하나 정도랄까.

오늘날 한국 사회에서 래퍼가 하나의 직업으로 자리 잡았다고 보나요?

직업으로 가는 과정이라고 말하고 싶어요. 직업으로서 확실히 자리매김을 했다고 하기에는 아직 이른 것 같아요. 래퍼로 데뷔할 수 있는 구조가 분명하게 짜여 있다고 생각하지는 않거든요. 아직은 과도기라고 봐요. 보험 일화를 예를 들어 볼게요. 제 보험 설계사가 저의 팬이신데 그분조차도 직업란에 저를 대학교수로 써요. 래퍼로 안 쓰고요. 아직 래퍼를 직업으로 안 보는 거죠.

천천히 곱씹으면서 해야 체하지 않는다

10대 청소년이 래퍼가 되겠다고 한다면 추천할 건가요, 아니면 말릴 건가요?

저는 추천해요. 왜냐하면 래퍼가 되겠다고 한 순간 그 사람이 다른 일 아무것도 안 하고 래퍼로만 살아가는 건 아니니까요. 특히 청소년의 경우 뭐든 되겠다는 의지를 품는 건 너무 훌륭한 일이라 생각해요. 저는 그러지 못했거든요. 어릴 때 저는 사는 목적이 없었어요. 그냥 살아 있으니까 사는 거지 사는 게 아니었죠. 그런데 뭔가 하고 싶은 것이 생긴 순간, 제 삶의 방향이 딱 잡혔어요. 성공하든 실패하든 목표가 생긴다는 것 자체는 굉장히 훌륭한 일이에요. 꿈이니까요. 그래서 누군가 래퍼가 되겠다고 한다면 저는 추천할 거예요.

어린 나이에 데뷔하려는 래퍼들이 경계해야 할 점에는 무엇이 있을까요?

당연히 성공은 꿈꿔야죠. 성공에 대한 달콤한 상상은 절대로 포기하면 안 돼요. 저도 상업적인 성공을 아예 상상한 적 없다고 한다면 거짓말일 거예요. 그런데 그럴 수 있는 환경이 아니었고 또 성공보다 음악적 성취가 주는 가치가 더 크게 느껴졌기 때문에 이 길을 걸어 온 거죠. 하지만 지금은 또 시대가 달라졌잖아요. 어떤 동기든 그것에 반응하고 그게 동력이 되면 된다고 생각해요. 다만 그 안에서 성급하지만 않으면 좋겠어요. 당장 내일모레나 1~2년 뒤만 보면 체하죠. 천천히 곱씹으면서 했으면 좋겠어요.

래퍼로서 사회나 세상에 전하고 싶은 궁극적인 메시지는 무엇인가요?

제가 세상에 뭘 주는 건 생각해 본 적 없어요. 물론 어릴 때는 내 음악으로 사람들한테 영향을 주고 싶었어요. 투팍의 표현처럼 그들의 머리에 작은 스파크를 일으켜서 언젠가는 불이 될 수 있으면 멋있겠다고 생각했어요. 그런데 나이를 먹으면서 그건 그 시기에만 할 수 있는 발상이라고 느끼게 됐죠. 나이를 먹고 나서는 오히려 근본적인 것에 접근

:: 랩을 한 사람은 알 수 있다. 랩에 치유적 기능이 있다는 것을. 엠씨메타 역시 힙합 씬에 더 늘어났으면 하는 직업으로 랩을 통한 상담과 치료를 꼽았다.

한다고 할까. 세상에 뭔가를 전달하기보다는 반대로 음악을 통해서 세상을 더 느끼고, 세상이라는 음식을 더 세세하게 느끼는 미식가가 되어가는 것 같아요.

솔직하고 신선한 답변이네요. 그렇다면 힙합과 관련해서 앞으로 더 생길 것 같은, 혹은 생겼으면 하는 직업이 있나요?

너무 많아요. 일단 '힙합 테라피'가 생각나요. 제가 랩 레슨을 하면서 가장 큰 보람을 느끼는 순간이 소위 왕따 학생들이 랩을 통해 자신감을 가질 때예요. 자기감정과 생각을 제대로 말한 적이 거의 없던 애들이 랩을 통해서는 자기 이야기를 하곤 해요. 정말 어마어마한 일이에요. 그 애들이 자기의 진솔한 내면을 담아서 나는 이런 사람이라고 세상에 드러내는 순간 진짜로 첫발을 내딛는 느낌이었어요. 그 과정을 통해서 우울증이나 조현병을 앓던 애들도 크게 개선되었고요. 의학적으로 정신과 치료를 병행했던 친구도 놀라울 정도로 다른 사람이 되었죠. 그래서 전 앞으로 힙합과 랩을 통한 상담과 치료가 발전해야 한다고 봐요. 또 랩을 더 언어적으로 써서 사람들이 좀 더 자연스럽게 받아들일 수 있게 된다면 랩으로 내레이션이나 뉴스를 진행할 수도 있다고 생각하고요.

마지막으로 이 책을 읽는 사람들에게 당부 한마디를 해 준다면?

힙합 씬은 블루오션이에요. 지금은 랩이 가진 1차원적인 부분들로만 대중에게 각광받고 있지만 앞으로는 더 많은 것으로 사람들에게 어필할 수 있다고 봐요. 힙합 안에서 앞으로 개발될 수 있는 것이 많아요. 여러 가지 가능성을 만들어 낼 수 있고 또 새로운 분야로 뻗어 나갈 수도 있죠. 얼마든지 무한한 새로움을 찾을 수 있는 직종이라고 보기 때문에 저 스스로도 이쪽 일을 하고 있는 걸 축복이라고 생각해요. 그래서 저는 힙합을 직업으로 추천합니다.

"하이라이트는 늘 길을 먼저 제시해 왔어요"

| 팔로알토(Paloalto), 이영욱 |

팔로알토: 본명 전상현. 래퍼, 프로듀서. 한국의 대표적인 힙합 레이블 하이라이트레코즈의 대표다. 2002년 활동을 시작해 수많은 앨범을 발표하고 다양한 활동을 해 오고 있다. 2014년 제11회 한국대중음악상 최우수 랩힙합 음반상을 수상했다.

이영욱: 1999년 '절정신운한아'라는 랩 네임으로 앨범 《정검진명》을 내고 활동했던 전직 래퍼이자 프로듀서, 디렉터다. 뮤지션 활동을 그만둔 이후 게임 음악과 뮤직 프로덕션 일을 거쳐 현재는 하이라이트레코즈에서 이사직을 역임하며 경영에 힘쓰고 있다.

이 책을 읽는 사람 중에는 아마 팔로알토는 알아도 이영욱은 모르는 사람이 많을 것이다. 하지만 나는 팔로알토보다 이영욱을 먼저 알았다. 그를 처음 알게 된 건 1990년대 후반쯤이었다. 이영욱은 '절정신운한아'라는 이름으로 힙합 앨범을 발표했던, 한국 힙합 초기 뮤지션 중 한 명이었다. 한국 힙합의 길을 닦은 인물이라는 뜻이다.

팔로알토를 알게 된 건 2000년대 초반이다. 그런데 굳이 그에 대한 설명이 필요할까. 팔로알토는 지난 20여 년 동안 누구보다 성실한 래퍼였고, 그런 만큼 착실한 성공을 거두었다. 그뿐 아니라 힙합 레이블의 경영과 성취 면에서도 그의 이름은 한국 힙합 역사에 마땅히 새겨져야 한다. 하이라이트레코즈는 그가 세운 레이블이나.

팔로알토와 이영욱을 함께 만나게 될 줄은 몰랐다. 둘은 하이라이트레코즈의 핵심이었기에 잠시 고민한 뒤, 둘을 같이 인터뷰하기로 결정했다. 성공적인 커리어를 쌓아 온 래퍼이자 레이블 대표인 팔로알토, 그리고 팔로알토의 어릴 적 우상이었고, 지금은 함께 하이라이트 레코즈를 경영하고 있는 이영욱 이사. 이 두 명과 한자리에서 이야기하면 무언가 깊고 좋은 이야기가 쏟아질 것 같았다. '팀 하이라이트'를 만났다.

냉정하게 자신을 판단하고 스스로의 미래를 결정하다

두 사람이 학창 시절에 어떤 학생이었는지 궁금합니다.

팔 저는 그냥 평범하고 조용한 학생이었어요. 좀 소극적인 편이었죠. 먼저 나서는 성격이 아니었고 성적도 별로 좋은 편은 아니었어요. 보통 음악을 좋아하고, 음악을 만들면 나서는 성격일 거라고 생각하기 쉽잖아요. 그래서 당시 친구들도 저를 좀 특이한 캐릭터로 봤던 것 같아요.

이 저는 좀 달라요. 어른들이 흔히 얘기하는 학창 시절의 나쁜 짓을 누구보다 빨리, 가장 먼저 배운 사람이었어요. 큰 사건 사고의 배후에는 전부 제가 있었죠. 그런데 그런 사람 있잖아요. 다른 친구들은 다 걸리고 잡히는데 혼자만 잘 피해 가서 겉으로 보면 별문제가 없는 학생. 하지만 배후에는 있는. 제가 그런 학생이었어요. 그렇다 보니 주변에 흔히 불량해 보이는 친구들이 많았어요. 하지만 당시에 저는 그들을 불량하다고 생각하지 않았어요. 그냥 공부에 취미가 있는 친구들은 공부하면서 사는 거고,

:: 팔로알토가 하이라이트레코즈를 설립한 것은 2010년이다. 이후 그는 뮤지션으로서 경영자로서 성실히 활동했고 착실한 성공을 거뒀다.

이런 친구들은 이렇게 사는 거라고 생각했죠. 제 나름대로의 판단 기준, 또 도덕 기준을 가지고 다양한 친구와 골고루 어울렸던 것 같아요.

자기만의 도덕 기준이라고 하시니 갱스타(Gang Starr)의 〈Code of Street〉라는 노래가 생각나네요. 거리에는 거리만의 법칙이 있다는 가사였죠.

이 맞아요. 예를 들어 사회에서는 10대 때 술을 마시면 안 된다고 하지만 저는 생각이 달랐어요. 그걸 스스로 컨트롤할 수 있고 남에게 피해를 주지 않으면 학생이 음주를 해도 된다고 생각했죠. 또 저는 수업에 잘 안 들어가는 학생이었거든요. 싫어하는 선생님의 수업은 빠지곤 했죠. '나는 당신의 수업을 듣지 않겠습니다. 제가 배우고 싶은 분야가 아니고 당신의 수업 방식이 나와는 맞지 않습니다.' 이런 생각으로 수업 거부를 했어요.

이야기를 듣고 보니 두 사람은 조금 다른 학생이었던 것 같네요.

팔 중고등학교 때는 사회에서 하라는 것들이 많잖아요. 공부 잘해
야 하고, 공부 잘해서 대학 가야 하고, 대학에 가야 하는 이유는
좋은 직장에 취직하기 위해서고, 이것 말고도 여러 가지가 있죠.
그런데 저는 어른들이 정해 놓은 룰에 무조건 따라야 한다고 생
각하지 않았어요. 기본적으로 공부에는 아예 흥미가 없었고, 공
부를 왜 잘해야 하는지 몰랐기 때문에 공부를 안 했죠. 대신 그
시간에 음악을 만들거나 음악을 들었어요. 10대의 저에게는 음
악을 만들고 음악을 듣는 게 인생에서 제일 가치 있는 일이었죠.
그 외에 다른 것에는 별로 흥미가 없었어요.

학교는 사회생활의 축소판, 그곳에서의 경험도 필요하다

그러면 래퍼가 되기 위해 학교를 자퇴하겠다는 청소년에게는 어떤 말을 해
줄 건가요?

팔 케이스 바이 케이스겠죠. 실제로 자기 자식이 전교에서 1, 2등
하는데 힙합에 빠져서 학교를 관두겠다고 한다고 저한테 상담
요청하신 부모님도 있었어요. 저는 고등학교까지 마치는 게 학
생에게 더 좋다고 생각해요. 제 중고등학교 시절을 돌아보면 비
록 어른들이 정해 준 틀 안에서 살았고 공부를 잘해야 한다는
압박 속에서 살았지만, 그래도 그때 기억이 되게 소중하거든요.

학창 시절에 만나서 지금도 술 한잔할 만큼 친하게 지내는 친구들이 있기도 하고요. 무엇보다 중고등학교 생활은 사회생활의 축소판이니까요. 거기서 인간관계를 배우는 거죠. 힘 좋은 애한테 억울한 일을 당할 수 있고 선생님과의 관계에서 어떤 일이 있을 수 있어요. 또 친한 친구가 배신할 수 있고 내가 힘들 때 어떤 친구가 나를 도와줄 수 있죠. 사회에 나가기 전에 이런 것들을 먼저 배울 수 있다는 점에서 학교는 유용해요. 그래서 자퇴를 독려하는 편은 아니에요.

이 저도 팔로알토와 비슷하게 말해 줄 것 같긴 해요. 하지만 그 정도는 중학교까지만 다녀도 충분하다고 생각해요. 고등학교 교육 과정은 선택의 문제라고 보거든요. 힙합에 진짜 재능 있는 사람이 그런 고민을 한다면 저는 학교에 다니지 않아도 충분히 원하는 삶을 살 수 있는 시대가 열렸다고 얘기해 주고 싶어요.

어렸을 때 따로 꿈이 있었나요?

이 어렸을 때 꿈은 만화가였어요. 어릴 때 아버지께서 일본 출장을 자주 다녀오신 덕분에 일본 문화를 일찍 접했죠. 특히 일본 게임에 깊게 빠졌어요. 게임에 빠지다 보니 만화책이나 애니메이션에도 관심을 쏟게 되고, 그런 문화를 계속 습득하게 되면서 만화가가 돼야겠다는 막연한 꿈을 꾸게 됐어요.

그런데 그런 문화를 좋아한다고 해서 만화를 잘 그리게 되는 건 아니잖아요. 10대 후반에 그걸 깨달았죠. 좋아하는 것과 잘하는 것은 다른 문제라는 점을요. 그러나 힙합, 알앤비 음악에 빠지게 됐고 스스로 판단했을 때 만화를 그리는 것보다 랩을 더

:: 현재 하이라이트레코즈 이사인 이영욱은 1999년 '절정신운한아'라는 랩 네임으로 데뷔해 한국 힙합 씬의 기반을 다진 인물이기도 하다.

잘한다고 생각했죠. 그때 힙합 쪽으로 가야겠다고 결심하게 됐어요.

10대 때 그러기가 쉽지 않은데 말이죠. 자기 객관화를 하는 것이요.

팔 저도 공감해요. 중학교 때 저도 만화가와 음악인 사이에서 고민했거든요. 당시 저는 음악을 만들어서 테이프로 친구들에게 팔기도 했지만, 제가 연습장에 그린 만화를 전교생이 돌려 보기도 했어요. 입소문을 탔죠. "야, 이거 1학년 몇 반 전상현이 그린 거야. 한번 봐라."

그런데 하루는 다른 반 학생한테서 전화가 왔어요. 지금도 이름이 기억나요. 권석호라는 친구인데 같이 그림을 그려서 만화 주간지에 내 보자는 거예요. 학교에서 만나서 걔가 그린 그림을 봤는데 진짜 잘 그리더라고요. 저는 '쨉'도 안 됐죠. 그 후에 잘 그리는 친구들이 몇 명 더 나타났어요. 알고 보니 걔네들은 혼자 조용히 그리고 있었는데, 저는 더 못 그리면서 혼자 '깝치고' 있었던 거죠. 그때 느꼈어요. 그림으로는 애들을 이길 자신이 없으니 나는 음악으로 꿈을 키워야겠구나.

인터뷰를 하다 보면, 만화가가 꿈이었던 래퍼가 정말 많더라고요. 도대체 왜 그런 거죠?(웃음)

이 결과물을 입으로 내느냐 손으로 내느냐의 차이일 뿐 기본적으로는 동일하다고 생각해요. 같은 감정을 가지고 다른 결과물의 형태로 표현하는 거죠. 음악에 관심 있는 성향을 가진 사람은 다른 예술에도 똑같이 관심을 가지는 성향일 거라고 생각해요. '난 그림은 절대 안 봐. 음악만 좋아'라고 생각하는 사람은 못 봤어요. 음악을 좋아하는 사람은 다양한 예술을 즐기기 마련이고, 그림을 좋아하는 사람 역시 마찬가지일 테니, 결국 예술 계통은 다 한 그릇에 담겨 있는 게 아닐까 싶어요.

아까 이영욱 님 얘기처럼 좋아하는 것과 잘하는 것은 다르죠. 저 역시 자신이 지닌 재능의 종류를 정확히 파악하는 게 중요하다고 생각해요. 힙합을 좋아한다고 해서 꼭 랩을 잘할 수 있는 건 아니잖아요. 또 래퍼가 아니라 힙합 관련 다른 직업이 자기 적성에 더 맞을 수도 있고요.

이 지금은 제가 어렸을 때에 비하면 자기가 재능이 있는지 없는지 판단받을 수 있는 창구가 엄청 많아졌어요. 예를 들어 랩이라면 〈쇼미더머니〉가 있고 또 유튜브가 대표적이죠. SNS도 있고요.

자기 작품을 올려서 사람들의 반응을 살피다 보면 '왜 내 작품은 인기가 없지? 더 많은 사람이 내 작품을 좋아하기 위해서는 어떻게 해야 하지?' 같은 고민을 자연스럽게 더 구체적으로 하게 돼요. 지금은 피드백 수도 제가 어릴 때보다 훨씬 많을 테고요.

시대의 흐름을 빠르게 읽어야 '인생의 길'을 만들 수 있다

이영욱 님에게 이어서 질문해 볼게요. 원래는 음악을 했다가 지금은 하이라이트레코즈에서 경영과 실무를 하고 있는데 그사이에 어떤 과정을 거쳤는지 궁금합니다.

이 저는 PC 통신 시절에 음악을 시작했어요. 한국 힙합이 태동하던 시기였죠. 그때는 정보 교류의 장도 몇 군데 없었고 힙합을 좋아하는 사람이 워낙 소수였어요. 누가 신곡을 올리면 서로 칭찬해 주는 분위기에 모든 것이 환영받던 시대였죠. 그랬기 때문에 당시 저는 제가 음악에 굉장한 재능이 있는 줄 알았어요. 또 한국에서 랩 실력으로 손에 꼽히는 사람이라고 스스로를 평가했죠. 자만심과 자신감을 가지고 보냈던 시절이었어요.

그 시기가 대략 언제인가요?

이 1998년 말부터 2001년까지였던 것 같아요. 그때가 한국 힙합 최초의 황금기였다고 생각해요. 그다음 세대가 팔로알토와 그 또래고요. 저희 세대가 저들만의 세계에 갇혀서 '우리가 일궈 낸 이 땅에 너희는 들어올 수 없어' 같은 태도를 고수했다면, 다음 세대는 저희가 내놓은 결과물을 듣고 그 영향 안에서 발을 넓혔죠. 우리 세대는 자연스럽게 도태됐어요. 당시에 저도 다음 세대 친구들의 음악을 들어 봤는데 저희보다 훨씬 잘하더라고요. 우리 세대가 10년간 쌓은 노하우를 이 친구들은 2~3년 안에 모두 체득했다는 생각도 했죠. 그걸 토대로 예상해 보니 다음 세대는 더 빨라지고, 그다음 세대는 더 빨라질 게 분명하더라고요. 그런 생각이 드니까 제가 여기서 플레이어로 자리 잡기는 어렵겠다 판단했고, 다른 방식으로 이 씬에 보탬이 되고 머물 수 있는 길을 찾아보기 시작한 거예요.

때마침 제가 입대할 시기였는데 우연히 지인을 통해서 게임 업체에 취직하게 됐고, 거기서 방위 산업체 대체 복무를 하게 됐어요. 게임 음악에 몸담게 된 거죠. 그러면서 힙합 음악을 어떻게 게임 음악에 접목시킬까 자연스럽게 고민했어요. 실제로 제가 만든 게임 음악에 래퍼들을 참여시키면서 게임 음악과 힙합 씬을 오갔죠. 복무가 끝난 뒤에는 뮤직 프로덕션 일을 했어요. 기획사 일을 하면서 내가 직접 음악을 하지 않더라도 잘하는 사람을 알아보는 눈을 가지고 있다면 이 씬에서 계속 일할 수 있겠다는 확신이 생겼죠.

게임 음악과 뮤직 프로덕션 일을 했던 건 언제였나요?

이 2007년 정도였어요. 게임 음악뿐 아니라 애플리케이션 개발, 영화 음악, 드라마 음악 등을 닥치는 대로 만들었죠. 그 과정에서 산업을 보는 시야도 더 넓어졌어요. 예전에는 힙합이 인생의 전부라고 생각했고 랩이 아닌 다른 직업은 상상할 수 없었지만 여러 일을 하면서 세상을 보는 시야가 더 넓어졌죠. 그렇게 살면서 게임 음악에 더 깊이 빠지게 됐고 그게 저의 주 수입원이 됐어요. 그런데 한편으론 이런 생각이 들더라고요. '내가 처음 시작했던 것, 그리고 아직도 즐겨 하는 문화가 뭐지?' 그게 힙합이었어요. 다시 도전해 보고 싶더라고요. 꼭 랩을 하지 않더라도 작곡가로서 힙합 씬에 몸담고 싶다는 생각도 했죠. 그때가 2013년 정도였는데 팔로알토를 제일 처음 떠올렸어요. 제가 마음속으로 인정하는 친구였거든요.

팔 당시 일을 구체적으로 이야기하면, 원래 이영욱 이사님과는 어렸을 때부터 알던 형 동생 사이에요. 절정신운한아라는 이름으로 활동할 때 제가 팬이기도 했고요. 게임 음악 쪽에서 성공적으로 자리를 잡은 형이 갑자기 저에게 연락을 해 왔어요. 하이라이트 레코즈와 함께 일해 보고 싶다고, 또 저희 회사에서 본인의 음악을 발표하고 싶다고요. 저 역시 예전부터 형에게 여러 가지 영향을 받았고 또 워낙 따르던 형이었기에 함께하자고 결정했죠.

처음에는 형을 아티스트로서 영입한 거였어요. 그런데 당시 저는 이런저런 힘든 일 때문에 회사 경영 일에서 잠시 손을 떼고 싶었거든요. 그래서 이사님과 현재 공동이사인 디제이 짱가 형한테 운영을 맡기고 저는 음악만 하기로 결정했어요. 그때 제가 1년 반에서 2년 정도 아예 회사 일에 관여를 안 했거든요. 그런데 이사님은 이미 게임 회사를 설립해서 운영한 노하우도 있고 성격 자체도 꼼꼼하다 보니 회사의 체계를 잘 잡아 주더라고요. 그래서 자연스럽게 뮤지션으로서의 포지션을 점점 잃어 가고 회사 운영 일을 맡게 된 거죠(웃음).

이 당시 저는 외부인이었잖아요. 레이블에 들어와서 상황을 파악한 순간 직감했어요. '아, 이 회사는 체계가 아예 없고 정비가 안 되어 있는, 정말 날생선 같은 상태구나.' 저는 이런 걸 보고 그냥 못 넘어가는 성격이거든요. 그래서 뭔가 운명 같은 상황이라고 생각했고 제 역할을 빠르게 받아들였죠.

우리는 한국 힙합의 새로운 생태계를 만들고 싶다

하이라이트레코즈의 직원들도 이영욱 님이나 팔로알토 님처럼 모두 힙합에 대해 잘 이해하는 사람들인가요?

팔 꼭 그렇진 않아요. 예전에 이사님이 고용했던 A&R 파트 직원들은 힙합 음악에 대한 이해도가 높거나 이쪽 업종에 있던 분들이 아니었어요. 그럼에도 그분들을 영입한 이유는 힙합에 대한 이해도가 높은 사람들, 그러니까 저희들이 이미 있기 때문에 그렇지 않은 사람들과 함께 일해야 한다고 판단했던 거예요. 그래야 우리가 못 보는 것을 볼 수 있다고 생각했거든요. 이사님도 그런 균형을 제가 잘 맞출 수 있게 늘 도와주세요. 이사님은 게임 음악을 비롯해서 다양한 일을 해 봤잖아요. 그런데 저는 평생 랩과 힙합만을 해 왔단 말이에요. 그래서 이사님이 늘 옆에서 이런 시각도 있다, 이렇게도 생각해 봐라, 이런 조언을 자주 해 주세요.

어느 분야니 미친가지겠지만 균형 김킥이야말로 가상 숭요한 것이 아닐까 싶다. 세상과 삶은 흑백논리나 이분법으로 재단할 수 없는 고도의 복합적인 존재라는 사실을 아는 것 말이다. 특히 래퍼들은 힙합이라는 장르의 특성상 함정에 빠지기 쉽다. 힙합은 전통적으로 태도가 선명할수록 각광받는 음악이기 때문이다. 물론 음악 안에서는 그럴 수 있다. 또 어떨 때는 그래야 하는 순간도 있다. 그러나 동시에 래퍼라면 자신의 힙합이 대중음악이라는 거대한 카테고리 안에 있다는 점, 그리고 자신이 한국 음악 산업 안에서 살아가야 하는 존재라는 점을 늘 인지해야 한다. 랩과 비즈니스를 겸할 것이라면 더욱더.

하이라이트레코즈가 다른 힙합 레이블에 대해 상대적으로 더 내세울 수 있는 것에는 무엇이 있을까요?

팔 하이라이트레코즈는 늘 길을 먼저 제시해 왔어요. 비즈니스 모델의 측면에서, 또 활동하는 방식 등 다양한 측면에서 동종업계 사람들에게 새로운 길을 보여 줬죠. 단적인 예로 저희는 회사 운영을 체계적이고 투명하게 하고 있거든요. 그래서 직원들이 좀 힘들 거예요. 또 앞으로도 이렇게 꾸준히 해 나간다면 이 일이 진짜 프로의 일이란 걸 인정받는 날이 올 거라고 믿어요.

이 동감이에요. 레이블 설립 초기가 동상 하나를 만들기 위해 큰 돌을 망치로 내리쳐서 형태만 우선 만드는 시기였다면, 지금은 정을 가지고 면을 깎아 내고 더 디테일하게 세공하는 시기예요. 그래서 저희가 한번에 씬의 판도를 바꿀 만한 '그라운드 브레이커' 역할은 못 하겠지만 중요한 부분들의 기준을 마련할 수 있는 회사라고 생각해요.

이 업계가 발전하기 위해 꼭 바뀌어야 하거나 이루어져야 할 부분에 대해 내부적으로 굉장히 많은 고민을 하고 있어요. 지금 당장 음악을 파는 것도 중요하지만, 우리가 여기서 계속 10년,

20년 돈 벌고 살려면 그런 부분들이 정립되어야 하거든요. 예를 들어 저작권 같은 경우도 얼마 전에 내부에서 저희끼리 깊은 논의를 했어요. '지금이 가곡을 만들던 시대도 아닌데 언제까지 작사, 작곡, 편곡 이렇게 세 가지로만 저작권을 나눠야 하는 걸까?'라고요.

음악의 저작권자를 작사, 작곡, 편곡으로만 나누는 게 이제는 낡은 구분이 돼 버렸다는 뜻인가요?

이 네. 일단 래퍼들이 리듬이나 플로우를 창조하는 것은 작사보다 작곡 개념에 더 가깝다고 생각해요. 또 프로듀서들도 단순히 비트만 만드는 게 아니라 곡의 주제에 관해 키워드를 던질 수도 있고요. 특히 힙합 음악에선 전담 편곡이란 개념을 적용할 수 없잖아요. 프로듀서와 래퍼가 대화를 하면서 이런 방향성을 담자, 이런 사운드를 써 보자 하면서 편곡이 이루어지니까요. 별도의 과정으로 나누어져 있다기보다는 이 모든 게 거대한 하나의 과정인 거죠. 그래서 앞으로는 저작권을 분배할 때 곡에 참여한 모든 사람을 다 라이터(writer)로 본 다음 각자의 기여도를 판단해 저작권을 나누자는 이야기가 나왔어요. 시대에 맞게 비즈니스를 업데이트하자는 거죠.

그리고 레이블이라든지 매니지먼트 회사의 형태도 한국은 아직 체계가 안 잡혀 있어요. 이 업계에서 통용되는 기준이란 게 딱히 없다 보니 레이블의 성향에 따라 일하는 방식이 갈리는 경우도 많이 봤고 이딸 때는 그게 분생 요인이 되기도 하죠. 한국 힙합 레이블 사이에도 '스탠더드'가 필요하다고 생각해요. 그런 의미에서 업계 사람끼리 모임 같은 걸 만들어서 공유도 하고 인력 충원도 이루어져야 한다는 생각도 해요. 스카우트도 서로 하고요. "이 사람은 이런 능력이 있는데 이 회사의 음악과 맞지 않아. 그런데 우리 회사에 오면 일을 잘할 수 있어." 이렇게 말이죠.

뮤직 비즈니스에서도 원칙이 필요하다

그렇다면 하이라이트레코즈 같은 회사를 설립하고 싶은 젊은이에게 혹시 특별히 조언해 줄 것이 있을까요?

팔 비즈니스는 감정이 없어야 된다고 생각해요. 그런데 힙합 팬들은 레이블 운영에 대해 대부분 굉장히 감정적으로 반응해요. 예를 들어 CJ E&M 음악사업부와 하이라이트레코즈가 인수합병 계약을 했을 때도 "팔로알토가 영혼을 팔았다, 회사를 팔아넘겼네" 같은 반응을 보이는 것은 너무나 감정적인 대응인 거죠.

하지만 직장생활을 해 본 사람들은 이걸 너무나 자연스러운 단계로 받아들여요. '봉구스 밥버거'를 차려서 운영하던 사장님이 업체를 팔고, 대기업이 그걸 사서 체인을 만들 수도 있는 거고, '지니킴'이란 브랜드의 경우에는 지니킴이란 디자이너가 브랜드를 만들었지만 현재 그 브랜드의 대표는 지니킴이 아니에요. '애플'에도 역시 한동안 스티브 잡스가 없었죠. 자신이 만든 회사인데도. 이건 비즈니스의 가장 기본적인 형태거든요. 자영업으로 시작한 회사를 자본가들이 그 가능성을 보고 투자하는 형태 말이에요. "너희가 하는 방식대로 계속해. 우리도 너희가 돈이 될

:: 팔로알토가 하이라이트레코즈를 설립하고 경영에 대해 피로감을 느낄 때 이영욱이 합류함으로써 하이라이트레코즈는 한국 힙합 씬의 선두적인 레이블로 자리 잡았다.

것 같아서 돈을 지원해 줄 테니 너희 하던 대로 해." 우리가 이런 식으로 가치를 인정받고 그만큼의 돈을 받으며 대기업과 손을 잡은 건데 사람들은 이렇게 말했죠. "쟤네는 계속 언더그라운드여야 하는데 문화를 망치는 CJ랑 손을 잡았어."

하지만 인수합병을 했다고 해서 갑자기 CJ가 어디서 연습생 몇 명을 데리고 온 다음, 5년 동안 트레이닝을 시켜서 아이돌을 만들어 달라고 강요한 적도 없고, 〈쇼미더머니〉에 나오면 다 우승시켜 준다고 하지도 않았어요. 그럴 거면 CJ가 저희에게 돈을 안 췄겠죠. 하이라이트레코즈라는 비즈니스 모델 자체의 가능성을 보고, 이게 다음 세대에 돈이 되는 움직임이라고 판단했기 때문에 저희에게 손을 내민 거예요. 이런 것처럼 일을 할 때는 감정을 섞으면 안 된다고 생각해요.

어쨌든 새로 일을 시작하는 친구들한테 얘기해 주고 싶은 건, 특히 아티스트 본인이 직접 레이블을 운영한다면 본인의 예술과 회사의 운영을 철저히 분리할 줄 아는 능력이 필요하다는 거예요.

팔로알토 님은 지금 그 두 가지를 병행하며 밸런스를 맞추고 살아가고 있잖아요. 그런데 아티스트로 살면서 동시에 회사 경영에 관여하는 것이 본인의 음악에는 어떤 영향을 끼치나요?

팔 이사님이 회사에 오기 전까지는 제가 음원 정산도 직접 다 했거든요. 정산을 하게 되면 매달 10일에 컴퓨터 앞에 앉아서 곡마다 숫자를 봐야 해요. 그런데 이 숫자들이 음악을 만들 때 떠오르는 거죠. 음원 정산 금액이 컸던 곡은 음원 사이트에서 사람들이 많이 찾아 들었다는 뜻이잖아요. 이런 것들이 창작을 할 때 떠오르니까 저한테는 안 좋은 영향을 끼치더라고요. 지금 만들고 싶은 음악에 더 집중하고 싶은데 그걸 방해하니까요.

아티스트가 회사 경영에 관여하는 게 좋다고 생각하나요, 아니면 반대인가요?

팔 그건 각자의 재량과 능력 문제라고 생각해요.

윤종신 씨 같은 경우는 예능 녹화를 하고 온 날에 오히려 더 음악 창작 욕구가 타오른다고 하더라고요. 웃고 떠들고 오면 오히려 더 외로워져서 슬픈 발라드를 만들고 싶어진다고요. 또 예능 녹화할 때 들었던 얘기들을 노래의

아이디어로 활용한다고 말하기도 했고요. 팔로알토 님에게도 이런 식으로 대표로서의 삶이 아티스트로서의 창작 욕구를 부추기는 면이 있나요?

팔 그건 윤종신이란 사람이 모든 상황을 긍정적으로 잘 활용하는 성향을 가진 덕분이라고 생각해요. 하지만 그렇게 하지 못하는 사람도 있겠죠.

어떻게 보면 《Chief Life》란 앨범이 그런 예일 수 있겠단 생각이 드는데요.

팔 그럴 수도 있겠네요. 그 앨범은 제가 실무를 보는 사장인 동시에 래퍼로 사는 이야기를 담은 작품이었으니까요. 당시에 엑셀 파일을 보고 관계자와 통화하고 그런 경험들이 음악에 녹아들었을 거예요.

이번엔 이영욱 님에게 질문을 던지려고 합니다. 래퍼가 아닌 힙합 종사자의 삶은 대략 어떤가요?

이 일단 제 삶은 누구보다도 사람들이 보통 이야기하는 '힙합적인 삶'이라고 생각해요. 저는 현재 저희 회사에 소속된 여러 아티스트와 많은 시간을 함께 보내고 있어요. 그 과정에서 제가 아티스트로서는 직접 표출하지 못했던 것들이 해소되는 느낌을 많이 받아요. 예를 들어 어떤 아티스트의 앨범을 제작한다고 하면 그 과정 하나하나를 모두 함께 의논해서 완성하니까요. 거기에서 오는 대리만족을 충분히 느끼면서 살고 있어요. 거의 제가 직접 경험하는 수준과 비슷할 정도로요.

조심스러운 질문이지만 이영욱 님의 현재 삶은 차선책을 찾은 결과일까요, 아니면 본인에게 더 알맞은 역할을 찾아낸 것일까요?

이 차선책인 것 같아요. 처음에는 아티스트가 되고 싶었지만 결국 지금의 일을 하게 되면서 그 욕구가 좀 해소됐고요. 제 성격을 더 많이 반영할 수 있는 부분들이 힙합 레이블의 운영과 제작 일에 있더라고요.

유행은 영원하지 않기에 우리는 그다음을 준비한다

그 대답은 차선책인 동시에 본인에게 알맞은 역할을 찾아냈다고도 들리는군요(웃음). 두 사람에게 공통 질문을 던져 볼게요. 요즘 10대가 왜 힙합에 열광하고 있다고 생각하나요?

이 우리 세대 때도 유행은 있었잖아요. 저는 그게 지금 시대에는 힙합일 뿐이다 정도로 해석하고 싶어요. 이게 독특한 흐름이라고 생각하지 않아요. 어린 시절에 제가 비비탄 총을 가지고 놀았던 것처럼 요즘 초등학생의 놀이 문화가 힙합일 뿐인 거죠. 물론 바람은 있죠. 유행하는 놀이 문화 중에서도 세대를 뛰어넘어 계속되는 것들은 분명히 있거든요. 그게 힙합이면 좋겠어요.

팔 저도 같은 입장이에요. 지금 어린 친구들이 힙합 노래 따라 부르는 건 제가 중학교 때 H.O.T나 젝키 노래 따라 불렀던 것과 비슷한 거라고 봐요. 물론 그들이 즐기고 있는 게 힙합이 아니라고 말할 수도 없고 그들이 힙합 문화를 모른다고 단정 지을 수도 없어요. 하지만 힙합의 시대라고 얘기하긴 어려워요. 힙합인지 아닌지 그 친구들은 의식하지도 않을 거예요. 그저 즐기고 있을 뿐이죠. 저희가 어릴 때 팽이 치고 놀던 것처럼요.

이 예전에 TV 만화 《피구왕 통키》가 인기를 끌 때 다 피구하고 놀았던 거랑 비슷한 거예요. 단지 랩이 지금 인기 있을 뿐인 거죠.

하지만 지금 이 시대에 다른 음악이 아닌 힙합이 각광받는 이유도 분명 존재하지 않을까요? 예를 들어 갑자기 정부에서 헤비메탈을 민다고 해서 헤비메탈이 10대의 음악이 될 것 같지는 않거든요. 힙합은 지금 시대와 가장 닮아 있는 음악이라고 생각해요. 굉장히 동시대적이고 또 인터넷 친화적이기도 하고요.

이 저는 이 일을 하면서 그런 사고를 최대한 배제하려고 해요. 이음악이 특별하기 때문에 지금 인기 있다는 생각을 가능하면 하지 않으려고 하죠. 물론 그런 부분이 당연히 존재하죠. 하지만 최대한 그렇게 보지 않으려고 노력하고 있어요.

생각의 균형을 맞추기 위해서인가요?

이 네.

팔 저는 힙합이 되게 멋있고 문화적으로 앞서 있어서 세계적으로 열풍이라는 말 자체가 이제는 의미 없어졌다고 봐요. 그만큼 오늘날 대중문화를 즐기는 세계의 모든 사람에게 힙합이 너무도 당연한 것이 되어 버렸기 때문이죠. 다른 장르 음악과 컬래버레이션을 한다든지 옷을 입는 방식이나 행동하는 방식 등 모든 것을 세계와 이미 공유하고 있잖아요. 나든 인송이 힙합 앨범을 냈다고 폄하받는 시대도 지났고요.

:: 팔로알토와 이영욱은 이제 〈쇼미더머니〉의 열풍이 식은 후를 준비해야 할 때라고 입을 모았다.

그러면 힙합과 관련해서 더 생길 것 같은 직업이나 생겼으면 하는 직업이 있나요?

이 힙합 음악의 배경이나 가사 내용을 해설해 줄 수 있는 분들의 역할이 점점 커질 것 같아요. 예술가의 의도를 대중에게 전달하는 분들이 역할을 할 곳도 더 많아질 거고요. 그런 걸 원하는 사람도 마찬가지로 늘어날 거고요. 또 한국 힙합 관련 자료를 아카이빙하는 사람도 분명 중요해질 겁니다. 그런데 그건 컴퓨터가 아니라 이 업계와 밀접하게 몸을 맞대고 있는 사람이 해야 하는 일이거든요.

예를 들어 요즘 한국 힙합은 CD를 발매하지 않잖아요. 대부분이 음원만 발매하죠. 예전에는 CD를 사면 부클릿에서 많은 정보를 얻을 수 있었어요. 프로듀서도 적혀 있었고, 어디에서 녹음을 했는지, 엔지니어가 누군지도 알 수 있었죠. CD 맨 뒷장에 있는 일명 '땡스 투' 란에서는 음반이 만들어지기까지의 스토리도 접할 수 있었고요. 그런데 요즘 세대는 오히려 그런 정보를 얻기 힘들어졌죠. 또 위키피디아의 경우도 외국 힙합에 관해서는 정리가 잘 돼 있잖아요. 한국 힙합에 관해 이런 작업을 전문적으로 하는 사람들이 생기지 않을까 생각해요.

달라진 음반 시장에 따라 이제 CD가 아니라 음원이 표준이 됐다. 물론 여전히 CD나 LP를 발매하는 뮤지션도 있지만 어디까지나 그것은 '굿즈'의 개념이다. 이 변화의 물결에 래퍼들도 예외일 순 없다. 아니, 오히려 래퍼들은 다른 어떤 장르 뮤지션보다 음원을 많이 발표하고 있다. 얼마 전 미국의 힙합 뮤지션 닥터 드레(Dr. Dre)는 이런 경향에 대해 우려를 표하기도 했다. "요즘 래퍼들은 질보단 양을 추구하는 것 같아." 하지만 이것이야말로 힙합이 가장 각광받는 장르로 올라서게 된 중요한 이유가 아닐까. 물론 예술 작품의 완성도 측면에서 전통적인 기준으로 본다면 비판적인 자세를 취할 수도 있다. 그러나 힙합은 예로부터 '양(量)'의 음악이었다. 습작이나 미완성작을 공개하기 주저하지 않았고, 정규 앨범 외에도 수많은 비공식 믹스테이프가 유통되어 온 장르다. 지금도 래퍼들은 끊임없이 비트 위에 할 말을 쏟아 내고 있고, 이것이 인터넷 세대를 사로잡았다. 간편하고 자유분방하며 '파일'을 업로드·다운로드하는 데에 거부감도 없고 거추장스러움도 없는 음악. 오늘날의 랩.

일종의 '힙합 문헌정보학과'고요(웃음). 팔로알토 님은요?
팔 저도 비슷한 생각을 해요. 미국에는 재미있는 힙합 콘텐츠가 진짜 많거든요. 힙합 문화를 정확히 이해하는 사람들이 좋은 콘텐츠를 만들어 내죠. 특히 래퍼가 아닌 사람들이요. 그런데 한국에는 그런 콘텐츠가 너무 없어요. 그렇다 보니 어린 친구들이 힙합에 빠져서 '이게 이렇게 된 거였구나……'라고 깨달을 기회가 없어요. 아티스트들이 직접 이야기해야만 알 수 있는 거죠.

이 아티스트가 음악으로만 표현하고 그 외적인 해석은 다른 사람이 해 주는 게 아티스트도 멋있어 보이고 이 업계에서 일하는 사람들도 전문성을 가지게 되는 환경이라고 생각해요. 하지만 한국 힙합 씬은 아직까지 아티스트가 혼자 '북 치고 장구 치고' 하지 않으면 그 아티스트의 의도를 알아차리기 어렵죠.

힙합은 상상하는 대로 다양한 미래를 만들 수 있는 시장

그러면 힙합에 좋은 영향을 받아서 삶이 달라진 부분이 혹시 있나요? 래퍼들의 가사나 태도 등에서 좋은 영향을 받았던 순간이 궁금하네요.

이 힙합은 가사가 구체적일 수밖에 없잖아요. 그렇다 보니 힙합은 다른 음악보다 자신의 입장을 더 구체적으로 대변해 주더라고요. 실제로 힙합 음악에서 말하던 이상적인 상황이 제 삶에 일어나게 됨으로써 얻는 희열이나 소소한 즐거움이 있어요. 전 물질 만능주의자인데 힙합 음악에는 그런 요소들이 많잖아요. 예컨대, 래퍼들이 가사에 롤렉스시계를 샀다고 썼을 때 저도 그때쯤 시계를 하나 사고, 두 개를 사고, 세 개를 샀단 말이에요. 그럴 때 제가 한국 힙합의 가사와 함께 성장했다는 느낌을 받아요.

만약 제가 일반 직장을 다녔다면 미래가 빤히 보였을 거예요. 계단처럼 눈앞에 그려지죠. 하지만 힙합 레이블 일은 왠지 모를 '대박'을 꿈꿀 수 있잖아요. 다양한 미래를 상상하면서 살 수 있는 직업이라고 생각하거든요. 그런 부분이 좋죠.

팔 저는 경우에 따라 다른 것 같아요. 예를 들어 프레디 깁스(Freddie Gibbs)나 스쿨보이 큐(Schoolboy Q)의 가사는 제 삶과 아예 상관없거든요. 이런 음악은 그냥 영화를 보는 느낌이죠. 그렇게 살아 본 적이 없으니 공감할 수가 없어요. 그런데 또 어떤 래퍼의 음악은 제 삶의 기준을 정하는 데 중요한 도움을 주기도 해요. 커먼(Common)이 대표적이죠. 이런 래퍼들의 음악을 들으면서 그 가사가 제 삶에 실제로 영향을 미쳤어요.

마지막으로 이 책을 읽는 사람들에게 당부 한마디를 부탁드려요.

팔 길게 할 말은 없고요. 그냥 이 직업을 선택할 때는 자신이 재미를 느끼느냐가 제일 중요해요. 사실 모든 직업이 다 그래요. 커피숍을 차릴 때도 커피를 실제로 좋아해서 서울에서 가장 맛있는 커피를 만들 자신이 있거나 그런 의지가 있는 사람이 가게를 차릴 가능성이 크잖아요. 자기가 얼마나 재능이 있느냐, 그리고 자기가 이걸 얼마나 재미있어 하느냐가 가장 중요해요.

그런데 최근 SNS에서 이런 말을 올린 걸 봤어요. '랩을 지금까지 해 오면서 힙합으로 '남에게 빚지거나 페 끼치지 않는 삶을 나는 만들었다, 힙합으로 집도 있고 결혼도 한 삶에 만족하고 자부심을 느낀다.' 대략 이런 내용이었

어요. 팔로알토 님이 앞서 한 말대로 한다면, 한국에서 힙합을 직업으로 삼 았을 때 팔로알토 님처럼 살 수 있을까요?

팔 현실적으로 얘기하면 저 같은 래퍼가 되기란 정말 힘들어요. 그 래서 헛된 희망을 심어 주고 싶지는 않아요. 아무리 랩을 잘해도 돈을 못 버는 래퍼도 많기 때문이죠. 그래서 더 자기만족이 중요 해요. 제가 여기까지 올라올 수 있었던 원동력은 도전 정신이었 거든요. '내가 나의 한계를 깨는 것.' 저를 여기까지 오게 만든 건 그 도전 정신이고, 제가 음악을 사랑하지 않았다면 도전 정 신을 갖지 못했을 거예요. 그랬다면 여기까지 오지도 못했겠죠.

이 저는 제 포지션을 꿈꾸는 사람들에게 더 구체적으로 말하고 싶 어요. 이쪽 분야는 정말 매력적이에요. 저는 현대사회에서 직업 이란 100퍼센트 돈벌이 수단이라고 생각하거든요. 오늘날의 생 존수단은 돈이니까요. 그런데 저 같은 포지션의 사람들은 아티 스트와 달라요. 여러 명의 아티스트를 상대하고 그 아티스트들 의 결과물이 만들어 내는 수익을 통해 돈을 벌죠. 하지만 아티스 트의 생명은 어느 정도 한계가 있잖아요. 전성기가 있고 작품은 남겠지만 육체는 언젠간 죽어요. 또 만약 아티스트로서 인기가 떨어지면 그건 아티스트로서 사망 선고를 받는 거고요.

이렇듯 아티스트는 계속 바뀌더라도 저는 제 위치에서 계속 일 을 할 수가 있어요. 어떤 아티스트가 은퇴해도 그 음악은 계속 남아 있을 것이고, 저 같은 사람은 그 음악을 계속 다룰 수 있는 거죠. '타임리스'한 것을요. 이런 데서 오는 만족감은 조물주로 서의 만족감과 비슷하다고 생각해요. 실제 과거를 돌이켜 봐도 1980~1990년대에 잘나가던 음반 제작자들은 여전히 씬에서, 그

위치에서 일을 하고 있거든요. 음악은 이렇게나 많이 바뀌었는데 그 사람들은 여전히 영향력을 행사하고 있죠. 아티스트는 뜨고 지지만 그 사람들은 그렇지 않아요. 그런 이유로 굉장히 매력적인 직업이고, 생명력 역시 아티스트에 비해 훨씬 길어요. 가늘고 길게 가는 거죠. 꼭 자기가 랩을 잘하거나 곡을 잘 쓰지 않더라도 아티스트보다 더 무한하게 힙합 씬에서 일할 수 있다는 커다란 장점이 있기 때문에 저는 이 직업을 적극 추천하고 싶어요. 그런 사람들이 많아져야 아티스트도 자유롭게 음악 활동을 할 수 있어요.

팔 이사님 이야기를 들으면서 다시 답을 생각해 봤는데 제가 지금까지 계속 음악을 할 수 있었던 이유는 에너지였던 것 같아요. 아무 일도 하지 않으면 아무 일도 안 벌어지는데 저는 잘되든 안 되든 무언가를 꾸준히 만들어 왔거든요. 그 덕분에 누군가는 절 인정해 줬고 그 자양분으로 계속 뭔가를 해 오지 않았나 싶네요. 에너지의 차이인 것 같아요. 그게 결국 지금의 저를 만든 거죠.

"예술가로서 성숙한다는 건 또 하나의 어른이 되는 것"

| 더콰이엇(The Quiett) |

본명 신동갑. 래퍼와 프로듀서로 일리네어레코즈를 설립하고 대표로 재직 중이다. 소울컴퍼니 출신으로 2003년부터 활동을 시작했으며, 9장의 정규 앨범을 발매했다. 〈쇼미더머니〉 시즌 3에서 심사위원으로 출연해 대중적 인지도를 쌓았고, 《Q Train》으로 한국대중음악상에서 최우수 랩힙합 음반상을 수상했다. 최근에는 언더그라운드 힙합 공연 브랜드 '랩하우스'를 진행하고 있다.

더콰이엇의 《glow forever》는 2018년을 대표하는 힙합 앨범이었다. 동시대 속에서 무게 있는 상징성을 획득했기 때문이다. 데뷔한 지 15년이 넘은 이 래퍼는 1996년생 미국 래퍼 플레이보이 카티(Playboi Carti)의 영향을 받아 이 앨범을 만들었다. 더콰이엇은 뒷짐 지지 않는다. 스무 살에게 진짜 힙합에 관해 설교하지도 않는다. 대신에 그는 오토튠을 걸고 노래를 부르며 이렇게 말한다. "모든 건 진화하는 거잖아. 적응하지 못하면 사라지는 거야 like 공룡."

더콰이엇은 원래 성실했다. 끊임없이 결과물을 발표했고 늘 트렌드를 따라잡았다. 2000년대 초반부터 활동을 시작한 래퍼 중 지금까지도 '멋있게' 살아남은 래퍼가 과연 몇이나 될까. 또 그는 언더그라운드 공연 브랜드 '랩 하우스'를 론칭하는가 하면 각종 미디어를 통해 한국 힙합에 관한 비전과 통찰을 드러내고 있다. 더콰이엇은 한국 힙합의 가장 선배인 동시에 가장 신선한 래퍼다.

인생이란 건 언제나 불완전해. 오늘도 우린 서 있지, 출발점에

본격적인 인터뷰 전 자기소개를 부탁했을 때, 본인을 뮤지션이고 회사 일리네어레코즈의 창립자 겸 경영자라고 소개하더군요. 뮤지션이자 레이블 경영자, 이 두 가지를 본인의 정체성으로 생각하는 거죠?
네. 그렇습니다.

더콰이엇 님은 중고등학교 때 어떤 학생이었나요?
저는 출석도 잘했고 딱히 방황하지도 않았어요. 기본적으로 성실한 학생이었죠. 그런데 공부는 안 했어요. 성적이 별로 좋지 않았죠. 사실 제가 중학교 1학년 때까지는 어머니의 교육열 때문에 학원도 다녔고 성적이 괜찮았어요. 하지만 가정형편이 급속도로 악화되면서 부모님이 제 학업에 신경을 못 쓰게 됐고 저도 그때부터 자연스럽게 그냥 놀았어요. 게임하고 농구하고 친구들과 어울렸죠. 왜냐하면 원래 공부를 싫어했거든요. 그런데 엄마가 시키니까 그냥 억지로 한 거였어요. 아무튼 중2 때쯤, 그러니까 1998년부터 스타크래프트 게임을 하러 PC방에 많이 다녔죠.

집안 환경이 어려워졌는데 불안감 같은 건 없었나요?
그런 건 없었어요. 오히려 저희 집이 망하면서 일종의 안도감을 언

:: 2003년 활동을 시작한 더콰이엇은 스무 살에 소울컴퍼니를, 스물일곱에 일리네어레코즈를 설립하며 새롭고 신선한 행보를 보여 왔다.

었어요. 우리 집이 망한 건 가슴 아프지만 여기서 더 안 좋아질 게 없다는 생각을 했죠. 저희 아버지는 나름 배운 분이셨고 번듯한 사회생활을 하시던 분이었는데 정말 한순간에 어려워졌어요. 그걸 보면서 저는 어린 나이에 '에이, 공부해도 별거 없어'라고 자기 합리화를 했어요. 그러고는 '나는 이렇게 살아야지' 하고 단순하게 마음먹었죠.

래퍼들의 학창 시절은 대부분 비슷한 것 같기도 해요. 문제아도 아니었고 사고뭉치와도 거리가 멀었고, 오히려 학교에 꼬박꼬박 잘 나가고 조용했는데 그렇다고 공부는 하지 않았던 학생이라고 할까요. 그리고 반항을 크게 하지도 않았지만 자기 안에는 남다른 무언가가 있었던 학생 정도로 저한테는 다가오네요. 그런데 이 지점에서 궁금증이 생기는데요. 래퍼들의 가사에는 이른바 '펀치 라인'이라고 하는 고도의 비유나 절묘한 표현이 많잖아요.

학교에서 공부를 잘하는 것과 이런 능력은 딱히 상관관계가 없는 건가요?

반반인 것 같아요. 상관이 있으면서도 없죠. 일단 창작이란 그 사람이 지닌 기본적인 감수성과 예민한 감성을 가지고 하는 거예요. 즉 교육과는 무관하게 해낼 수 있는 별개의 역량이 존재한다고 봐요. 학교를 다니지 않은 사람도 좋은 글을 쓸 수 있고 좋은 음악을 만들 수 있어요. 다만 학교에서 더 많은 것을 배운 사람이라면 더 많은 것을 창작에 적용시킬 수 있겠죠. 예를 들어 고등학교 때 영단어를 공부했다면 그 영단어를 창작물에 쓸 수 있을 것이고, 국어 시간에 배운 것이 있다면 그것 역시 적용할 수 있겠죠.

하지만 그런 부분은 어디까지나 세세한 부분이에요. 창작의 큰 줄기는 그 사람의 타고난 능력, 그리고 학교 교육과 상관없이 스스로 노력하는 힘이라고 생각해요. 특히 요즘은 인터넷으로 정말 많은 것을 보고 습득하잖아요. 저는 유튜브만 봐도 웬만한 고등교육은 이루어질 수 있다고 보거든요. 저도 쉴 새 없이 항상 검색하고 찾아보고 있고요. 이런 다양한 루트를 통해 배움이 이루어지는 시대이기 때문에 굳이 교육을 학교에만 국한시키는 건 좀 아니라는 생각이 들어요.

자퇴하고 랩에 모든 걸 걸겠다는 10대가 있다면 어떤 이야기를 해 주고 싶나요?

저는 지지하죠. 얘기했듯이 학교가 우리의 삶과 창작에 주는 긍정적인 영향은 별로 없다고 봐요. 그래서 본인이 확신을 가지고 있다면 어떤 결정을 내려도 좋다고 생각해요. 제 경우를 예로 들면, 저는 고등학교에서 보낸 3년을 허비한 느낌이에요. 딱히 좋은 것을 배운 것 같지도 않고 좀 불행했어요. 학교에 다니는 게 정말 싫었죠. 고등학교 2학년 때 진지하게 자퇴를 고민했지만 결국 졸업은 했어요. 만약 그때의 저와 비슷한 상황의 학생이 있다면 과감하게 관두라고 말해 주고 싶어요.

그래도 한 명의 자연인이자 인간으로 본다면 학교 교육이 도움이 된 부분도 있지 않을까요?

학교라는 사회 속에서 배우게 되는 처세 같은 게 있을 수는 있겠죠. 예술계에서도 처세는 똑같이 중요하거든요. 하지만 그것도 중학교 때까지만 배워도 될 것 같아요.

그렇게 이야기는 해도 더콰이엇 님은 대학교에 입학한 것으로 알고 있어요.

입학은 했는데 중퇴했어요. 제가 대학교에 간 건 일종의 해프닝이었어요. 원래 대학에 갈 마음이 없었고 학교라면 학을 떼는 사람이었죠. 그래서 수능 준비도 당연히 안 했어요. 그런데 우연찮은 기회로 저희 집에서 전철로 두 정거장 떨어진 곳에 대학교가 있다는 걸 알게 됐어요. 만약 대학교를 가야 된다면 여기를 가야겠다고 생각했죠. 왜냐하면 제가 거리가 먼 걸 못 견디거든요. 한 10~15분 정도 걸리더라고요. 여기라면 가도 나쁘지 않겠다 생각했죠. 이게 원래 되게 긴 이야기인데 축약하자면 이런 학교가 있다는 걸 인지하고 나서 두 달 정도 뒤에 수시 원서를 냈어요. 그리고 합격했죠. 그런데 졸업할 마음은 없어서 적당히 다니다 관뒀어요.

성공회대학교는 진보적인 색채로 유명한 곳이잖아요. 그런 학교가 집 근처에 있었던 게 어찌 보면 다행이었겠군요.

그 학교에서 보냈던 2년 정도의 시간은 굉장히 유익했어요. 고등학교 때와 다르게 뭔가를 배웠다고 느꼈죠. 예를 들어 교수님 중엔 젊었을 때 민주화 운동을 열심히 하셨던 분들이 계셨어요. 그분들 수업에 들어가면 늘 좋은 말씀을 들었던 기억이 나요. 영감을 많이 얻었죠. 제가 사회운동을 하는 사람은 아니지만 어떤 면에서는 저도 입장이 비슷했거든요. 저희 래퍼들도 소수자로써 다양한 핸디캡과 싸우고, 견디고, 열정으로 그걸 돌파해야 하는 사람들이잖아요.

민주화 운동을 하셨던 분들의 세계에서 원형질을 추출해 본인의 삶에 대입하다니. 제가 봤을 땐 그것도 능력이네요. 언뜻 보면 전혀 다른 삶이잖아요.

그때 저와 같은 수업을 들었던 학생들은 별로 관심이 없어 보였어요. 아마 그냥 성적을 잘 받기 위해서 학교를 다니는 학생이 대부분이었겠죠. 그런데 저는 오히려 성적보다는 콘텐츠를 중요시했어요. 이 수업이 재미있는지, 내가 새겨들을 만한 무언가가 있는지를 염두에 두면서 다녔죠.

어렸을 때 꿈은 무엇이었나요?

처음 가졌던 꿈은 만화가였어요. 저는 여섯 살 때부터 그림에 재능이 있었어요. 기본적으로 손재주가 좋았어요. 그림 말고 종이접기도 잘했고 레고도 잘 만들었죠. 그런데 《아이큐 점프》라는 만화 주간지를 읽으면서 꿈을 접게 됐어요. 그 잡지의 맨 뒤에는 늘 만화가들의 '썰'이나 후기가 실렸는데, 만화가들이 항상 마감에 대한 압박감을 말했거든요. "이번 주도 마감에 겨우 세이프……" 이런 말이 항상 쓰여 있는 거에요. 그 스트레스가 어린 저한테도 느껴졌죠. 그래서 이건 사람이 할 짓이 아닌 것 같다고 생각했어요. 초등학교 5학년 때 만화가의 꿈을 접었죠.

더콰이엇 님 말고도 만화가가 꿈이었던 래퍼들이 많아요. 그림을 그리는 것
과 음악을 하는 것 사이에는 어떤 상관관계가 있을 것도 같은데요.

묘하게 관계가 있는 것 같아요. 음악은 소리지만, 그 소리를 들었을
때 머리에 어떤 이미지가 떠오르잖아요. 해변이 그려진다든지 빨간색이
떠오른다든지. 결국 음악도 하나의 이미지가 아닌가 싶어요. 그림이나
미술을 할 줄 안다면 음악, 즉 소리로 된 이미지에 더 용이하게 접근할
수 있다고 생각해요.

《The Real Me》를 내는 순간 래퍼가 직업이 됐다

힙합을 직업으로 인식한 순간을 기억하나요?

스물세 살까지는 그냥 했어요. 제 열정과 내면이 시키는 대로 그냥
했죠. 제 내면에서 '야 만들어, 또 만들어. 쉬면 안 돼.' 이런 식으로 저
에게 외쳤거든요. 당시의 저는 빨리 실력을 키우고 싶었고 빨리 인정
받고 싶었어요. 그런데 스물세 살이 지나면서 좀 차분해졌어요. 《The
Real Me》라는 앨범을 냈을 때였죠. 이런 느낌이 들었어요. '어? 무슨
일이 있었지?' 마치 꿈에서 깬 것 같았죠. 그때부터는 지금까지와 좀 다
른 느낌으로 음악을 해야겠다는 생각이 들었고 더 넓은 시야로 세상을
보게 됐어요. 그 전까진 전혀 신경 쓰지 않았던 부분을 보게 됐죠. 예를
들어 그렇게 마음먹기 전까지 저는 저희 집의 형편을 전혀 신경 쓰지
않았어요. 아까 얘기한 것처럼 저희 집은 어려웠지만, 그걸 무시하고 그

저 음악에만 신경을 썼죠. 그런데 그때부터 세상이나 삶이나 음악을 더 넓게 대하기 시작했어요. 뭔가 더 어른스러워졌던 것 같아요.

힙합으로 처음 돈을 번 순간은 언제였나요?

스물한 살 때 첫 앨범을 내고 석 달 뒤에 정산을 받았어요. 300만 원에서 500만 원 사이였던 것으로 기억해요. 그게 제가 힙합으로 처음 번 돈이었죠. 그 순간부터 지금까지 한 번도 돈이 부족한 적이 없어요. 그래서 저는 20대를 무명으로 보내고 벌이 하나 없이 힘들게 지내는 분들의 마음을 솔직히 잘 몰라요. 운이 좋은 편이었죠.

그렇다면 래퍼로서 어려움을 겪는 부분에 대해 말할 자격이 본인에게 없는 걸까요?

어떤 면에서는 그렇다고 봐요. 물론 굳이 끄집어내자면 열일곱 살 때부터 스무 살까지 제가 겪었던 가난에 대해서 이야기할 수는 있겠지만요. 그때도 랩을 하긴 했거든요.

랩을 하면서 부모님과 갈등은 없었나요?

거의 없었어요. 아마 저의 이른 성공과 관련이 있겠죠. 만약에 제가 별 볼 일 없는 상태로 쭉 시간을 보냈다면 부모님과 다퉜을 수도 있어요. 하지만 비교적 빨리 자리를 잡았기 때문에 그럴 일은 없었죠. 또 저희 부모님은 기본적으로 제가 랩을 하는 것에 별로 신경을 안 쓰셨어요. 저와 같이 랩을 했던 친구들은 대부분 부모님의 반대에 부딪혔거든요. 지금이야 〈쇼미더머니〉나 〈고등래퍼〉 같은 프로그램이 부모님을 안심시키는 데 일조를 하지만, 그때는 이런 프로그램이 없었으니까요.

래퍼로서 자리를 잡았다는 걸 부모님께 보여 드리기 위해 어떤 일을 했나요? CD를 드린다든가 했나요?

저는 부모님에게 어필한 적이 한 번도 없어요. 저희 집은 가족 간에 대화도 별로 없고 그렇게 화목한 편이 아니었거든요. 그렇다고 사이가 안 좋거나 불화가 있는 건 아니지만 딱히 서로 신경을 안 썼죠. 조금 개인주의적인 성향의 가족이었어요. 저도 부모님께 별다른 말을 안 하기도 했고요. 그런데 제가 윤미래 누나의 〈검은 행복〉과 타이거JK 형의 〈8:45 Heaven〉을 만들었을 때 부모님이 제가 잘되고 있다는 걸 인지하신 것 같았어요. 누나들이 엄마한테 말을 했더라고요.

사실 한국에서 부모님께 인정받으려면 무조건 TV와 관련이 있어야 해요. TV에 제가 나오든지, 제 노래가 나오든지, 아니면 신문에라도 나와야 하죠. 주류 언론이 갖는 공신력, 이게 부모님들한테는 절대적이거든요.

소울컴퍼니의 경험이 일리네어 설립의 원동력

이제 소울컴퍼니 얘기를 해볼게요. 소울컴퍼니를 지금 개념으로 보면 일종의 20대 스타트업이라고 볼 수 있잖아요. 소울컴퍼니의 설립부터 해체까지, 지금 뒤돌아보면 어떤 생각이 드나요?

당연히 저에게 정말 큰 의미죠. 20대 전부를 소울컴퍼니와 함께 보냈고 너무 많은 걸 배웠어요. 그 7년 동안 이 바닥에서 제가 겪을 수 있는 것을 다 겪고 다 배운 것 같아요. 그것을 토대로 일리네어를 만들었고 지금까지 이어져 오고 있는 거죠. 만약 제가 소울컴퍼니를 설립하

고, 운영하고, 그 흥망을 겪지 않았다면, 그러니까 제가 단순히 음악만 할 줄 아는 사람이었다면 지금의 일리네어도 없었을 거예요.

소울컴퍼니(Soul Company)는 2000년대 초중반에 설립되었던 힙합 레이블이다. 여기서 소울은 소울(疏鬱), 즉 '답답함을 풀어헤침'이라는 속뜻도 가지고 있다. 더콰이엇, 키비, 화나, 제리케이 등이 레이블의 주축이었고 젊은이의 고민과 감성을 적절히 녹여 낸 힙합 음악으로 청소년을 위시한 많은 마니아를 탄생시켰다. 또한 빅딜레코드와 함께 2000년대 초중반부터 시작된 홍대 언더그라운드 힙합 움직임의 중심에 있던 레이블이었으며 많은 공연을 흥행시켜 한국 힙합의 팬층을 확장했다. '감성 힙합'이라는 신조어의 등장에 영향을 끼치기도 했다. 2011년 해체해 역사로 남았다.

소울컴퍼니에서 구체적으로 어떤 것을 배웠나요?

너무 많은데, 일단 어떻게 해야 돈이 남는지 깨우쳤죠. 그때 저희는 굉장히 작은 시장에서 벌이를 하고 있었기 때문에 가요계의 제작 방식을 그대로 적용할 수 없었거든요.

일리네어를 설립할 때 직원을 최소화하고 공연 수익 대부분을 아티스트가 가져가는 구조를 만든 것 등이 그 깨달음과 연관 있다고 봐도 되겠죠?

물론이죠. 어떻게 하면 우리 앞으로 조금이라도 더 남길 수 있는지를 모든 면에서 익힌 거죠.

아까 제가 말했듯 소울컴퍼니는 일종의 20대 스타트업이었잖아요. 그 당시 삶이 일반 기업에 입사한 다른 젊은이의 삶보다 상대적으로 힘들었다고 생각하나요?

그렇진 않아요. 제가 듣기로 대기업에 들어가면 업무량이 상당하다고 하던데 그것도 되게 고된 삶이잖아요. 특별히 제 삶이 더 힘들지는 않았다고 생각해요. 다만 더 신경 써야 하는 것이 많았을 수는 있죠. 저를 포함해 당시 멤버 전원이 뮤지션인 동시에 직원 역할도 해야 했으니까요. 저희가 직접 일을 하고 발로 뛰었기 때문에 하나하나 살펴볼게 정말 많았죠. 그래도 저희가 좋아하는 일을 하는 것이었기에 즐거운 기억으로 남아 있어요.

예술가로서 성숙한다는 건 또 하나의 어른이 되는 것

랩을 하는 것과 래퍼로 사는 것은 다르잖아요. 래퍼가 되고 싶어 하는 지금 10대들은 랩을 잘하는 것 외에 래퍼로서의 삶을 유지하기 위해서 챙겨야 할 것들, 또 신경 써야 하는 것들을 모를 수밖에 없고요. 소울컴퍼니에서의 경험은 그런 것들을 배운 기회였던 것으로 보여요. 그렇다면 더콰이엇 님에게 래퍼로 사는 것이란 무엇인가요?

많은 것에 대한 책임감이요. 자신에 대한 책임 혹은 동료 뮤지션에 대한 책임, 나의 소속사에 대한 책임, 팬들에 대한 책임 등 많은 것이 존재해요. 그리고 그 책임감의 크기가 얼마나 큰지에 따라 얼마나 영향력을 행사할 수 있는지도 결정되죠. 또 그 사람을 향한 세간의 규정도 바뀌고요. 쉽게 말하면 음악이 전부가 아니라 내가 그 음악을 가지고 얼마나 큰 것을 책임질 준비가 되어 있느냐는 것이에요.

더콰이엇 님은 래퍼로서 어떤 것을 책임지고 있나요?

래퍼는 랩만 할 줄 안다고 다 되는 게 아니에요. 래퍼는 나의 랩이 내 주변 사람들, 예를 들어 나와 같이 음악을 하는 동료들이나 내가 속해 있는 회사의 직원들의 삶에도 영향을 준다는 자각을 가지고 있어야 해요. 내 랩이 온전히 나의 것이 아님을 알아야 돼요. 그래야 거기서 돈도 생기고 프로 의식도 생기는 거거든요.

'아 몰라. 내가 하고 싶은 대로 할 거야. 내가 하고 싶은 음악만 하면 돼' 정도의 생각을 가지고 있다면 딱 그 정도에서 그치게 돼요. 그리고 그런 래퍼들이 할 수 있는 일에는 한계가 있죠. 래퍼는 내 음악이 나의 삶은 물론이고 나의 건강과 나의 친구들과 나의 엄마 아빠, 나를 위해 일하는 직원들, 매니저들, 나의 팬들의 삶, 그 밖에 많은 것을 결정 짓는다는 점을 알고 있어야 해요.

일종의 어른으로서의 책임이라고도 볼 수 있겠군요.

제가 말하고 싶은 게 딱 그거예요. 예술가로서 성숙한다는 건 또 하나의 어른으로서 발돋움하는 것과 같다고 생각해요.

20대에 소울컴퍼니를, 그 후에는 일리네어를 설립했죠. 소울컴퍼니 시절에는 래퍼이자 직원이었고 지금은 CEO이자 래퍼고요. 언뜻 보기에도 이 둘은 완전히 다른 능력과 결을 발휘해야 할 것 같은데요. 둘 사이의 균형은 어떻게 컨트롤하나요?

제가 경험한 바에 따르면, 그냥 인격을 분리하는 수밖에 없어요. 그 두 개가 다른 것임을 인정하고 지금 나는 두 개의 삶을 살고 있다는 사실을 받아들여야 하죠. 일단 예술가로서의 저는 어쨌든 예술적인 것에 집중을 해야겠죠. 하지만 CEO로서 제가 일에 대해 생각하고 회의하고 조율할 때는 지극히 현실적인 사람이 돼야 하거든요. 그렇기 때문에 예술을 한다는 것은 결국 현실과 비현실 사이에 있는 어떤 것이고 그 두 세계를 오가는 일을 하는 셈이에요. 그래서 이 두 가지를 겸하는 사람들이 그 사이에서 흔히들 '멘붕'에 빠져요. 저는 그런 모습을 많이 봐왔고 그걸 늘 경계하면서 살고 있죠.

'멘붕'에 빠진다는 말을 조금 더 구체적으로 설명해 주세요.

혼란이 오는 거죠. 아니면 피해 의식에 사로잡힐 수도 있고요. 뮤지션이 회사의 사장으로 살다 보면 '내가 하고 싶은 건 음악인데 내

:: 더콰이엇은 뮤지션으로 사는 것과 대표로 사는 것은 현실과 비현실을 오가는 일이라 고백한다. 그는 그 사이에서 멘붕에 빠지지 않기 위해 늘 노력한다고 한다.

가 회사 직원들과 소속 뮤지션한테 신경 쓰느라 내 음악을 못 하고 있네……? 이것 때문에 내 앨범이 계속 밀리고 있네……? 이것 때문에 가사 쓸 시간이 없네……? 이것 때문에 나의 예술적 영감이 떨어지고 있네……?' 같은 생각을 하게 돼요.

인격을 분리한다는 말은 어찌 보면 이성과 감성을 동시에 지니고 있다가 적재적소에 어떤 것을 꺼낼지 늘 고민해야 한다는 이야기로도 들려요.

그렇게 선을 긋는 거죠. 사실 인간이란 상황에 따라 역할이 계속 바뀌잖아요. 학생일 때는 학생 역할, 집안에서는 집안에서의 내 역할, 친구들이랑 놀 때는 좋은 친구 역할, 여자친구에게는 남자친구 역할을 하죠. 이 경우도 마찬가지예요. 현실과 비현실이라는 명확한 경계 사이에서 상황에 따라 알맞은 역할을 해야 하는 거죠.

래퍼는 대체로 에고가 강하기 때문에 어쩌면 그 둘 사이에서 오는 괴리가 더 클 수도 있을 것 같아요. 발라드 가수가 회사 실무를 보는 것보다 래퍼가 회사 실무를 볼 때 느끼는 괴리가 더 크지 않을까요?

충분히 그럴 수 있죠. 래퍼들은 항상 자기중심적이잖아요. 그게 힙합의 가장 중요한 부분이고요. 하지만 세상을 그렇게만 살 수는 없어요. 이 사회 속에서 좀 더 온전하게 살아가려면 당연히 그것보다는 온순해야 해요. 어떻게 보면 래퍼들은 본인의 가사와 음악과 달리 항상 착한 사람들이에요. 어쨌든 래퍼들이 더 괴리를 크게 느낄 수 있다는 말에 저도 동의해요.

그렇다면 힙합 레이블은 다른 장르 레이블과 비교할 때 어떤 차이가 있을까요? 힙합 레이블의 특수성이 있을 것 같은데요.

제가 다른 장르 레이블을 유심히 살펴본 적이 없어서 그 부분은 말씀드리기가 어려워요. 하지만 힙합 하는 사람들이 좀 더 자기 개성대로 일을 하는 것 같긴 해요. 일에 본인들의 아이디어, 소위 힙합적인 아이디어를 많이 넣으려고 하는 경향이 있어요. 예를 들면 음악을 만드는 것 말고도 저희가 하는 일에는 여러 가지가 있잖아요. 공연, 행사, 광고 촬영 등등. 이런 일을 할 때 저희가 가장 먼저 스스로에게 하는 질문은 이거예요. "이게 힙합적인가?"

래퍼에게는 '비주얼 센스'와 '유니크한 정신세계'가 필요하다

맞아요. 그래서 더 매력적으로 보이기도 하고 달리 보면 좀 유별나 보이기도 하죠. 그러면 한국에서 래퍼를 어떤 시선으로 보고 있다고 생각하나요?

예전에는 힙합을 무시하는 분위기가 팽배했어요. 특히 주류 언론이나 방송국에서는 힙합을 잘 안 끼워 주려고 했죠. 실제로 첫 앨범을 내고나서 제가 다녔던 학교 교수님께 CD를 선물로 드린 적이 있어요. 그때 교수님이 방송국 피디를 한 분 소개시켜 주셔서 그 피디분에게도 가서 CD를 드렸죠. 그런데 그분이 자기는 힙합을 음악이라 생각하지 않는다고 말하더라고요. 이게 2005년도에 일어난 일입니다. 그때에 비하면 지금은 그래도 사람들이 힙합을 음악으로 봐 주는 것 같아요.

〈쇼미더머니〉 같은 프로그램 덕분에 래퍼들의 사회적 지위도 올라간 것 같고요. 사람들이 힙합을 성공이 빈번하게 이뤄지는 음악 장르라고 여기고, 도끼 같은 래퍼를 보면서 그 성공의 파이가 꽤 크다는 것도 인지하고 있고요. 또 이건 제 경험인데 어른들이 저희한테 보여 주는 리스펙트가 꽤 커요. 중년 어른들이 "얘네 대단한 놈들이야"라고 여겨 주시거든요.

일종의 '자수성가한 녀석들'로 받아들이는 걸까요?

그럴 수도 있고 성공한 래퍼는 멋지다는 이미지가 사람들에게 어느 정도 각인됐다고 봐요. 호기심과 경외심을 동시에 가지고 있다고 할까.

그러면 래퍼가 되기 위한 자질에는 무엇이 있을까요?

일단 랩을 잘하는 건 기본이겠죠. 그리고 아무래도 힙합은 비주얼에 초점이 상당히 맞춰져 있어서 비주얼 센스가 중요해요. 팬들이 종종 이렇게 말하잖아요. "○○는 랩은 잘하는데 '간지'가 안 나." 물론 타고난 외형도 작용하겠지만 그게 전부는 아니에요. 스스로 잘 꾸미려고 노력하는 것도 중요해요. 어찌 보면 래퍼들의 의무라고 할 수 있죠.

래퍼에게 정신적으로 혹은 태도 면에서 갖춰야 할 자질들이 있을까요?

일단 멋진 래퍼로 보이기 위해서 필요한 것으로는 어느 정도의 고집스러움과 유니크한 정신세계가 있어요. 그리고 힙합은 미국 문화와 밀접한 관계가 있기 때문에 미국 문화에 대한 이해도 필요하죠. 사실 이게 가장 어려운 부분이에요. 랩을 하는 사람은 정말 많지만 그냥 랩을 형식적으로 하는 사람이 대부분이고 힙합과 랩이 지녀야 하는 정수들, 그러니까 힙합 고유의 멋이나 세부적인 문화 코드를 이해하는 사람은 많지 않거든요.

스스로를 래퍼로 키운 감정적인 원동력은 무엇인가요? 예를 들어 사랑, 가족애, 분노, 좌절 이런 것들이요.

굳이 찾으면 있을 것 같기도 해요. 아까 말씀드렸듯 저희 집이 망했던 게 저한테는 큰 사건이었어요. 왜냐하면 그 전까지는 모든 것이 평이했거든요. 저는 그냥 평범한 아이였어요. 그런데 저희 집이 몰락하면서 여기서 더 안 좋아질 것이 없다는 깨달음이 저에게 어마어마한 영감을 주었어요. 쉽게 말해서 저는 용기를 얻었어요. 뭘 해도 이것보다 안 좋아지진 않을 거라고 생각했죠. 망하기 전에는 그냥 겁 많은 어린아이였는데, 그 후부터는 겁이 없어졌어요. 어떻게 보면 현재도 그걸 바탕에 두고 살고 있는 것인지도 몰라요. 지금도 저는 많은 부분에서 별로 두려움을 느끼지 않거든요.

그걸 단어로 표현하면 무엇일까요?

바닥? 여기가 가장 바닥이구나. 뭘 해도 여기보다는 낫겠지. 이거보다는 높게 올라갈 수 있겠지. 혹은 이미 떨어졌으니까 뭘 해도 상관없겠지. 내가 망가져도 상관없겠지.

그때 더콰이엇 님이 했던 것이 힙합 음악이었기에 반등할 수 있었던 건 아닐까요. 힙합은 셀프메이드를 중시하고 바닥에서 정상까지 올라간다는 고유 서사를 가지고 있잖아요.

가끔 그런 생각은 해요. 제가 겪었던 그 과정이 힙합이랑 너무 잘 어울렸던 것 같아요. 당시 상황이 너무도 자연스럽게 제가 랩을 해야 하는 이유를 부여해 줬고 제 랩이 사람들에게 어필할 수 있는 스토리를 형성해 주었거든요. 제가 만약 멀쩡한 중산층 혹은 상류층이고 그 상황에서 랩을 시작했다면…… 힙합은 늘 잣대를 들이미는 음악이잖아요. "네가 그걸 할 자격이 있어? 힙합은 가난한 사람이 하는 건데 네가 그런 가사를 랩으로 말할 자격이 있다고 생각하니? 엄마 돈으로 산 발렌시아가를 자랑하는 건 재수 없다고 생각하지 않니?" 예컨대 힙합이 이런 잣대를 저에게 들이밀었다면 전 좀 '멘붕'이 왔을 것 같아요. 좀 혼란스러웠겠죠. 물론 저는 그런 사람들도 이제는 편하게 힙합을 할 수 있어야 한다고 봅니다. 힙합이 더 이상 가난한 사람들만의 서사는 아니라고 생각해요. 하지만 만약 그런 상황을 맞닥뜨렸다면 좀 혼란스러웠을 것 같다는 거죠.

지금까지 힙합 음악을 하면서 정말 힘들었다거나 실패를 맛본 순간은 언제였나요?

정말 많아요. 제 커리어가 그냥 큰 줄거리만 보면 어느 정도 승승장구한 게 맞기는 한데 그 사이사이에서 고뇌가 엄청 많았어요. 일단 창작이 잘 안 될 때가 가장 힘들어요.

그 순간들을 어떻게 극복했는지 궁금하네요.

저는 슬럼프도 여러 번 겪어 봤고 다른 래퍼가 슬럼프에 빠지는 모습도 많이 봤어요. 또 저는 주위 래퍼들의 슬럼프를 관리해 줘야 하는 입장이기도 하거든요. 제가 찾은 방법은 이 모든 것을 체계화하는 거예요.

예를 들어 어떤 래퍼가 슬럼프에 빠졌다면 그 원인이 무엇인지 정확히 밝혀내는 거죠. 그냥 여행 한번 다녀오라고 말하거나 연애 한번 해 보라고 말하는 대신에 지금 겪고 있는 문제가 발음 때문인지, 가사 때문인지, 발성 때문인지 정확히 가려내려고 했어요. 만약 발성이 문제라면 구강구조의 문제인지, 아니면 다른 곳에 문제가 있는지 이런 부분까지 체계화하려고 했죠. 이렇게 시스템화하는 것을 지금도 평소에 하고 있어요.

추상적인 해결책 말고 맞춤형으로 정확하게 처방한다는 말이군요. 이번에는 좀 다른 질문을 할까 해요. 지금 10대들은 왜 래퍼가 되고 싶어 할까요?

일단 모든 시대의 10대는 언제나 자기를 대변할 수 있는 스피커를 필요로 해요. 예술이든 스포츠든 무엇이든지요. 열정 때문이죠. 그런데 그 역할을 오랫동안 힙합이 해 오고 있는 거예요. 이전에는 록을 비롯한 다른 장르가 그걸 담당했지만 지금은 힙합이 10대가 가지고 있는 울분이나 고충을 해소시켜 주고 위안을 준다고 생각해요.

10대들이 그걸 본능적으로 느끼는 걸까요?

그렇다고 봐요. 힙합이 가진 에너지가 10대의 타오르는 열정에 부합한다고 생각해요. 10대도 그걸 당연히 느끼겠죠.

그러면 10대에게 래퍼를 직업으로 추천하고 싶나요?

저는 전혀 말리고 싶은 생각이 없어요. 뜻이 있다면 도전해 보라고 하고 싶어요. 하지만 큰 기대는 하지 않아요. 왜냐하면 일단 변수가 너무 많고, 성공한 래퍼가 되기까지 극복해야 할 것이 상당하다는 걸 잘 알거든요. 일리네어레코즈 래퍼들도 어마어마한 경쟁률을 뚫고 여기까지 온 거예요. 물론 평소에 그걸 의식하면서 살진 않지만, 〈쇼미더머니〉를 촬영하다 보면 자연스럽게 이런 생각이 들죠. '이렇게 래퍼가 우글대는 나라에서 우리가 이 자리까지 온 거구나. 이걸 경쟁률로 환산하면 서울대보다 더 높은 거 아닌가?' 그렇기 때문에 '너는 잘될 거야'라고 장담할 순 없어요. 하지만 잘되고 아니고를 떠나서 랩은 개인의 심리에 굉장히 좋은 영향을 끼친다고 봐요.

랩의 치유적 기능에 대해 이야기하는 건가요?

네. 랩을 하면 해소가 되거든요.

만약 나중에 자식이 래퍼가 되고 싶다고 하면 어떻게 할 건가요?

말리진 않을 거예요. 랩을 한다고 하든, 발라드를 부르겠다고 하든

:: 더콰이엇은 힙합이 파괴적이기에 건강하다고 말한다. 인터뷰를 하는 동안 래퍼들은 힙합의 '치유적 기능'을 한목소리로 긍정했다.

반대하진 않을 거고요. 하지만 그렇다고 "힙합은 내가 해 보니까 너무 좋은 직업이야. 꼭 하도록 해"라고 말하지도 않을 거예요. 아마 제 자식이 살고 싶은 인생을 살게 내버려 두겠죠. 저희 부모님이 저에게 그랬던 것처럼.

래퍼로서 사회나 주변에 전하고 싶은 궁극적인 메시지가 있나요?
그런 건 전혀 없어요.

그러면 힙합과 관련해서 생길 것이라 예상되는 직업이나 생겼으면 하는 직업이 있나요?
'샘플 클리어런스'를 전문으로 하는 회사가 생기면 좋겠어요. 저희가 창작에 사용한 음악을 정당하게 사용할 수 있게 그 권리관계를 해결해 주는 회사요. 미국에는 오래전부터 있었는데 아직 한국에는 그런 회사가 없어요. 생기면 정말 편할 것 같습니다. 이것 때문에 진짜 피곤하거든요.

지금이야 많이 달라졌지만 힙합은 기본적으로 기존에 있던 곡의 일부를 이용하는 샘플링을 창작의 근간으로 삼아 탄생한 음악이다. 악기를 직접 연주해야 음악이라고 여기던 시절, 힙합은 기존에 있던 것을 따와 재창조하는 방식을 자신의 정체성으로 삼았다. 기존의 음악에 들어 있던 드럼, 기타, 보컬은 물론 음악이 아닌 다른 소리들까지도 따와서 자신만의 방식으로 변형·왜곡·재배열해 새로운 음악으로 탄생시켰다. 힙합의 이러한 특성을 잘 나타내 주는 말이 있다. "힙합은 아무것도 창조하지 않았다. 힙합은 모든 것을 재창조했다." 하지만 저작권에 관련해 엄격해진 오늘날 샘플링 기법을 사용하기 위해서는 법적인 문제를 해결해야 한다. 쉽게 말해 원작자의 승인을 얻은 다음 정당한 사용료를 지불하는 과정이 필요한 것이다. 이를 가리켜 '샘플 클리어런스'라고 한다.

힙합은 부정적이고 파괴적이라고 말하는 사람들도 있어요. 하지만 래퍼들은 힙합을 건강한 것이라고 이야기하잖아요.

파괴적이어서 건강하다고 말하고 싶어요. 힙합이 파괴적인 건 부정할 수가 없는데 저는 그 파괴성 때문에 힙합을 좋아하거든요.

그 파괴성이란 게 뭘까요?

언어와 리듬으로 별 '개소리'를 다 한다는 거죠. 이상한 불만, 심지어 불만이라고 할 수 없는 것까지 얘기할 수도 있고요. 사회적으로 금기된 소재나 발언, 돈에 대한 것, 이성에 대한 것, 이런 것을 과장된 형태로 뱉을 수 있다는 거죠. 그것이 또 음악적인 형태로 나오기 때문에, 즉 그걸 예술성 있게 뱉기 때문에 예술이 되는 거거든요. 말도 안 되는 소리가 예술이 되는 거죠. 거기서 희열을 느끼는 거고요. 어쨌든 세상 사는 건 너무 힘든 데다가 세상은 종종 우리를 열받게 하잖아요. 어디로든 그 에너지를 방출시키거나 승화시켜야 하는데 그걸 도와주는 것이 음악이죠.

마지막으로 이 책을 읽는 사람들에게 당부 한마디 해 준다면요?

딱히 할 말은 없지만, 이 사회는 아마 힙합을 앞으로도 계속 도마 위에 올릴 거예요. 마치 어른이 애들 게임하는 걸 보면서 '이 게임은 너무 폭력적이니까 너의 교육이나 정신 건강에 안 좋아'라고 하는 것처럼 힙합을 대할 거예요. 그런데 제가 힙합을 들은 지 이제 딱 20년 됐는데요. 저 되게 잘살고 있습니다. 저는 제가 산 증인이라고 말씀드리고 싶어요. 정신 건강도 그렇고 육체 건강도 그렇고, 뭐 보면 알잖아요.

"힙합은 교과서와는
다른 교훈을 줘요"

| 스윙스 |

본명 문지훈. 래퍼이자 저스트뮤직 대표다. 최근 프로듀서로도 데뷔했다. 2007년 믹스테이프를 발표하며 이름을 알렸고 국내에 '펀치 라인'이라는 개념을 제대로 각인시켰다. 다작으로도 유명하며 〈쇼미더머니〉 프로듀서로도 활약했다. 일명 '컨트롤비트 대란'의 주역이기도 하다.

　　스윙스는 자주 논란의 중심에 놓인다. 좋아하는 사람도 있고 싫어하는 사람도 있다. 하지만 분명한 사실이 있다. 그가 데뷔 때부터 이미 누구보다 힙합에 대해 잘 아는 인물이었다는 점이다. 스윙스는 힙합이 음악이자 문화이고 동시에 삶의 방식임을 복합적으로 이해하고 있었다. 또 그는 힙합을 규정하고 대변하는 고유의 개념들에 능숙했고 힙합이 어떠한 규칙과 원리에 의해 굴러가는지 이미 파악하고 있었다.

　　스윙스의 커리어는 몇 년 전부터 새로운 막이 열린 느낌이다. 그가 연관된 레이블은 세 개로 늘었고 세 곳 모두 확고한 정체성을 구축했다. 스윙스 옆에서 동료들은 하나둘 큰 성공을 거두었고 이제 그는 뭔가 큰 형님이 된 느낌이다. 하지만 동시에 스윙스는 여전히 현역이기도 하다. 여전히 활발하게 음악 하고 활발하게 사업한다. 그와 대화하면 유달리 꽂히는 구절이 많다. 이번에도 그랬다.

언제부터 힙합을 좋아했나요?

저는 태어나자마자 미국에 갔어요. 남부 쪽에요. 그런데 거기에 힙합이 있었어요. 너무 자연스러웠어요. 아버지께서 좋아하셨던 것도 아니고 어머니께서 좋아하셨던 것도 아니고 그냥 TV를 켜면 힙합이 나왔어요. 음악 채널 MTV에서 뮤직비디오가 하루 종일 나왔죠. 그냥 너무 자연스러웠어요.

다른 장르가 아니라 힙합에 끌린 이유가 있었나요?

힙합은 현재 전 세계에서 제일 인기 많은 장르 중 하나잖아요. 힙합은 언제나 가장 자극적이었던 것 같아요. 너무 무섭지 않게 자극적이었죠. 남자들이 좋아하기 쉬운 장르 같다는 생각도 들고요. 멋있지 않아요? 힙합은 멋있어요. 무게 있고 '간지 나고' 요즘 것 같고. 비싸고 좋은 최신 장난감 같은 음악이죠.

지금 한 이야기가 한국에서 10대가 랩에 빠진 이유와도 맞닿아 있을까요?

네. 예를 들어 중고등 학생들이 항상 입는 클리셰한 패션 있잖아요. 노스페이스 같은 거. 힙합이 바로 그런 느낌을 가지고 있어요. 최신이고, 비싸고, 자기 철학을 가지고 있죠. '나는 멋있고 나는 그 멋에 빠져서 내 이야기를 할 거야'가 힙합의 핵심 마인드라고 생각하는데 여기에 어린 사람들이 빠질 수밖에 없는 것 같아요. 혹은 저처럼 나이는 어리지 않아도 어린 마인드를 가지고 있는 사람들이요.

10대가 보기에 제일 쿨하고 자기도 엮이고 싶은 존재라고 할 수 있겠군요.

그렇죠. 또 힙합 특유의 정서가 있잖아요. 강인함, 의리, 우정, 크루, 술 먹는 것, 약간 조금씩 망가지는 것, 외제 차 타는 것. 이런 걸 좋아하지 않는 사람은 드물 거예요. 힙합은 장르 자체가 이것들의 집합체예요. 물론 이런 걸 표방하지 않는 사람도 있지만 그런 사람이 주류가 된 적은 드물죠.

지금 저스트뮤직과 인디고뮤직이 음원 차트에서 초강세인 건 알고 있죠? 제 생각엔 한국 힙합을 통틀어서 제일 성적이 좋은 것 같아요.

제일인지는 몰랐는데, 꽤 강세인 건 알아요.

아마 10대에게 가장 인기 있는 힙합 집단일 것 같은데 이에 대해 어떻게 생각하나요?

10대에게 어필했다는 건 최고의 칭찬이에요. 어린 친구들은 사람을 볼 때 이성적인 기준을 좀 덜 적용하잖아요. 저는 지금 30대 중반의 남자로서 이성적으로 많이 변했지만 10대의 저는 단순하게 사람의 에너지를 봤던 기억이 있거든요. 제가 볼 때 인디고뮤직, 저스트뮤직 친구들은 자기가 하고 싶은 걸 가장 스트레이트하게 표현해요. 10대가 보면 "와, 저 형은 자기 걸 좇네. 자기가 좋아하는 걸 하네." 이렇게 보는 거죠.

그러면 스윙스 님은 학창 시절에 어떤 학생이었나요?

저는 그냥 왔다 갔다 했어요. 3개월은 공부에 빠지고 3개월은 농구에 빠지고 술에도 빠지고 싸움도 하러 다니고 이렇게 살았어요. 한곳에 집중을 못 하는 사람이었죠.

그런 성향이 지금 음악과 사업을 병행하는 것과 연관이 있을까요?

완전 많은 연관이 있어요. 지금이 그때보다 더 성숙하고 차분해진 버전인 거죠.

특별히 모범생이나 우등생도 아니었지만, 특별히 문제아도 아니었던 건가요?

아니요. 문제아였어요. 맨날 술 먹고 울고 길거리에서 잔 적도 많고 정말 '익스트림'했어요. 가출도 두어 번 했어요. 되게 불안한 자아를 가진 아이였어요.

그러면 현재 본인의 모습에 학창 시절의 학교 교육이 도움 됐다고 생각하나요?

네. 한국 학교를 초등학교 3학년부터 중학교 2학년까지 다녔고 중학교 2학년부터 고3까지 의정부에 있는 외국인학교에 다녔어요. 만약 한 곳만 다녔다면 별로 도움이 안 됐을 거예요. 두 곳 다 다니면서 서로 비교해 보면서 제 뇌 속을 많이 탐험할 수 있었죠.

스윙스 님이 생각하는 한국 교육의 특성은 무엇인가요?

우리나라가 급하게 빨리빨리 발전했잖아요? 경제 규모가 세계 10위권 안에 드니까요. 그런데 그 과정에서 스스로 생각하게 하는 '비판적 사고'에 대한 교육이 조금 부족했던 것 같아요. 주입식 교육이라는 단어는 그동안 너무 많이 쓰여서 이제 진부하긴 한데 여전히 그게 안 고

쳐지고 있어요. 스스로 판단하는 것이 교육의 핵심이라고 생각하거든요.

튀어나온 못에게도 길은 있다고 알려주는 음악

한국 교육이 놓치고 있는 부분을 혹시 힙합이 가지고 있다고 생각하나요?

매우요. 사회는 기본적으로 개인을 길들이려고 하잖아요. 어른들은 사회와 개인의 관계에서 항상 줄다리기를 해야 하죠. 그런데 사회가 볼 때 저는 튀어나온 못일 수도 있어요. 사회가 만들어 놓은 옷에 맞지 않으니까요. 그래서 사회는 저 같은 개인을 죽이고 싶어 할 수도 있단 말이에요. 그런데 힙합은 항상 방법을 제시해 왔어요. 정해진 대로 따라가지 않아도 살아남을 수 있다고요.

많은 래퍼가 자기만의 방식으로 돈을 벌고 있어요. 자기라는 상품으로 자기만의 브랜드를 만들고 있어요. 래퍼들이 성공하는 모습을 보면서 청소년들이 깨달을 수 있다고 생각해요. 다수가 가는 길이 무조건 좋은 것만은 아니라고, 4년제 좋은 대학을 나와서 어떤 회사에 취직해서 사는 것만이 정답은 아니라고요. 래퍼들이 '이렇게 해도 된다'고 계속 말하면 청소년들이 '저 사람은 저렇게 해도 안 죽네? 저 사람은 저렇게 해도 돈 버네? 어쨌든 자본주의 사회에서 저 사람은 살아남았네?'라고 느끼게 되는 거죠. 이런 면에서 힙합은 굉장히 큰 역할을 하고 있어요.

얼마 전 어떤 기사를 봤는데 외국의 한 CEO가 자기는 랩 가사에서 영감을

얻었다고 하더라고요. 자기가 어떻게 살아야 할지, 사업을 어떻게 끌고 가야 할지 힙합 음악에서 힌트를 얻었다는 거죠. 저도 힙합 음악을 들으면서 비슷한 생각을 해 왔어요. 힙합은 뭔가 저에게 이렇게 해라, 저렇게 살아라 알려주는 것 같거든요.

엄청 공감해요. 물론 모든 장르는 다 아름다워요. 장르의 우열을 따지는 건 아니에요. 예를 들어 발라드는 연애 속에서 불쌍한 자신을 이야기하는 것이 기본 감성 같아요. 상대방을 갈망하고 그리워하고 다시 돌아왔으면 하는 마음이요. 그리고 트로트는 인생의 한이나 힘듦을 긍정으로 풀어낸 노래가 많죠. 그런데 힙합은 또 다르잖아요. "난 자본주의 사회에서 태어났어. 내가 얼마나 불리하게 시작했는지 얘기할게. 그리고 지금까지 내가 얼마나 많은 격차를 벌려 왔는지 얘기할게." 이런 게 굉장히 많거든요. "나는 형이 물려준 찢어진 리복 신발을 신었었는데 지금 내 신발장엔 조던이 가득 차 있네." 이런 식의 가사도 많고요. 교과서적이거나 성서 느낌과는 다른 교훈을 힙합이 주는 거죠.

저도 매우 공감해요. 힙합이야말로 우리나라 10대에게 필요한 것이죠. 하지만 부모님들은 자식이 랩을 하겠다고 하면 일단 걱정을 하잖아요. 물론 요즘은 좀 달라졌을 수도 있지만. 혹시 래퍼를 꿈꾸는 자식을 둔 부모님들에게 들려줄 말이 있나요?

일단 당연히 이해해요. 걱정되거나 싫을 수 있죠. 하지만 제 생각에는 말리면 더 안 좋아지는 것 같아요. 누르면 더 터지기 마련이니까요. 제 가장 친한 친구 중에 스타일리스트 김욱이라고 있어요. 걔가 저한테 얘기하더라고요. 어릴 때 엄마가 자기를 너무 믿어 줬대요. 어릴 때 나쁜 짓을 많이 하는 형들이나 친구 사이에서 자랐는데도 그 덕분에 자기는 나쁜 짓을 더 안 했대요. 엄마가 자신을 끊임없이 믿어 주고 풀어 줬기 덕분에요. 엄마의 그 마음을 잘 알았기 때문에 더 잘 살았다는 거예요.

반면 저는 아버지가 목사셨어요. 초등학교 3학년 때 어떤 여자애랑 연애를 귀엽게 했는데 전화하다 걸려서 엄청 혼났던 기억이 나요. 슈퍼에서 초콜릿 훔쳐서 걸린 애처럼 혼났어요. 그래서 저는 모든 게 무서웠어요. 정죄(定罪)를 받은 것 같았거든요. 그 후로 제가 굉장히 비뚤어졌어요.

힙합을 비판하는 사람도 많잖아요. 랩 가사에 욕이 많다거나 거칠다거나 하는 이유로요. 그런데 저는 오히려 힙합이 현실에서 엇나가거나 심하면 파멸에 이를 수도 있는 사람들을 구해 주는 역할을 한다고 보거든요. 자기가 가진 울분이나 안 좋은 에너지를 랩을 통해 토해 내고 예술 안에서 해소함으로써 실제 자기 삶에서는 잘못된 길로 빠지지 않게 해 주는 거죠.

이건 경험자로서 너무 편하게 말씀드릴 수 있어요. 저한테 인스타그램으로 메시지가 많이 와요. '당신 음악 때문에 나 자살 안 했어요'라고요. 힙합이 엄청 긍정적인 역할을 하는 거죠. 사람이 100퍼센트 솔직하게 자신의 이야기를 가사로 쓰면 더러운 건 무조건 같이 나오게 돼요. 그런데 우리가 그걸 보고 '으악! 너무 더러워'라고 할지 아니면 '사람이네'라고 할지 스스로 결정을 내려야 해요. 저는 후자를 택하는 사람이 많아져야 한다고 봐요. '으악! 이건 지저분한 거야, 더러운 거야!'라고 반응하기보다는 '사람이니까 저런 생각도 하고 저런 말도 하는구나'라고 반응하는 사람이 더 많아졌으면 좋겠어요.

우리의 영혼은 알아요. 우리의 무의식은 이미 알고 있어요. 어떤 가

:: 스윙스는 힙합 음악이 교과서나 성서와는 다른 삶의 교훈을 주고, 거친 면 또한 사람의 이면을 해소해 주는 역할을 한다고 짚었다.

사를 봤을 때 이게 진짜 악한 건지 아니면 나도 약간 이런 생각이 있었는데 굳이 말 안 하고 다니는 것인지를. 에미넴에게 사람들이 열광했던 이유도 이거예요. '우리 모두 자기 안에 슬림셰이디(Slim Shady)를 가지고 있다'고 에미넴이 말했을 때 저는 엄청 공감했어요. 에미넴 가사에 강한 내용이 많이 나오잖아요. 그런데 에미넴이 이런 말을 했죠. '내가 현실에서 이러냐? 내 딸이 얼마나 예쁘게 자라는지 보고 있냐? 나 미친 새끼 아니다. 나는 그냥 예술가고 음악은 거울이다. 나 자신에 대해서 쓰는 거고 그건 아름다운 거다.' 그렇기 때문에 에미넴의 음악을 듣고 힘내는 사람들이 있을 수밖에 없는 거죠. '저 사람도 나 같구나' 느끼기 때문이에요.

'슬림셰이디'는 에미넴이 음악 속에서 만들어 낸 또 다른 자아였다. 매드클라운이 '마미손'을 만들어 낸 것과 비슷하다고 말하면 이해가 쉬울지도 모르겠다. 에미넴의 또 다른 인격인 슬림셰이디는 자신의 솔직한 이면을 드러내는 혐오 가사들에 종종 등장해 수많은 유명인은 물론 자신의 가족마저 모욕한다. 그러나 에미넴은 현실 속 자신과 슬림셰이디가 다르다는 사실을 명확히 밝힌다. 소설 속 주인공이 작가가 아니듯, 자신도 가사 속 미치광이와 같지 않다고 말한다. 보통 사람들에게도 겉으로 드러내지 못하는 타인에게 밝힐 수 없는 진심, 즉 '슬림셰이디'가 마음 한구석에 늘 있다. 에미넴의 노래를 들으면서 '저 사람도 나 같구나' 느끼는 것은 그 때문이 아닐까.

이야기를 들어 보니 아버님께서 목사님이신 데다 굉장히 엄하셨던 것 같아요. 래퍼를 직업으로 선택하는 과정에서 갈등은 없었나요?

그때 저는 이미 성인이었고 또 부모님께서 생각하시는 기준으로 한국에서 매우 괜찮은 대학을 갔기 때문에 특별한 말씀은 없으셨어요. 더군다나 그때 저는 맨날 술 먹고 PC방에 가고 그랬기 때문에 아마 부모님은 제가 뭘 했어도 좋아하셨을 거예요. 왜냐하면 그 전까진 제가 진짜 답이 없었거든요. 부모님도 아마 저를 '노답'으로 보셨을 거예요. '이 새끼를 죽이지도 못하고' 이런 느낌으로요.

그러면 지금 스윙스 님 모습을 보며 부모님께서는 어떤 말씀을 하시나요?

이제는 무한 인정이 생겼죠. 제가 뭘 해도 기뻐하시고 축하해 주시고 그런 느낌으로요.

레이블 사옥도 와 보시고, 텔레비전에 아들이 나오면 기뻐하기노 하시겠군요.

네. 엄청 그러시는데 제가 그게 좀 부담스럽긴 해요. 왜냐하면 저의 좋은 모습뿐 아니라 그렇지 않은 모습도 많이 노출되니까요. 뭐랄까 이제는 그냥 제 삶을 모르셨으면 해요.

꿈이 없는 것은 괜찮아, 그것을 찾지 않는 건 문제야

혹시 힙합을 처음으로 직업이라고 생각한 순간을 기억하나요?

2007년에 랩을 처음 시작했을 때요. 저는 생각이 되게 단순했어요. 사람이 살면서 무언가를 하긴 해야 하잖아요. 그래서 이게 제 '업'이라고 생각했어요. 너무 최고라고 생각했고 제 인생에서 업 이상의 것이 되길 바랐죠.

돈을 벌지 못했어도 직업으로 여겼던 건가요?

돈은 저한테 그렇게 중요하지 않아요. 저에게 도구일 뿐이에요. 대신에 제 헬스장이 잘되는 걸 보는 게 재미있고, 사람들이 헬스장에 다니는 걸 보는 게 재미있어요. 그리고 책에서 작가가 말한 내용을 믿고 행동했을 때 실제로 그렇게 이루어지는 걸 경험할 때가 저는 행복해요. 돈은 그냥 보상이죠. 보상이자 저의 다른 꿈을 새로 만들기 위한 벽돌 값이라고 생각해요. 오히려 돈을 좋아하려고 노력해요. 좋아하려 하고, 아끼려고 하고, 함부로 주지 말자고 다짐하죠.

스윙스는 지난 2018년 헬스장 사업을 시작했다. 이름은 짐티피(GYM TIPI). 서교동에 있는 1호점으로 시작한 짐티피는 현재 4호점까지 오픈돼 성황 중이다. 1호점 오픈 당시 나도 스윙스의 연락을 받았다. 1호점이 집과 가까웠기에 당시 나는 진지하게 등록을 고민했지만 역시 나답게 하지 않았다. 하지만 인터뷰 자리를 계기로 '올해에는 꼭 시작하고 말 테야!'라고 다짐해 본다.

학창 시절에 다른 꿈은 없었나요?

있었죠. 비보이도 있었고 가수도 있었고. 옛날엔 진짜 가수를 하고 싶었어요. 발라드를 엄청 많이 불렀어요. 또 꿈은 아니었지만 영어 강사도 하고 싶었어요. 왠지 멋있을 것 같았죠.

그러면 꿈이 없어서 걱정이라는 친구들에게 해줄 말이 있을까요? 남들은 다 꿈을 가지고 있는데 나는 하고 싶은 것이 아직 없다고 걱정하는 친구들이 있잖아요.

너무 정상적인 거니까 걱정 안 해도 돼요. 저도 그랬거든요. 참 신기한 게, 싫어하는 것을 알아차리기는 너무 쉬워요. 예를 들어 뜨거운 물이 싫은지 차가운 물이 싫은지, 여름이 싫은지 겨울이 싫은지는 물어보면 다 알잖아요.

그런데 좋아하는 것을 알기란 오히려 힘들어요. 그래서 저는 좋아하는 걸 알기 위해서 반대로 싫어하는 걸 나열해 봐요. 그러다 보면 자기가 좋아하는 게 남더라고요. 그런데 꿈이 없는 것 자체가 문제는 아니지만 거기서 멈추면 안 돼요. 거기서 멈춘다면 그건 문제예요. 대신에 그 상황을 해결하려고 노력해야 해요. 아이언맨은 문제가 있으면 자꾸 해결을 해요. 타노스를 이기기 위해 몇 년 동안 몰래 준비를 하잖아요. 약한 상태인 나를 내두는 건 잘못하는 기예요. 민약 그린 10대가 있나면 정말 형 같은 마음으로 '너 잘못하고 있어'라고 말해 주겠어요. 헷갈려 하는 건 괜찮은데 그걸 찾기 위해 나서지 않는 건 잘못된 거예요.

요즘 들어 사업을 더 공격적으로 하는 느낌이에요. 혹시 예술가이자 래퍼로 살면서 얻은 깨달음이나 노하우를 사업에도 적용한 적이 있나요?

매우요. 일단 저희 짐티피 음악 '죽여요'. 어떤 헬스장도 저희보다 잘 틀지 않을 거예요. 지구 1퍼센트라고 저는 진짜 믿어요. 음악을 정말 열심히 골라요. 에미넴을 튼다면 에미넴 전곡 재생이 아니라 에미넴 노래 중에서 헬스에 좋은 것을 선별하죠. 힙합을 좋아하기 때문에 가능한 일이라고 생각해요. 또 하나는 힙합은 늘 새것을 강조한단 말이에요. '프레시'해야 하죠. 그래서 저는 헬스장에 일부러 제일 잘나가거나 비싼 기구를 많이 들여놔요. 인테리어도 최고로 멋있게 하고 뭔가 '힙합'스러운 헬스장을 만들려고 노력해요. 힙합 팬들이 볼 때 '와, 여기 힙합이네' 소리가 나오게요.

또 힙합 뮤지션들이 레이블 로고도 그렇고 상징 같은 걸 많이 쓰잖아요. 그래서 헬스장 로고도 열심히 연구해서 만들었어요. 저희 레이블 로고와 짐티피 로고, 또 얼마 전에 오픈한 카페 랠리포인트 로고에는 다 연계성이 있어요.

현재 힙합 레이블의 대표로도 재직 중이잖아요. 혹시 힙합 레이블과 다른 음악 장르 레이블의 차이에 대해 생각해 본 적 있나요? 내부 구조든 의사 결정 시스템이든 여러 가지로요.

아이돌을 예로 들어볼게요. 저는 제일 잘생기고 예쁜 사람을 모아서 그 단체의 힘을 보여 주는 게 아이돌의 문화라고 생각해요. 그렇기 때문에 아이돌 멤버끼리 같이 살게 하고 비슷한 옷을 입게 하고 멘트

:: 스윙스는 래퍼면서 프로듀서로 활동하며 레이블과 헬스장, 그리고 카페까지 사업의 영역을 끊임없이 확장해 나가고 있다. 그 끝이 어디일지는 그 스스로도 예측이 어렵지 않을까.

도 맞추는 경우가 많잖아요. 연습도 다 같이 하고요.

그런데 힙합은 오히려 최대한 개인을 부각시키는 문화예요. 저희는 확실히 그런 방향으로 하고 있어요. 그리고 책임도 각자의 것이라고 이야기하죠. '자유롭게 하되 책임도 너희가 져라.' 힙합이라는 장르 특성 상 관리가 자꾸 들어가면 그 사람 고유의 것이 없어져요. 힙합은 나를 위해서 행동해야 하고 내가 개인으로서 더 스타가 되어야 해요. 더 독특한 '나'가 되어야 해요. 이런 차이가 있죠.

어떻게 보면 한 개인을 더 건강하게 만드는 거네요.
그렇죠. 개인으로서는 굉장히 건강해지죠.

소속 아티스트가 앨범을 만들 때 얼마나 관여하나요? 아니면 관여를 아예

안 하나요?

거의 안 해요. 그냥 "내주세요" 하면 "그래" 이거예요. 상의하기를 원하는 애들은 상의를 같이하는데 애초에 그런 요청이 거의 없어요. 개인이 정말 원하는 것을 하게 해야 개인이 살아요. 다들 모난 친구들인데 그 모난 걸 자꾸 깎으려고 하면 대중이라는 큰 틀에 쉽게 끼워지는 흔한 사람이 돼 버려요. 그러면 더 이상 노창이 노창이 아닌 게 되는 거죠. 그래서 그냥 놔둬요. 알아서 하라고. 너희 하고 싶은 스타일대로 해.

한국에서 래퍼를 어떤 시선으로 보고 있다고 생각하세요?

양극화돼 있죠. '멋있다'와 '뭣 같다'로. 중간인 사람도 당연히 엄청 많죠. 그 사람들은 그냥 '그래, 한번 보자' 그러고 나서 판단도 안 하고 '잘 봤다' 이러는 것 같아요. 이렇게 세 부류가 있죠. 어딜 가도.

그래도 래퍼들의 지위가 예전보다 올라갔다고 생각하나요?

총체적으로 보면 이미지가 올랐다고는 생각해요. 그런데 그게 이런 거죠. 옛날에는 래퍼에 대한 사람들의 생각이 그냥 한 가지였어요. '힙찔이' '뉴에라' '금목걸이' 끝. 그런데 이제는 누구는 마약을 하다 걸렸네, 누구는 누구를 팼네, 누구는 얘랑 싸우네, 누구는 똑똑하게 가사 쓰네, 누구는 서울대 나왔네, 누구는 패셔니스타네 이러면서 다양함은 생겼는데 다양한 만큼 날카로운 이미지가 몇 개씩 있죠. 저만 해도 그런 게 엄청 많잖아요.

불탄 숲에서는 더 이상 없어질 게 없다

그러면 현재 한국에서 래퍼를 직업으로 볼 수 있을까요?

네. 어느 나라를 가도 직업이죠. 이걸 통해서 돈을 버는 인구가 있잖아요.

그런데 어떤 래퍼는 한국에서 래퍼가 아직 직업은 아닌 것 같다고 말하기도 해요. 한국에서 성공한 래퍼가 많지 않고 또 지금보다 더 안정화되고 체계가 잡혀야 한다면서요.

제 생각은 정반대예요. 왜냐하면 한국 인구가 5000만 명뿐인데 이 정도면 래퍼의 수가 굉장히 많은 거죠. 어딜 가도 래퍼 친구 하나쯤은 있잖아요. 오히려 접근이 쉬워졌고 진입 장벽이 말도 안 되게 낮아졌어요. 옛날엔 다이나믹듀오 형들 급으로 올라가려면 에베레스트 세 번 올라가는 느낌이었는데 지금은 한라산 걸어 올라가는 느낌이죠. 그런 관점을 가진 사람은 나름의 이유가 있겠지만 저는 동의할 수가 없네요.

그렇다면 래퍼는 결혼정보회사 듀오 같은 곳에서 몇 등급을 받을 수 있을까요?

별로 높은 등급을 받을 것 같진 않아요. 아까 제가 힙합은 비싼 장난감 같은 것이라고 했잖아요. 그런데 장난감은 유행이 빨리 지나가죠. 보세요. 제 위에는 거의 다 없어졌어요. 진짜 활발히 움직이는 선배는 없다고 보면 돼요. 저하고 더콰이엇 세대 위에요. 그래서 결혼정보회사 입장에서 보면 10년 뒤에 제가 어떻게 살고 있을지 잘 예측할 수 없을 거예요. 정보가 불충분하니까요. 당장 저에게 평가를 하라고 한다면 엄청 낮게 평가할 것 같아요. 왜냐하면 유명해졌다가 졸부 같이 빨리 돈 번 친구들은 나중에 삶이 굉장히 불안정해지거든요.

랩을 하는 것과 래퍼로 사는 것은 다른가요? 다르다면 어떤 점에서 차이가 있을까요?

저는 래퍼는 종합 예술이고 종합 사업이라고 생각해요. 키드밀리, 기리보이만 봐도 음악뿐 아니라 패션으로도 주목받고 또 한 명의 모델이기도 하잖아요. 이처럼 래퍼는 자기 이미지로 무엇이든 그것을 자본화시킬 수 있어야 돼요. 물론 음악은 당연히 잘해야 하고요. 또 '최신화'라는 단어도 너무 중요해요. 계속 업데이트, 업데이트해야 돼요. 유튜브가 대세라면 유튜브에 적응하고 활용해야 해요. 최신 플랫폼을 이용해서 자기를 홍보할 수 있어야 해요. 마케팅에서도 예술가여야 하고 삶 자체를, 모든 것을 자본화할 수 있는 예술가로 살아야 하죠.

요즘 인스타그램이 인기잖아요. 인스타그램을 보면서 되게 힙합적이라고 생각할 때가 많거든요. 래퍼들은 옛날부터 자기를 드러내는 데에 익숙하잖아요. 그런데 인스타그램의 핵심은 '자기 전시'죠. 그래서 저는 래퍼들이 인스타그램을 잘 활용할 수밖에 없는 것 같아요. 최근 성시경 씨가 인스타그램 라이브를 처음으로 했더라고요. 물론 개인의 성향 탓이기도 하겠지만 성시경 씨가 발라드 가수라는 것도 이유라고 봐요. 래퍼가 아닌 발라드 가수가 인스타그램에 자기 사진을 올리고 자기가 번 돈을 올리고 라이브를 자주 하는 걸 쉽게 상상할 수 없거든요.

맞아요. 발라드 가수는 본인보다 음악의 이미지를 앞세우기 때문이에요. 그런데 래퍼는 래퍼 본인이 앞서야 돼요. 장르에 따라 순서가 다른 거죠. 되게 재미있네요. 맞아요. 방금 한 이야기처럼 인스타그램과 힙합은 매우 잘 어울려요. 보여 주는 게 너무 중요하고 더 보여 줘야 하는 장르이기 때문에.

그런데 래퍼의 삶은 사실 프리랜서의 삶이기도 하잖아요. 프리랜서의 삶을 잘 살기 위해서는 어떻게 해야 하나요?

일단 프리랜서라는 단어를 사업가로 대신할게요. 회사에 취직하는 걸 '안정감'이라고 한다면 예술이나 사업은 안정감보다는 '모험'이잖 아요. 만약 사업가를 꿈꾼다면 자기 성향을 정확하게 파악해야 돼요. 내가 정말 여기에 맞는 사람인지요. 잘하는 것과 좋아하는 것이 있을 때, 두 개가 일치한다면 최고죠. 하지만 그렇지 못하다면 저는 개인적 으로 좋아하는 걸 선택하는 쪽을 권장해요. 어떤 것을 좋아하면 그걸 로 돈을 벌려고 할 때 일 같지가 않게 되거든요. 예를 들면 저는 저희 헬스장 짐티피를 너무 좋아해요. 지금 입고 있는 이 짐티피 후드도 홍 보하려고 입은 게 아니에요. 그냥 좋아서 입는 거예요. 맨날 입어요. 그 런데 그 때문에 자연스럽게 홍보가 되죠. 제가 인스타그램에 올리는 운 동 영상도 보세요. 누가 보면 그냥 노는 거예요. 전혀 일 같지 않죠. 그 래서 좋아하는 걸 꼭 해야 해요.

자기 성향을 정확히 파악해야 한다는 얘기를 듣고 보니 이런 질문을 던지고 싶어집니다. 그럼 지금 스윙스 님한테 지금 버는 돈의 두 배를 연봉으로 줄 테니 공무원을 하라고 하면 어떻게 할 건가요.

50배 줘도 안 해요. 500배 줘도 안 해요. 돈을 얼마나 주든 제가 할 게 있고 하지 말아야 할 게 있어요. 공무원의 삶은 저에겐 너무 힘들

:: 자신이 싫어하는 것, 좋아하는 것, 자신의 성
향이 어떤지 면밀히 파악할 것. 스윙스는 그럴
때 자신의 길을 찾을 수 있다고 강조했다.

어요. 저는 군대에서도 잘 적응 못 했거든요. 저는 어떤 분야에서 맨 위
에 갈 확률이 높은 것만 해야 돼요. 그게 사업이고 또 음악이죠. 그런데
공무원으로 들어가면 순서라는 게 있잖아요. 그 순서에 맞춰 진급을
해야 하잖아요. 제 성격엔 아마 답답해서 미칠 거예요.

**하고 싶고 아니고를 떠나서 공무원으로 산다면 행복하지 않을 것 같다는 뜻
이죠?**
그렇죠. 돈하고 행복은 같지 않다는 걸 전제로 깔면 아주 쉬워져요.

**어떤 사람들은 래퍼를 자유롭게 사는 멋진 존재로 보면서 공무원 시험 준비하
는 사람들을 꿈이 없는 존재로 보기도 해요. 스윙스 님은 이런 입장은 아니군요.**

네. 가치관의 차이일 뿐이에요. 안정감을 좋아하는 사람이면 공무원 쪽으로 가는 거고, 모험을 좋아하고 망해도 내 책임이라는 걸 확실히 인정할 거라면 사업이든 뭐든 다른 쪽으로 가는 거죠.

본인 성향이 안정적인 걸 좋아하고 쳇바퀴처럼 굴러가는 패턴도 잘 견딜 수 있다면 공무원 시험에 합격해 공무원으로 사는 것도 충분히 가치 있는 삶이라는 거죠? 그 삶에서 행복을 느낀다면요.

네. 본인이 그렇게 하고 나중에 후회 안 할 거면 무조건 GO. 최고 죠. 저희 카페 직원을 예로 들어볼게요. 회식 때 그 친구한테 제가 물었어요. "너는 뭐할 때 행복해?" 그러니까 이렇게 대답했어요. "저는 하루 종일 빵 만드는 게 행복해요." 저희 카페 디저트 맛이 진심으로 죽이거든요. 그걸 만드는 친구가 그걸 만들면서 평생 살 수 있다고 저한테 얘기하는데 그 눈빛에서 정말 진심이 우러나왔어요. 하지만 만약 저에게 그렇게 살라고 하면 전 아마 기절할 거예요. 죽은 척할 거예요. 미친 척할 거예요. 그건 저한테 감옥과 같거든요. 돈 많이 줄 테니 하루 종일 빵만 만들라고 해도 싫어요. 반죽 만지고 있는 게 싫어요. 그러니까 자기가 싫어하는 게 뭔지 확실하게 알아야 돼요.

그러면 리스크를 책임지기는 싫은데 래퍼가 되고 싶은 사람은 어떻게 해야 하죠?

이런 거랑 똑같죠. 서울대는 가고 싶은데 공부하기 싫은 것. 뭐든 똑같아요. 만약 외딴섬에서 혼자 살고 있다고 해 보죠. 대륙으로 가고 싶다면 일단 배를 만들어야 하고 또 익사할 수도 있다는 마음가짐을 가져야 해요. 리스크 없이 무언가를 얻을 수는 없어요.

지금 10대에게 래퍼를 직업으로 추천하나요?

어떤 직업이든 자기가 좋아하면 추천해요. 물론 이 세계의 장래성에 대해 고민하고 그것 때문에 불안해할 수도 있어요. 그런데 저의 경우에 그런 건 별로 의미가 없었어요. 헬스장을 예로 들어 볼게요. 제가 헬스장 차린다고 했을 때 사람들이 다 이렇게 말했어요. "요즘은 피티 아니면 500평짜리로 가야 돼. 네가 하려고 하는 어중간한 100평짜리 센터는 다 없어졌어. 망한 시장이니까 더 이상 하면 안 돼." 그런데 미안하지만 망할 때 들어가야 되거든요. 힙합도 마찬가지였어요. 2007년도에 제가 데뷔했을 때 저는 형들 놀이터에 있는 잔챙이였어요. 아무도 저를 몰랐고 2년 가까이 한 푼도 못 벌었어요. 밥값 나오는 정도, 한 달에 40~50만 원, 30만 원 정도였죠. 그런데 그때 들어갔더니 저는 거기서 제일 많은 걸 얻는 사람이 되어 가고 있잖아요. 그러니까 불모지가 곧 시작하는 곳이죠. 불탄 숲에서는 더 이상 없어질 게 없어요. 무언가가 생길 뿐.

마지막으로 이 책을 읽는 이들에게 당부 한마디를 부탁드려요.

인생은 짧아요. 제가 벌써 서른넷이에요. 시간이 너무 빨리 가서 짜증 나요. 진짜 빨라요. 요즘에 영향력 있는 사람이 뭔가를 안 뿌린다는 비판이 저에게 좀 있는 걸로 아는데 저는 저 발전하기 바쁜 사람이라 제 것만 하기에도 너무 바빠요. 내 사업, 내 음악, 내 삶. 그래서 재미있는 것 같아요. 남이 뭐라고 하면 듣고 웃고 반응은 해 주지만 진심으로 여전히 저한테만 신경을 쓰고 있어요. 다들 그렇게 사는 게 맞다고 봐요. 나는 나와 내 사람들만 책임지면 돼요.

"래퍼가 되고 싶다면
당장 랩부터 하세요"

| 딥플로우(Deepflow) |

본명 류상구. 인덕대학교 힙합 동아리에서 활동했으며 2000년대 초반 빅딜레코즈의 일원으로 한국 힙합 씬에 등장했다. 현재 레이블 VMC의 대표이며 2015년에 발표한 3집 《양화》로 한국대중음악상에서 2개 부문을 수상했다. 최근 재야의 실력 있는 아티스트를 지원하는 '보일링 포인트'를 시작했다.

동년배 래퍼들과 마찬가지로 딥플로우 역시 커리어를 2000년대 초반에 시작했다. 하지만 그는 더콰이엇이나 팔로알토보다는 조금 늦게 성공을 맛보았다. 물론 이것이 음악의 우열을 의미하진 않는다. 커리어의 시작점에서부터 그는 꾸준히 좋은 작품을 만들어 왔다. 그러나 딥플로우의 말에 따르면 그가 힙합으로 돈을 번 건 《양화》를 낸 후다. 2015년이 지나서라는 얘기다.

그렇기에 최근 몇 년간 보인 그의 행보는 더욱 극적으로 느껴진다. 〈고등래퍼〉와 〈쇼미더머니〉에 프로듀서로 출연하는 한편 자신의 레이블 VMC를 흥행 가도에 올려놓은 그의 모습을 보면 격세지감이란 단어가 떠오른다. 그래서일까? 나의 질문에 답변하는 그의 말들은 어딘가 모르게 신중하고 조심스러웠다. 도취되지 않으려 노력하는 것 같았고 균형을 잡기 위해 애쓰는 것 같았다.

하지만 그런 태도들이 모여 딥플로우의 오리지널리티를 만들었다. 이 책에 수록된 그의 말들은 더콰이엇과는 다르고 팔로알토와도 다르다. 셋은 모두 30대, 래퍼, 힙합 레이블의 대표지만 딥플로우는 딥플로우만의 이야기를 가지고 있다. 이제 독자들이 그것을 발견할 차례다.

나는 지금도 불안감과 여전히 싸우고 있다

학창 시절에는 어떤 학생이었는지 궁금합니다.

일단 저는 문제를 일으키는 학생은 아니었어요. 요즘 말로 하면 인싸 친구들 중에서도 '인싸'였죠. 중학교 시절엔 비보이가 유행이었어요. 김수용 작가의 《힙합》이라는 만화책을 반 애들이 다 돌려 봤었죠. 쉬는 시간엔 걸상을 뒤로 다 밀고 브레이킹 댄스를 췄고요. 되게 이상한 분위기였어요. 지금 떠올려 보면 되게 이상한데 그땐 다들 비보이였어요. 한 반에 40명이 있으면 거의 35명 정도가 춤을 추려고 했으니까요. 춤을 추고 싶어도 몸이 안 따라 주는 친구들은 자연스럽게 노래방에 가서 랩을 했는데 저도 그런 애였던 것 같아요. 또 저는 그림도 그렸어요. 중학교 때도 그렇고 고등학교 때도 계속 그림을 그렸죠.

어렸을 때 꿈도 그림과 관련된 것이었나요?

원래 만화가가 꿈이었어요. 그런데 고등학교 3학년 때 래퍼가 돼야겠다는 생각을 했어요. 빅딜레코즈의 전신인 인펙티드빗츠라는 크루를 그때 만났거든요. MSN과 네이트온 같은 메신저로 친해진 온라인 친구들과 심도 있는 대화를 나누면서 힙합에 더 빠지게 됐죠. 그 전까지는 힙합과 관련된 사람이나 힙합을 좋아하는 사람을 만나 본 적이 한 번도 없었어요. 그때 나도 랩을 해야겠다고 결심했죠.

그 과정에서 부모님과 갈등은 없었나요?

일단 그림 그리는 건 집에서 밀어주는 분위기였어요. 친가 쪽에 미술계에 종사하는 분들이 계셨고 아버지도 예전에 미술학원을 운영하셨거든요. 하지만 음악은 좀 달랐죠. 그렇다고 드라마틱한 일화 같은 건 없어요. 제가 '이제부터 음악을 하겠다'고 선포한 것도 아니고 몰래몰래 했으니까요.

하지만 스무 살 넘어서 첫 번째 앨범 《Vismajor》를 냈을 때는 부모님께서도 확실히 아셨을 것 같은데요?

솔직히 너무 오래전이라서 기억이 잘 안 나고, 스무 살 이후부터는 부모님이 저에게 신경을 안 쓰셨어요. 그 덕분에 하고 싶은 걸 마음껏 했죠(웃음).

부모님과 갈등이 딱히 없었군요. 그러면 지금은 오히려 자랑스러워하시나요?

글쎄요. 제가 TV에 나오면 엄청 좋아하시긴 하죠. 옛날 분들이니까요.

만약 힙합을 접하지 않았더라면 딥플로우 님은 만화가가 되었을까요?

높은 확률로 그러지 않았을까 생각해요. 제가 그림을 곧잘 그렸거든요. 옛날에 제가 봉현 님 그림도 그린 적이 있죠.

몇 년 전에 제 캐릭터 로고를 그려 주었죠. 그 사실을 누군가에게 말했더니 엄청 놀라더라고요. 딥플로우가 그림도 그리냐면서요. 그래서 앨범 아트워크도 많이 그렸고, 온라인 전시회도 한 적이 있다고 알려 줬습니다.
널리 퍼뜨려 주세요(웃음).

그러면 딥플로우 님에게 직업이란 무엇인가요?
저는 지금 제가 어떤 직업에 종사하고 있다고 생각하지 않아요. 그래서 여러 가지 활동을 하고 있는 거고요. 밤낮이 바뀐 생활을 오래하다 보니까 대낮에 일어날 때가 많은데, 아직도 잠에서 깨면 자괴감이 들 때가 있어요. 분명 나는 지금 멀쩡하게 잘 벌어먹고 살고 있는데도 낮에 일어나면 '내가 지금 이래도 되나' 하는 생각이 가끔 들거든요.
규칙적인 생활을 하는 직업군에 있는 사람들에 비해 저는 명확히 '이것을' 하는 사람이라고 말하기 애매한 면이 있어요. 뭔가 백수인 기분? 그러니까 백수는 불안한 마음을 가지고 있잖아요. 뭐라도 해야 할 것 같은 마음이요. 그런 게 제 안에 계속 있더라고요.

최근에는 다양한 활동을 하고 있잖아요. 그런데도 불안감을 느끼나요?
요즘도 그래요. 오늘 낮에도 '내가 왜 오후 3시에 일어났지?'라는 의문이 들었죠. 논리적으로는 '아, 나도 무언가를 하는 사람이지'라고 생각하는 게 맞는다는 걸 아는데도 본능적으로 '아, 내가 이래도 되나?' 같은 생각부터 떠오르는 거죠.

흥미롭네요. 예상외의 답변이에요. 〈쇼미더머니〉 프로듀서도 했고, 남들이 보면 래퍼라는 직업에 엄청난 자부심을 가지고 있을 것 같거든요. 혹시 직업이라는 개념에 대해 남들보다 엄격하게 접근하는 건 아닐까요?

그런 면도 좀 있긴 하지만 약간 달라요. 예를 들어 굉장히 탄탄해 보이는 커리어의 비즈니스맨을 봤을 때 일단 범접할 수 없는 느낌을 받지만, 한편으론 '저 사람도 집에서 러닝셔츠 차림에 식은 된장찌개를 먹을 때도 있겠구나' 하는 생각도 들잖아요. 그런 걸 상상했을 때 사람은 다 비슷비슷한 것 같아요. 저 자신도 그렇고요.

공항에서 출구할 때 직업란에는 뭐라고 쓰나요?

뮤지션이라고 써요.

처음부터 그렇게 적었나요?

제가 처음 출국했을 때가 20대 후반인데 그때는 뮤지션으로서의 자존감이 높았을 때라 그렇게 썼어요. 물론 지금도 뮤지션이라고 쓰기는 하지만 이유가 좀 달라요. 비즈니스맨이라고 쓰고 싶은데 그럼 구체적으로 무슨 일을 하느냐고 물어봤을 때 영어로 대답을 잘 못할 것 같기도 하고, 또 뮤지션의 스펠링이 비즈니스맨의 스펠링보다 더 빨리 생각나서 그렇게 쓰죠.

래퍼라고 쓰지 않는 이유가 따로 있나요?

한국에서 살면서 어릴 때부터 겪었던 경험 때문이에요. 저를 래퍼라고 소개하면 "요~ 풋쳐핸접" 이런 반응이 매번 나왔고, 전 그게 너무 싫었거든요. 그래서 누가 제 직업을 물어보면 그냥 음악을 한다고 이야기해 왔어요. 그게 지금까지도 습관이 된 거죠.

지금은 좀 다르지 않을까요? 래퍼라고 하면 더 긍정적인 반응이 나올 것 같은데.

맞아요. 이제는 저를 래퍼라고 소개하기가 좀 편해졌죠. 지금은 할머니께 래퍼라고 말해도 왠지 알아들으실 것 같아요.

아까 오후에 일어나면 뭔가 잘못 살고 있는 듯한 느낌이 든다고 했잖아요. 그런데 그건 꼭 래퍼라서 그렇다기보다는 프리랜서이기 때문에 겪는 상황이라고 생각하거든요.

그렇죠. 저에게는 사업체가 있으니까 법적으로는 프리랜서가 아니지만 일단 출퇴근이 자유로우니까요.

법적으로는 아니지만 프리랜서에 가까운 삶을 사는 입장에서 딥플로우처럼 되고 싶은 청소년에게 해 줄 이야기가 있나요? 프리랜서의 삶을 사려면 유념해야 할 것들이요.

지금 제 나이가 서른여섯 살인데, 아직도 잘 모르겠어요. 인생을 어떻게 살아야 하는지. 실제로 저한테 그런 질문을 하는 사람이 종종 있어요. 그럴 때 이런 생각이 들죠. '내가 이런 질문을 받을 정도면 뭔가 성과가 있긴 있나 보다. 내가 어떻게 이렇게 해낸 거지?' 그냥 '몰두'했던 것이 가장 큰 힘이 아니었나 생각해요. 내가 하고 싶은 것을 계속 재미있어 했고 계속 몰두했다는 점. 게임도 한번 맛보면 밤새워 하게 되고 미드도 처음엔 3화까지만 보려고 했는데 꽂혀서 결국 다 보게 되잖아요. 저에게는 힙합도 마찬가지였어요. 힙합에 너무 꽂혔죠. 그게 장시간 지속됐다는 점이 제가 유일하게 자부심을 느끼는 부분이에요. 제 성향 자체가 좋아하는 걸 우선순위에 두어야 하거든요. 물론 품앗이 식으로 작업한 것도 많지만 결과적으로는 남을 위해 엄청 희생한다거나 하는 선택은 안 했어요. 제 만족을 위해 살았죠.

그러한 성향이 가족과의 관계에도 영향을 주었나요?

그렇죠. 저희 가정환경은 매우 심한 '흙수저' 집안이에요. 그런데 이런 집에서 태어나면 어떤 사람은 고등학교 때부터 공장을 나간다거나, 그 나이에 할 수 있는 것들을 잃어 가면서 집안을 살리곤 하잖아요. 저는 그런 타입은 아니었어요. 그런 상황에서도 약간 방관하고 제 것만 하고 살았죠. 그러다 극단적인 상황까지 가서 제가 나서지 않으면 안 될 때에만 가장 역할을 했어요.

그런 사람이기 때문에 힙합과 잘 맞았던 것은 아닐까요? 힙합은 어떤 면으로 보면 자기중심적이고 1인칭 성향이 강한 음악이잖아요.

아닌 면도 있지만 결국에는 제가 저만 알았기 때문에 그렇게 했던 것 같네요.

'내가 할 일'이라고 인정하는 순간 직업이 됐다

다음 질문이 '언제 처음으로 힙합이 직업으로 다가왔나요?'인데, 힙합을 직업으로 생각한 적이 없다고 해서 이거 할 말이 없어지는데요(웃음).

물론 아예 아니라고 생각하지는 않아요. 고민이 되는 부분은 있지만 당연히 직업의식은 있어요(웃음).

그럼 한번 질문을 던져 보죠. 힙합이 언제 처음 직업으로 다가왔나요?

그렇게 생각한 지 진짜 얼마 안 됐어요. 20대 후반, 혹은 30대 들어와서인 것 같아요. 왜냐하면 그 전까지는 음악으로 돈을 아예 못 벌었으니까요. 돈을 벌지 못하다 보니 이걸 직업이라고 생각할 수가 없었죠.

20대 중반 때까지만 해도 마치 게임을 빨리 끄고 자야 하는데 못 끄는 사람이 된 것 같은 기분이었어요. 빨리 끝내고 다시 그림을 그리고 싶었는데 음악에 쏟는 시간이 점점 늘어났고 원래 내 일이라고 생각했던 그림을 그리는 시간이 갈수록 줄어들었죠. 20대 후반쯤에는 그냥 납득하게 됐어요. '아, 이게 내가 할 일이구나.' 경제적으로 좋아져서가 아니라 그냥 상황이 그렇게 돼 버린 거예요.

예를 들면 저는 고등학교 때 그림 실력이 상위권이었어요. 그런데

:: 딥플로우가 대표를 맡고 있는 VMC는 원래 크루였지만, VMC 멤버들에게 개별적으로 계약 제안이 들어오자 크루를 통째로 레이블화했다.

저보다 못 그리던 애들이 이제는 저보다 더 발전을 하고 저는 고등학교 때 실력 그대로인 거죠. 그래서 '아, 안 되는구나. 이제 나는 그림이랑은 상관없는 사람이 돼 버렸구나'라고 생각했어요. 또 힙합 쪽으로 커리어가 생기고 이름이 알려지면서 제 크루도 만들고 책임감도 생기니까 음악을 선택해야 하는 상황까지 온 거죠.

지금이야 윤택해졌지만, 이야기한 것처럼 돈을 벌지 못했던 기간이 꽤 있었던 것으로 알고 있어요. 그 기간을 힘겨웠다고 회상하나요?

2015년에《양화》앨범을 내기 전까지는 돈을 아예 못 벌었다고 생각하면 돼요. 그런데 지한테는 사실 그게 낭연했어요. 약간 '루저' 마인드일 수 있는데 이런 생각이었어요. 'TV에 안 나가니까 돈을 못 벌지.'

핑장히 단순했어요. 'TV에 안 나오는데 어떻게 돈을 벌어. 우린 메이저 래퍼가 아니잖아.' 그런데 지금 돌아보면 돈을 못 버는 이유를 애써 찾았던 것 같아요. "돈 벌려고 힙합 하냐?" 이렇게 말하면서 내가 이렇게 돼 버린 이유를 찾고, 메이저 래퍼들을 적대시하게 됐죠. 물론 그렇다고 음악을 포기하려고 했던 적은 없지만 내재된 불만은 있었어요.

메이저 래퍼와 언더 래퍼를 구분하는 단 하나의 절대 기준 같은 것은 존재하지 않는다. 하지만 예전에는 주류 가요 시스템을 따르며 TV에 출연하는 래퍼를 메이저 래퍼로, 또 한국 힙합 씬 안의 언더그라운드 시스템을 따르며 활동하는 래퍼를 언더 래퍼로 구분하곤 했다. 그러나 현재에 와서는 그 기준이 달라졌다. 이제는 〈쇼미더머니〉가 척도가 되어 그 프로그램에 출연한 래퍼와 그 프로그램을 거부하는 래퍼 정도로 나눌 수 있을 것 같다. 〈쇼미더머니〉 초기에는 이 둘의 갈등이 격렬했고, 또 처음에는 〈쇼미더머니〉를 거부하다가 결국에 출연한 래퍼들에 대한 비판도 이어졌다. 그러나 지금은 둘의 구분이 크게 중요하지 않게 된 느낌이다. 대신에 우리는 〈쇼미더머니〉 이후의 시대를 준비하고 있다.

그 당시에 회사에 다니는 친구들을 보면 어떤 감정이 들었나요?
공교롭게도 제 주변에는 회사원이 없었어요(웃음). 사실 저는 학업을 일찍 포기했기 때문에 애초에 그런 걸 해 봐야겠다고 생각한 적이 없었죠. 대기업에 간 친구와 래퍼인 나를 비교하는 일 자체가 제 카테고리에 없었던 거예요.

그러면 한국에서 래퍼로 산다는 것에는 어떤 좋은 점이 있을까요?
일단 한국 사회에서 요구하는 도덕적인 관점에서 조금은 벗어나 있는 것 같아요. 래퍼라면 무슨 말을 해도, 어떤 행동을 해도 용납되는 분위기라고 할까. 사람들이 암묵적으로 그렇게 생각하는 것 같아요. 같은 유명인이라도 래퍼면 말조심을 좀 덜해도 될 것 같은 느낌이라고도 말할 수 있고요. 그런데 이걸 꼭 좋은 점이라고만 하기도 좀 그렇죠.

그렇다면 지금 한국에서 래퍼를 어떤 시선으로 보고 있다고 생각하나요? 예를 들면 '힙찔이'라는 단어도 떠오르는군요.

힙합 커뮤니티를 자주 둘러보는 편인데 사람들이 힙찔이란 말을 많이 하더라고요. 그냥 힙합을 좋아하는 사람들을 힙찔이라고 부르는 것 같아요. 자기가 힙합을 좋아하지 않는 것에 대한 방어기제로 쓰는 말 같다고 할까. "나는 아직 저걸 잘 모르고, 관심도 별로 안 가고, 그러니까 난 저걸 힙찔이라고 할 거야" 하는 식인 거죠. 반면에 큰돈을 버는 래퍼들이 많이 나오기 시작하니까 이제 그런 판타지를 갖고 래퍼를 보는 사람이 더 늘어날 거예요.

현재 한국 대중이 힙합을 보는 시선은 러프하게 말해서 '힙합 전사'에서 '힙찔이'로 이동했다고 봐요. 두 단어는 어감이 다르잖아요. 힙합 전사는 뭔가 낯설고 평범하지 않은 존재라는 뜻인 반면, 힙찔이는 폄하와 거부감이 담겨 있어요. '너희는 왜 군대 안 가냐' '왜 촛불 시위 때 참여 안 했느냐' 같은 시선을 예로 들 수 있죠.

저도 어느 정도 동의해요. 그래서 요새 밈(meme)을 활용하면서 활동하는 래퍼들을 보면 이런 생각이 들어요. '아, 이제 대중들이 래퍼들을 다 이 관점으로 보겠구나.'

그러면 지금까지 래퍼로 살면서 했던 실수나 실패 중에 기억에 남는 게 혹시 있나요? 후회가 되는 순간이 있는지도 궁금합니다.

래퍼로서 후회되는 게 있다면 제가 어느 순간부터 랩 메이킹에만 너무 몰두했다는 거예요. 랩 메이킹도 중요하지만 그걸 실제로 불러 보고 연습하고 소화하는 것도 중요한데 저는 그러질 못했어요. 그래서 지금도 가끔 제가 만든 랩을 잘 소화하지 못하는 상황을 겪곤 해요. 원래는 내가 만든 거니까 내가 다 부를 수 있다고 자신만만해했는데 막상 녹음을 하면 또 어렵더라고요.

무조건 가사만 많이 쓰지 말고 실제로 랩을 내뱉는 걸 게을리하지 말라는 뜻인가요?

네. 저는 제 랩 톤이 어느 정도 잡히고 랩 스타일이 완성됐다고 생각했을 때부터 랩 연습을 잘 안 했어요. 그때부터는 녹음할 때만 랩을 했죠. 그게 굉장히 후회가 돼요. 랩도 결국 음악이니까 소리를 내는 게 중요하잖아요. 그런데 그걸 간과한 바람에 이제 버릇이 돼서 잘 극복이 안 돼요. 또 한 가지, 피쳐링을 많이 한 것도 후회가 돼요.

피쳐링을 많이 한 것도 실수로 보는 건가요?

피쳐링을 너무 많이 해서 제 희소성을 날려 버렸다고 생각하거든요. 정확히 말하면 성취감 없는 피쳐링을 너무 많이 했어요. 아는 동생이 피쳐링해 달라고 부탁해서 해 줬는데 나중에 보니 그걸 들은 사람이 개랑 저밖에 없는 것 같은 느낌 있잖아요. 그것과 별개로 제 앨범에 쓰면 좋았을 소스를 피쳐링에 너무 낭비했다는 생각도 해요.

레이블 경영에 가장 큰 도움이 된 건 '래퍼로서의 경험'

VMC 이야기로 넘어가 볼까 합니다. 지금 VMC의 대표로 재직 중인 거죠?

네. 저와 로우디가(Row Digga)가 공동 대표예요.

래퍼로서 일하는 것과 레이블 대표로서 일하는 것에는 어떤 차이점이 있나요?

일단 실무는 직원들이 하고 있고요. 힙합 레이블이다 보니까 무조건 수익이 전부는 아니에요. 멋있느냐 안 멋있느냐도 중요하거든요. 그리고 그걸 구분하는 과정에서 제가 래퍼이다 보니까 이해도가 좀 더 높다는 생각은 들어요. 래퍼로서 경험한 것이 도움이 되는 거죠.

힙합 레이블과 다른 음악 장르 레이블 사이에 차이가 있다고 생각하나요? 있다면 어떤 것을 들 수 있을까요?

보통 인디 회사들을 살펴보면, 그러니까 인지도가 높지 않은 기획사들, 또 소속된 가수가 별로 없는 회사도 직원 수가 굉장히 많거든요. 그런데 반대로 힙합 레이블은 아티스트가 많아요. 저희 회사가 특히 그렇죠. 또 힙합 레이블은 다른 음악 장르 레이블에 비해 상대적으로 영업을 잘 안 뛰어요. 영업부서가 있는 힙합 회사는 거의 없죠. 셀프 PR이 다 되니까요. 다른 장르 레이블에서 보면 좀 황당한 특징이죠. 아이돌은 영업하려고 엄청난 비용을 쓰잖아요. 지금까지는 이 정도인 것 같아요.

힙합 레이블에서 직원으로 일하기 위해 필요한 소양이 있을까요?

제가 채용을 몇 번 안 해 보긴 했지만, 기본적으로 힙합을 좋아해야 해요. 그게 필수조건이에요. 이건 그냥 음악을 좋아하는 것과 달라요. 힙합에 대한 이해도가 있어야 하죠. 이 장르에 대한 애정도 마찬가지고요.

주변에서 래퍼로 활동하거나 또는 래퍼를 지망하다가 힙합 레이블의 직원이 된 사례가 있나요?

일단 저희 회사 매니저만 해도 예전에 랩을 했다고 들었어요. 또 미디 작곡을 하다가 회사에 들어온 친구도 있고요. 저는 이것을 긍정적으로 봅니다. 모두가 래퍼가 될 순 없잖아요. 더 정확히 말하면 모두가 유명해지고 성공한 래퍼가 될 순 없거든요.

현재 많은 10대가 래퍼를 장래 희망으로 삼고 있다는 것에는 공감하나요?

힙합을 싫어하는 분위기는 아닌 것 같아요. 일단 겉으로 보기에 래퍼는 화려해 보이잖아요. 래퍼들이 산 고가의 차가 화제가 되고 '래퍼가 되면 예쁜 여자 만난다'는 '짤'도 돌아다니고요. 이런 게 10대를 유혹하는 게 아닐까요. 물론 그중에는 음악 자체를 좋아하는 친구들도 분명 있을 거고요.

지금 10대에게 래퍼를 직업으로 추천하나요?

저는 랩을 하는 사람이다 보니까 래퍼가 지금보다 더욱더 늘어났으면 좋겠어요. 계속해서요. 지금의 유행이 앞으로도 지속되길 바라고, 동시에 수요와 공급의 균형이 이루어지면 더할 나위 없겠죠.

:: 요즘 딥플로우의 가장 큰 관심사는 30대 래퍼도 활동할 수 있는 기반을 만드는 것과 〈쇼미더머니〉가 없어져도 자생할 수 있는 환경을 만드는 것이다.

만약 자녀가 래퍼가 된다고 한다면 부모로서 어떤 반응을 보일 것 같나요?

일단 반대하진 않을 거예요. 하게 할 거예요. 하지만 경각심도 갖겠죠. 그리고 열심히 돕겠죠. 이왕 할 거면 제대로 하길 원하니까요.

힙합에서 배운 삶의 태도나 자세가 있는지 궁금하네요.

최근에 저는 책임감과 인과응보, 이런 것들을 힙합을 통해 깨닫고 있어요.

더 구체적인 예를 들어서 설명을 부탁드려요.

일상생활에서는 내가 뭔가 실수를 하거나 잘못을 해도 보통 그게 자신에게 벌이나 카르마(業)로 돌아오지는 않잖아요. 범죄를 저지르지 않는 이상이요. 그런데 힙합이라는 게임 안에 있으면 나의 행동에 심판도 내려지고 내가 한 실수들이 결과로 돌아오는 경험을 하게 돼요. 예를 들어 앨범에 썼던 가사나 매체와 했던 인터뷰 내용과 다른 행동을 했을 때 그게 결과로 돌아오거든요. 제가 만약 힙합을 하지 않고 평범한 삶을 살았다면 벌어지지 않았을 일이죠. 거기서 교훈을 얻는 일도 없었을 테고요.

예전에 저에게 '나이가 들수록 힙합의 멋과 멀어지는 것 같다'는 이야기를 한 적이 있어요. 지금도 같은 생각인가요?

나이를 먹어서 멋이 없어진다기보다는 그 나이대에 할 수 있는 것을 이제는 못 하게 된 거죠. 그런데 최근에는 힙합의 멋에도 여러 종류가 있다는 생각을 떠올렸어요. 예를 들어 염따가 최근에 성공할 수 있었던 이유에는 염따의 나이가 많다는 것도 포함돼 있거든요. 염따가 지금 스물한 살이었다면 지금 같은 성공을 얻지 못했을 거예요. 또 팔로알토가 최근 보여 주는 변화된 모습은 그만큼 긴 커리어가 받쳐 주니까 멋지게 보이는 것이고요.

예전에는 사람들이 래퍼가 30대가 되고 40대로 넘어가는 걸 걱정했어요. 하지만 요즘 들어 저는 래퍼가 그 나이가 되어도 멋있을 수 있고 그 모습을 우리가 이제는 만들어 낼 수 있다고 믿게 됐어요. 최근에 더콰이엇, 팔로알토, 염따와 대화를 많이 하면서 30대 래퍼들도 활동할 수 있는 기반을 만들자는 데에 생각을 같이했어요. 〈쇼미더머니〉가 없어져도 우리는 자생할 수 있고, 그럴 수 있게 우리가 해내야 한다는 연대감을 공유하게 된 거죠.

<쇼미더머니> 초기에는 보이지 않던 것이 지금에 이르러서야 비로소 눈에 잡힌다. 지난 8년간 한국 힙합은 '돈'과 '성공'으로 상징되는 한 시대를 지나왔다는 사실 말이다. 그걸 가리켜 시대정신이라고 부르기 찜찜하다면 한 시대를 뒤덮었던 기운 정도로 해 두자. 만약 2030년쯤 내가 한국 힙합 역사서를 쓰게 된다면 이 시기를 잘라 내서 '버블시대' 정도로 이름 붙일 것 같다. 많은 래퍼가 처음으로 큰돈을 만졌던 시대, 많은 래퍼가 성공을 누리고 성공을 꿈꿨던 시대, 축제와 행사에 래퍼가 섭외 1순위였던 시대, 10대의 꿈이 래퍼였던 시대, 그리고 <쇼미더머니>가 한국 힙합을 좌우했던 시대. 옳든 그르든 우리는 이 시대의 도래를 막을 수 없었고 이 시대를 겪었다. 그리고 이제는 그 이후를 대비하는 중이다.

나이가 들어도 멋있을 수 있는 래퍼의 모습, 그것을 어떻게 가시화할 건가요?

아직은 잘 모르겠어요. 그런데 팔로알토 형은 마흔 살 넘어서도 랩을 하는 모습이 그려지거든요. 그런 래퍼들이 점점 늘어날 거예요. 저도 계속 이 일에 종사할 거고요. 제가 래퍼를 그만두고 누군가를 서포트할 수도 있고 힙합 라디오 같은 걸 할 수도 있겠죠. 그러면서 무언가를 계속 유도해 내겠죠. 이런 방법도 있다는 걸 사람들에게 알려주는 식으로요.

그러면 힙합과 관련해서 앞으로 더 생기게 될 것 같다거나 생겼으면 하는 직업이 있나요?

에이전시가 더 생기지 않을까요? 소속사가 없는 래퍼가 너무 많으니까 그 래퍼들과 일거리를 연결해 주는 업체가 더 필요하다고 봐요.

여러 장르의 공연과 행사를 담당하는 에이전시가 아니라 힙합이라는 장르만 다루는 에이전시요.

그런 것이 힙합과 관련해서 일을 하고 싶은 사람들에게는 기회가 될 수도 있다는 말이겠죠?
맞습니다.

마지막으로 이 책을 읽는 사람들에게 한마디 해 주세요.
빤한 말이지만 래퍼가 되고 싶다면 지금 바로 가사를 쓰고 랩을 했으면 좋겠어요. 나중을 미리 예상하고 추측하지 말고 지금 바로 랩을 하세요. 래퍼가 되고 싶으면 랩부터 해라!

"재미를 느끼는 것이
가장 큰 재능이에요"

| 화나(FANA) |

본명 김경환. 소울컴퍼니 소속으로 활동을 시작했다. 치밀하게 계산된 라임으로 널리 알려져 있는 래퍼다. 《FANACONDA》를 비롯해 지금까지 발표한 모든 앨범이 수작으로 평가받는다. 힙합 복합공간 '어글리정션'을 운영하며 다양한 기획도 겸하고 있다.

더콰이엇과 마찬가지로 화나는 소울컴퍼니의 멤버로 잘 알려져 있다. 한국 힙합을 오랫동안 들어 온 사람이라면 소울컴퍼니의 일원으로서 공연하는 그의 모습을 현장에서 한 번쯤은 봤을 것이다. 또 화나는 정밀하고 빈틈없는 라임 구조로도 유명하다. 그의 랩 설계도는 가장 완성도 높은 한국어 라임 모음집이자 그 자체로 훌륭한 예술 작품이다.

화나는 래퍼인 동시에 기획자이기도 하다. 그는 힙합을 베이스로 한 공연 기획 '어글리정션(The Ugly Junction)'을 수년간 성공적으로 진행했고, 아예 같은 이름의 복합공간을 한동안 운영하기도 했다. '덕분에' 화나는 언더그라운드 한국 힙합의 아이콘 같은 인물이 되었고 본인의 의도와는 무관하게 〈쇼미더머니〉의 대척점에 서 있는 아티스트로 세간에 인식되기도 했다. 15년 동안 힙합을 살아온 화나를 만났다.

자기 세계를 표현하는 매개가 바로 힙합

언제부터 힙합을 좋아했나요?

1999년이었나? 클럽 마스터플랜에 처음 갔을 때였던 것 같아요. 갱톨릭, 가리온, 주석, 다크루 등 초창기 마스터플랜에서 공연하던 뮤지션들에 관한 기사를 읽고 처음 갔었어요. 당시 저에게 굉장히 생소한 언더그라운드 문화였고, 그 점이 매력으로 다가왔죠.

힙합의 어떤 부분에 끌린 거죠?

자기표현이죠. 하고 싶은 이야기를 하고, 자기 이야기를 하는 것이요. 이걸 당시로선 생소했던 랩이라는 형식으로 보여 주니까 굉장히 매력적이었어요. 다른 장르에서는 힙합만큼 직설적으로 자기 이야기를 하지 않으니까요.

힙합이 직설적이거나 공격적이기 때문에 거부감이 들진 않았나요?

그렇지는 않았어요. 당시 나이가 굉장히 어렸기 때문에 아무래도 그런 부분에 사로잡히기 쉬운 정서 상태였던 것 같아요. 중학교 때부터 힙합을 좋아했거든요.

중고등학교 때는 어떤 학생이었나요?

꽤 자유분방한 학생이었죠. 성적에 별로 구애받지 않고, 집안 분위

:: '라임몬스터'라는 별칭답게 화나가 힙합에 끌린 첫 번째 이유는 '자기표현'이다.

기도 자유롭고. 저희 집은 제가 세 명 있다고 생각하면 딱 맞아요(웃음). 가족이 다 각자 방에서 생활하고 자기가 하고 싶은 것 하고.

그럼 래퍼가 되기까지 부모님과 갈등은 없었나요?

전혀 없었어요. 저희 집은 초등학교 때부터 외박을 해도 제재를 하지 않았어요. 오히려 부모님은 제가 무엇에 열중한다는 사실을 되게 좋아하셨어요. 어릴 때 제가 좀 자폐적이었거든요. 폭넓게 사람을 사귀지도 않았고, 그냥 집에서 고무찰흙 만지고, 그림 그리면서 하루를 보냈으니까요. 랩을 하면 더 외향적인 모습이 나오니까 부모님이 그걸 좋아하셨던 것 같아요. 래퍼로 활동하면서 간혹 TV에 출연하면 너무 흐뭇해하셨고요.

부모님과의 그 관계는 지금도 계속되고 있나요?

변함없어요. '네 멋대로 살아라' 뭐 이런 거죠(웃음).

한국에서 좀처럼 찾아보기 어려운 가정환경이네요. 특히 한국에서 래퍼가 되고 싶어 하는 사람에게는 최적의 환경인 것 같은데요.

맞아요. 그래서 늘 감사하죠. 래퍼가 되고 싶어 하는 상당한 친구가 저에게 상담을 요청하는데, 부모님이 반대하는 경우가 굉장히 많더라고요. 저는 그런 가정환경이 아니다 보니 그 전까지는 몰랐어요.

부모님 반대 때문에 힘들다고 상담하는 래퍼 지망생들에게 어떤 조언을 해 주나요?

일단은 하고 싶은 걸 하라고 말해 줘요. 다만 가시적인 결과물을 보여드려야 한다고 당부하죠. 결국에는 그게 가장 나은 방법일 거라고요.

아까 본인의 어린 시절을 자폐적이었다고 얘기했잖아요. 그런 특성이 힙합을 좋아하는 데에도 영향을 미쳤나요?

네. 저는 자기 세계를 표현하는 차원에서 힙합에 접근했던 것 같아요. 어릴 땐 그림 그리는 걸 좋아하고 뭘 만드는 걸 좋아했는데 그게 힙합으로 넘어간 거죠. '자기 스타일대로 자신을 표현한다.' 힙합의 이런 면에 끌렸어요.

얼핏 보면 래퍼들이 거칠고 자신감 가득해 보이지만 사실 속은 반대인 경우도 많잖아요. 나름 아픔도 있고요. 이런 부분도 당시에 본인과 닮아 있다고 생각했나요?

래퍼 중엔 감수성이 풍부한 사람이 많죠(웃음). 자기가 못하는 걸 솔직하게 표현하는 것도 힙합의 한 부분이라고 생각해요. 빅엘(Big L)¹도 원래는 '찌질이'였잖아요. 다만 그런 부분을 음악을 통해 자기가 표현하고 싶은 방향으로 포장할 수 있고, 또 음악으로 진실하게 담아낼 수 있는 거죠. 이야기를 전달하는 '전달자'로서의 모습이 힙합의 큰 매력이라고 생각해요.

저도 '모두의 마이크'라는 아마추어 래퍼 오디션을 진행한 적이 있어요. 그때 어떤 고등학생이 랩을 하는데 가사가 이렇더라고요. '학교에서 난 왕따지만 무대에선 내가 짱이야' 그런 모습을 보면서 힙합이 청소년에게 줄 수 있는 긍정적인 영향이 있다고 생각했거든요.

맞아요. 그게 힙합이 주는 카타르시스예요. 사회에서는 약자지만 무대에서는 멋진 모습을 보여줄 수 있다는 점이요. 이런 면에서 힙합은 히어로물과 닮아 있다고 생각해요.

---

1 1990년대에 활동한 미국의 언더그라운드 래퍼로 천재라 평가받는다. 1999년 할렘가에서 총격을 받아 사망했다.

소울컴퍼니 덕에 이 분야의 시스템을 일찍 이해하게 됐다

《스파이더맨》도 그런 내용이죠. 어쩌면 힙합은 모두가 영웅이 될 수 있는 음악일지도 모르겠다는 생각이 드네요. 혹시 어렸을 때부터 꿈이 래퍼였나요?

아니요. 저는 만화가나 성우가 되고 싶었어요. 물론 꿈이었다고까지 말하긴 좀 그렇지만요. 중고등학교 때 저는 래퍼가 직업이 될 수 있는 것인지에 대해 의문을 갖고 있었어요. 직업이라고 하면 어쨌든 프로페셔널해야 하고 돈을 벌 수 있어야 하잖아요. 그런데 랩으로 돈을 벌 수 있겠다는 생각을 어릴 때는 하지 않았던 것 같아요.

화나 님이 생각하는 직업이란 돈을 벌 수 있어야 하는 건가요?

일단 프로페셔널하게 돈을 벌 수 있어야 하고, 거기에 덧붙여 자아 성찰이 가능하다면 그게 베스트죠.

지금 그 베스트를 영위하고 있는지 궁금하네요.

만족하면서 사는 편이에요. 어느 정도 먹고살 만큼 벌고, 힙합을 통해서 자아 성찰도 이루고 있으니까요.

그렇다면 래퍼를 직업이라고 처음 느낀 순간은 언제인가요?

소울컴퍼니 활동을 할 때 정말 많은 사람이 공연에 찾아오고 연일 공연이 매진되는 경험을 했어요. 그때 '내가 이걸 하고 있는 사람이구나, 이제 아마추어는 아니구나'라고 느꼈죠. 바로 그 시점이었던 것 같아요. 20대 초중반이었죠.

:: 화나는 래퍼를 직업으로서 인식한 시점을 20대 초중반 소울컴퍼니 활동을 했던 시기, 특히 공연이 연일 매진되는 경험을 했을 때로 꼽았다.

힙합으로 돈을 처음 벌었을 때를 기억하나요?

소울컴퍼니 때는 별로 돈을 못 벌었어요. 앨범은 많이 팔렸지만 투자 받은 자금도 있었고 이래저래 수익이 거의 없었죠. 처음으로 돈을 제대로 번 건 두 번째 솔로 앨범을 냈을 때였어요. 소울컴퍼니에서 독립한 뒤 2013년에 발표한 첫 앨범 《FANAttitude》가 잘됐어요. 다행이었죠. 지금까지 직업인으로서 랩을 하면서 살 수 있게 해 준 작품이기도 해요.

실례가 안 된다면 판매량이 얼마나 됐는지 말해 줄 수 있나요?

정확히는 잘 모르겠고요. 저의 유일한 top 100 앨범이에요. 지금 음아 시장에서는 멜론 top 100에 드느냐 못 드느냐에 따라 수익 면에서 굉장히 차이 나니까요.

20대 중후반에 이르러서야 제대로 돈을 벌었다는 이야기군요. 아까 소울컴 퍼니 활동 시절에는 큰돈을 벌지 못했다고 말했지만, 소울컴퍼니에서 활동 하는 것 자체가 한국의 보통 젊은이들과는 다르게 일찍부터 진로를 정하고 독립적으로 뭔가를 만들며 살아온 거잖아요. 그 경험이 어땠는지 궁금해요.

그 당시 제 모습이 바로 젊음 그 자체가 아니었나 싶어요(웃음). 젊음을 한껏 만끽했다고 해야 할까요. 비슷한 생각을 가진 청춘들이 만나서 같이 뭔가를 만들고 애환을 같이 느끼면서요. 어떻게 보면 행운이었죠. 그런 사람들을 만났다는 게. 산업이 어떻게 돌아가는지 다행히 이른 시기에 깨달을 수 있었고 홀로서기를 할 수 있는 자생적인 능력도 그때 함양했죠.

그 자생적인 능력이라는 게 사실 모든 사람이 가져야 할 필요는 없는 거잖 아요. 모두가 대기업이나 회사를 거부하고 독립적으로 사는 건 아니니까요.

그렇죠. 제 생각도 그렇습니다(웃음).

아티스트가 아닌 일반 직장인들에게도 화나 님이 20대에 소울컴퍼니 활동을 하면서 얻은 것들이 도움 될까요?

네. 어떤 직종을 선택하더라도 해당 분야의 시스템을 파악하는 일은 무척 중요하니까요. 비단 예술 산업이 아니더라도 이 산업이 어떻게 굴러가는지 이해한다면 일을 훨씬 더 잘할 수 있지 않을까요.

소울컴퍼니 활동을 할 때 그만두고 싶은 순간은 없었나요?

소울컴퍼니를 그만두고 싶은 순간은 있었지만 음악을 그만두고 싶은 순간은 없었어요.

지금까지 음악을 그만두고 싶다고 생각한 적이 없었던 건가요?

최근에는 있어요.

어떤 순간이었나요.

스마트폰의 보급도 그렇고 모두가 음악을 빠르게 소비하고 다음으로 넘어가잖아요. 피드백 받을 새도 없이 진짜 빠르게는 일주일만 지나도 없던 음악이 돼 버리죠. 그렇다 보니 앨범을 내면 '현자타임'이 오게 돼요. '아, 이거 언제까지 할 수 있을까' 하는 생각이 들죠. 세 번째 솔로 앨범 《Fanaconda》를 냈을 때도 그랬어요. 물론 본의 아니게 '어그로'를 끌어 버리는 바람에 이슈가 되면서 앨범이 잘되긴 했지만 개인적으로는 '현자타임'을 많이 느꼈죠. '과연 지금까지 하던 방식으로 앞으로도 계속할 수 있을까'라는 생각을 했었어요.

그렇다면 앨범이 아니라 싱글을 자주 내면서 활동할 수도 있잖아요. 그런 생각은 해 본 적 없나요?

현실적으로는 그게 맞죠. 훨씬 적은 돈으로 높은 효율을 낼 수 있으니까요. 하지만 그 지점에서 아티스트로서의 저와 직업인으로서의 제가 충돌하게 되는 거죠. 아직 결론을 내리지 못했어요.

화나 님에게 아티스트란 어떤 의미의 존재인가요?

아티스트는 돈을 벌면 안 된다는 생각을 가진 건 아니에요. 예술도 당연히 산업이니까요. 다만 아티스트라면 자기가 표현하고 싶은 것을 일정한 형식(form)에 맞춰 만들 수 있어야겠죠.

그걸 앨범이 아니라 싱글로 해낼 수는 없나요?

그건 사람마다 다를 것 같아요. 제가 힙합 산업에 매력을 느끼는 이유는 앨범 단위의 서사 때문이거든요. 그걸 만들어 가는 과정과 완성된 결과물이 나왔을 때의 그 해갈의 순간, 그때 느끼는 카타르시스, 이런 게 저한테는 굉장히 큰 의미로 다가와요.

앨범 단위의 스토리텔링을 의미하는 거로군요.

네. 'long-play' 단위의 작업물을 말하는 거죠. 이런 느낌은 싱글을 작업하면서 가져 본 적이 별로 없어요.

'재미'와 '의미'를 찾을 수 있다면 그것도 '재능'

사실 저도 공감이 가요. 힙합 앨범은 원래 장르적으로 다른 장르보다 평균 트랙 수가 더 많잖아요. 미국 힙합 앨범의 경우에는 거의 20트랙씩 들어 있고요. 힙합이 지닌 일종의 장르적 특성이죠. 할 이야기가 많기 때문이 아닐까 생각도 들고요. 아까 아티스트로서의 자의식과 직업인으로서의 자의식이 서로 충돌할 때가 있고, 아직 결론을 내리지 못했다고 했는데요. 그러면 이 둘이 충돌할 때마다 그걸 가라앉히고 다시 평정심을 가지고 살아가는 건가요?

네. 그럴 때마다 또 다른 스토리가 안에 생겨요. 저에게 앨범을 낸다는 건 어떤 걸 뭉뚱그려서 해소시키는 과정이거든요. 어떤 정서를 모아서 그걸 발표하는 순간 해소가 돼요. 그 앨범을 들은 사람들이 각자의 해석을 내놓는 것 자체도 저에겐 해소의 과정이에요. 그 후에는 제 안에 또 다른 스토리를 쌓을 시간이 필요해지죠. 또 다른 스토리가 모이면 다시 앨범을 내야겠다는 에너지가 생기고요.

그러면 앨범을 내는 것 자체가 정신 건강에 도움이 되겠네요.

맞아요. 실제로 저는 정신적인 문제를 겪고 있어요. 공황장애와 우울증이 있죠. 그런 내용을 담은 앨범이 네 번째 앨범 《FANAbyss》예요. 그 앨범을 내고 나서 굉장히 좋아졌어요.

어떻게 보면 모든 예술, 모든 음악이 결과물로 표출하고 해소하는 것이겠지만 힙합은 특히 그런 면모가 강하다고 생각해요. 랩 자체가 토해 내는 발성이기도 하잖아요. 어떤 사람들은 여전히 힙합을 부정적으로 보거나 파괴적인 것이라고 하지만 오히려 저는 힙합이 사람들의 삶에 도움이 될 수 있다는 입장이거든요.

맞아요. 사실은 굉장히 건강한 문화예요. 표출한다는 건 정말 중요하거든요. 그걸 듣는 사람에게도 그 과정을 겪게 해 주고요.

랩은 정신 건강과 밀접한 관련이 있다. 이 말이 한국에서는 생소할지 몰라도 미국에선 그렇지 않다. 에미넴은 잡지 《롤링스톤》과의 인터뷰에서 이렇게 말했다. "나는 스트레스를 랩으로 해소해. 내 모든 노래에서 나는 그렇게 하지. 말하자면 심리 치료 같은 거야. 실제로 나쁜 행동을 하는 대신 언어와 음악으로 승화하는 거지. 나한테 정신과 의사 따윈 필요 없어. 내 음악이 나만의 정신과 의사니까. 그리고 세상이 나의 치료사지. 나는 세상에 내 문제를 다 말한다고."

랩의 발화 형식 자체가 이미 치유 요소다. 멜로디 내신 리듬에 의거한 랩의 발화 형식은 노래를 부를 때와 달리 '일상에서 말하듯 감정을 표출하는 행위'를 가능하게 한다. 또 랩은 구조상 노래보다 훨씬 방대한 이야기를 품을 수 있기에 더 구체적인 표현이 가능하다. 나에게 어떤 문제가 있는지, 내가 바라는 것은 무엇인지 노래보다 훨씬 자세하게 이야기할 수 있다.

일종의 대리만족, 대리쾌감 말이죠?
네. 힙합은 그 부분이 강점이고 굉장히 매력적이죠.

맞아요. 그래서 저도 부모님들이 "자식이 래퍼가 되고 싶다고 하는데 걱정이다"라고 하면 오히려 "아드님 정신 건강이 좋아지겠네요"라고 말씀드리거든요. 그러면 이제 다른 질문을 좀 해 볼게요. 학교를 자퇴하고 랩에 모든 것을 걸겠다고 하는 청소년이 있다면 어떤 말을 해 줄 건가요?
선택의 문제이긴 해요. 하지만 제 경우를 말씀드리면 학교 교육이 꽤 도움이 됐어요. 거기서 배우는 것들이 저의 이야기가 됐거든요. 물론 시험을 위한 교육 자체가 도움이 되진 않았지만, 교육이란 건 어떤 것이 형성되는 과정을 알려주는 거잖아요. 그게 저에게 저만의 스토리를 만들고 자기표현을 하는 데에 도움을 줬다고 생각해요. 물론 이런 부분을 필요 없다고 느낀다면 학교를 그만두는 것도 하나의 방법이겠죠. 학교에서 꿈을 찾지 못한다면 진짜 어른들 말씀대로 기술을 배워서 빨리 직업전선에 뛰어드는 편이 낫다고 생각해요.

'어글리정션'으로 기획자의 면모를 찾아내다

이번에는 어글리정션에 대해 이야기해 보죠. 본래 래퍼지만 어글리정션과 관련해 말할 때는 기획자인 거잖아요. 어글리정션은 어떻게 만들게 됐나요?

시작은 2010년 정도에 했어요. 그 당시엔 다 소울컴퍼니 소속으로 공연 섭외가 됐거든요. 그래서 공연장에서 제가 개인적으로 공연할 수 있는 시간이 한정돼 있었어요. 한 20분 정도? 제가 부르고 싶은 노래를 다 부를 수가 없었죠. 그렇게 하려면 또 거창하게 제 개인 콘서트를 열어야 하니까 굳이 그렇게 하지 않아도 제가 부르고 싶은 노래를 다 부를 수 있는 공연 기획을 자주 해 보자는 마음가짐으로 시작하게 됐죠. 꼭 공연만 했던 건 아니고 가끔 축구 게임 '위닝일레븐 대회' 같은 것도 했고요(웃음).

힙합을 베이스로 재미있는 기획을 직접 해 보자는 의도였군요. 기획자로서의 면모가 어릴 때부터 스스로에게 있었다고 생각하나요?

아니요. 오히려 어글리정션을 하면서 주도적인 인간으로 변했어요. 뭔가를 스스로 만들 수 있는 사람이 됐죠. 예를 들어 어글리정션에서는 공연을 하고 싶다고 찾아온 친구들 혹은 공연진이 데려온 친구들도 공연을 하고 싶다고 하면 무대에 올렸어요. 당시 저는 알려지진 않았지만 잘하는 래퍼들이 많다고 생각했기 때문에 그런 사람들을 무대에 올리고 싶었죠.

그런 게 어글리정션의 문화였어요. 그리고 점점 그런 친구들을 돕는 방향으로 기획을 하게 됐어요. 봉헌 씨도 심사위원으로 참여한 '썰마이티'도 그런 기획이었죠.

맞아요. 여성 신인 래퍼를 발굴하는 기획이었는데 그때 재키와이가 처음으로 세상에 등장했죠(웃음). 그러면 어글리정션에서 기획한 프로그램이 총 얼마나 되나요?

30~40개 정도 했어요. 그리고 신인이나 알려지지 않은 아티스트 위주로 공연진을 구성하는 '발아'라는 기획이 20회를 끝으로 마무리되었고요.

그중 가장 기억에 남는 기획은요?

11회 때 '위닝일레븐 대회'를 열었어요. 허클베리피, 펜토, 비다로카, 염따 이렇게 넷이서 대결해서 지면 공연을 못 하는 조건을 걸었죠. 페이도 몰수했고요. 제가 생각하는 어글리정션의 강점은 생각나는 대로, 의식의 흐름대로 공연을 만든다는 점이에요. 걸마이티도 굉장히 보람 찼고, 23회 때는 숫자 '23'이니까 다 나이키 조던 신발을 신고 조던을 좋아하는 아티스트들이 공연을 했어요. '동물농장'이란 기획도 있었죠. 동물 이름을 가진 아티스트만 모여서 공연을 하는 거였죠.

재미있는 기획이 많았군요. 수익은 어땠나요?

현상 유지 정도는 했죠. 어글리정션의 수익 정책은 무조건 N분의 1이에요. 공연진은 무조건 수익을 N분의 1로 나눠 가졌죠. 물론 스태프 페이는 따로 줬지만요. 그래서 많이는 아니지만 용돈 정도는 쥐여 주고 기분 좋게 보낼 수 있는 수익은 되었던 것 같아요.

그 후 신수동에 어글리정션이라는 공연장도 따로 만들었죠?

네. 저의 공간을 갖는 건 어글리정션을 진행하면서 세웠던 목표였

:: 어글리정션이란 힙합 복합공간을 운영하며, 또 독립 기획을 하면서 화나는 이전에는 몰랐던 자신의 주도적인 면을 발견했다고 한다.

어요. 힙합 아티스트의 생명은 라이브라고 생각했거든요. 소형 아티스트들에 초점을 맞추고 있었기 때문에 신수동에 괜찮은 자리가 보였고 계획도 없이 바로 질렀죠.

철저하게 계획을 세운 건 아니군요? 즉흥까지는 아니었겠지만요.
네. 거기에 자리가 나지 않았다면 하지 않았을 수도 있어요.

사람들은 보통 철저한 계획을 세워야 일을 성공적으로 할 수 있다고 말하잖아요. 화나 님은 이에 대해 어떻게 생각하나요?
저의 경험에 따르면 너무 계획적일 때 오히려 재미가 없더라고요. 물론 어느 정도의 계획성은 필요하죠. 그래도 큐시트 정도는 줘야 해요(웃음).

시스템을 알아야 자생하는 아티스트가 될 수 있다

프리랜서의 삶과도 연결시킬 수 있는 문제 같아요. 프리랜서의 삶은 불안하다는 인식이 있잖아요. 래퍼도 일종의 프리랜서고요.

당연히 금전적으로야 어느 정도의 고저가 있죠. 근데 하는 만큼인 것 같아요. 프리랜서는 자기가 일을 만들어야 하죠. 누가 일을 줄 때까지 기다리면 안 돼요. 그리고 어떤 일이 당장 돈이 되지 않더라도 스스로 생각하기에 의미가 있다, 혹은 재미가 있다고 생각하면 그걸 하는 것도 중요해요. 그런 일을 꾸준히 하면 결국 물질적으로도 도움이 되거든요.

어글리정션 같은 기획이나 공간의 운영이 지금도 가능할까요?

뜻이 있다면 가능은 하겠죠. 하지만 수익으로 이어지려면 한 사람만의 힘으로는 어려울 것 같아요. 현상 유지 정도에 만족한다면 지금도 가능하겠지만요. 사실 이제는 이런 기획이 많아졌기 때문에 가시적으로 사람들한테 성과를 보여 주고 소비문화를 만들어 내야 유지가 될 거예요. 지금처럼 보는 사람만 보고, 혹은 그 아티스트의 팬만 오는 것보다 문화 자체의 팬이 생기고 저변이 확대된다면 또 다른 틈새시장이 생기겠죠.

지금 래퍼가 되고 싶어 하는 청소년들에게 조언을 한마디 해 준다면요?

이상과 현실은 매우 달라요. 이런 면에선 모든 직업이 똑같을 거예요. 그리고 랩만 잘해서는 안 돼요. 이 분야의 시스템을 파악해야 프로로서 스스로 자리매김할 수 있어요.

그 시스템에 대해 더 구체적인 설명을 부탁드려요.

예를 들어 어떤 공연이 만들어지는 과정, 즉 그걸 어떻게 기획하고 어떻게 운영하는가, 정산은 어떻게 이뤄지는가, 대관은 어떻게 하나, 사람들이 어떤 경로로 오는가, 홍보는 어떤 과정을 통해 이뤄지나 등이죠. 공연이 아니라 앨범으로 이야기하자면 스튜디오에서 이뤄지는 모든 과정, 믹스 또는 마스터링의 과정, 그리고 유통의 과정 등을 모두 파악하고 스스로 진행할 수 있어야 자생할 수 있는 아티스트가 될 수 있어요.

오늘날의 10대들은 왜 래퍼가 되고 싶어 할까요?

일단 미디어에서 화려한 점을 위주로 래퍼의 모습을 보여 줬기 때문이죠. 사실 또 힙합이 굉장히 재미있는 문화잖아요. 제가 어릴 때 느꼈던 재미를 지금의 친구들도 비슷하게 느끼고 있다고 봐요. 힙합은 10대의 '중2병'을 자극하는 문화거든요. 그런 면에서 짜릿함을 느끼는 게 아닐까 싶어요.

10대가 래퍼를 직업으로 삼고 싶다면서 찾아온다면 어떤 말을 해 줄지 궁금하군요.

하고 싶으면 해 보라고 말해 줄 것 같아요. 다만 그만두는 것도 자유죠.

나중에 자녀가 래퍼가 되고 싶다고 한다면 부모로서 어떻게 이야기할 건가요?

그것도 똑같아요. 하고 싶으면 해 보고 아니다 싶으면 그만두라고 말할 거예요. 그런데 제 자녀가 그런 꿈을 꾼다면 제가 도움을 많이 줄 수는 있겠죠.

지금까지 래퍼로 살아오면서 사회나 주변 사람에게 전하고 싶은 궁극적인 메시지가 있나요?

저의 랩은 제가 바라본 세상, 제가 상상하는 세상이에요. 모든 힙합이 그렇다고 생각해요. 사람들이 저의 앨범을 듣고 자기에 맞춰서 해석할 수 있으면 좋겠어요. 창작자의 의도와는 별개로 받아들이는 사람이 앨범을 완성시키는 거죠. 그러면서 하나의 힙합이 완성된다고 생각해요.

힙합을 하면서 삶이 더 좋아졌나요?

저는 힙합을 성찰적인 것으로 받아들여요. 스스로를 완성하고, 저라는 사람을 만드는 과정이라고 할까. 래퍼 동생들이 저에게 하는 이야기가 있는데, 래퍼로서의 자신과 자연인으로서의 자신이 조금 다른 것 같다고 말하는 경우가 많아요. 그런데 지금의 저는 래퍼 화나와 인간 김경환의 싱크로율을 거의 100퍼센트로 이루었어요. 제 주변에서 저를 본명으로 부르는 사람은 거의 없어요. 저라는 한 인간을 완성하는 과정에 힙합이 많은 도움이 된 거죠.

나를 완성하는 데에 힙합이 큰 도움이 됐다는 화나의 말을 들으니 문득 더 콰이엇이 몇 년 전 내게 해 준 말이 떠오른다. 나는 이 말을 예전에 출간한 책의 서문으로도 사용한 적이 있다. "지금 제가 말하고 싶은 건, 힙합은 정말로 거대하고 긍정적인 변화의 힘을 가지고 있다는 겁니다. 힙합은 반드시 무언가를 크게 (크기보다는 '많이'라는 뜻) 바꿔 놓습니다. 그 힘의 영향을 저나 도끼처럼 100퍼센트 받게 될 수도, 50퍼센트 정도 받게 될 수도, 2퍼센트 정도 받게 될 수도 있습니다. 그 힘을 무시해도 좋습니다. 그냥 그러한 힘이 존재한다는 것을 알아줬으면 좋겠습니다. 만약 누군가가 힙합으로 인해서 변하긴 엄청 변했는데 그게 긍정적인 방향이 아니라면 그건 힙합을 잘못 받아들였거나 중요한 걸 놓친 것입니다."

가사를 쓸 때 특히 그렇겠네요. 가사를 쓰려면 계속 생각을 해야 하고, 그러면 자기 삶을 정리하는 효과가 분명히 있겠죠? 어떻게 보면 글쓰기를 하는 이유와 비슷하다고 볼 수 있겠네요. 제가 운영하는 글쓰기 클래스의 수강생 중에도 작가가 되고 싶은 마음은 특별히 없지만 매주 자기 삶을 정리하기 위해 글을 쓰는 분이 있거든요.

맞아요. 힙합 역시 그런 부분에서 삶에 도움을 준다고 생각해요.

그러면 힙합과 관련해서 앞으로 더 생기게 될 것이라고 예상하거나, 더 생겨야 하는 직업이 있다면요?

한국 힙합에는 래퍼만 너무 많은 것 같아요. 물론 한 분야의 프런트맨에 끌리는 건 당연하지만 뒷받침하는 사람이 많아야 산업이 건강한 거잖아요. 지금보다 A&R(Atrists and Repertoir)이 더 늘어나야 하고, 한동안 많이 생겨나다가 지금은 다 사라진 공연 기획자도 다시 많아져야 해요. 지금은 영상의 시대니까 힙합을 시각적으로 잘 보여 줄 수 있는 아트 디렉터도 늘었으면 좋겠고, 힙합 음악만 전문으로 하는 엔지니어도 생겼으면 해요. 래퍼들도 랩만 할 게 아니라 기획도 해 보는 등 다른 일도 경험해 봐야 하고요.

마지막으로 이 책을 읽는 사람들에게 한마디 해 준다면?

저는 타고난 재능을 부정하는 사람은 아니에요. 하지만 그렇다고 재능이 없으면 하지 말라고 말하고 싶지는 않아요. 하고 싶으면 해 보고 그만두는 것도 자유롭게 했으면 좋겠어요. 저는 재미를 느끼는 것 자체가 가장 큰 재능이라고 생각하거든요. 자기가 하는 일에 대해 재미와 의미를 느낄 수 있다면 그건 정말 커다란 재능이에요. 그걸 스스로 갖췄다고 생각하면 어느 분야든 경험해 봤으면 좋겠어요.

2장

힙합 씬에도 다양한 직업군이 있다

"힙합도 교육이
가능하다고 생각해요"

| 제이에이(JA) |

본명 강준모, 래퍼이자 프로듀서다. 2005년 펜토와 함께 싱글 앨범 《냄새》를 내놓은 이후 다수의 앨범을 발매했으며, 지금은 보컬 이아람과 함께 '자람 프로젝트'로 활동하고 있다. 프로듀서로서 버벌진트, 스윙스 등 수많은 뮤지션의 앨범에 참여했으며 현재는 KAC 한국예술원 뮤직 프로덕션 예술 계열 교수로 재직 중이다.

제이에이를 알게 된 건 2000년대 중반쯤이다. 힙합의 작법인 샘플링을 정확하게 이해하는 동시에 남다른 사운드 퀄리티를 갖추었던 그의 음악을 기억한다. 당시 한국 언더그라운드 힙합 씬에서 제이에이는 확실히 범상치 않은 존재였다. 버벌진트나 스윙스의 많은 노래가 그의 손에서 탄생했다.

언젠가 그가 한국예술원에서 학생들을 가르치기 시작했다는 이야기를 들었다. 일단 어울린다고 생각했다. 다음으론 궁금했다. 그곳에서 힙합과 교육은 어떻게 만나고 있는지, 또 제이에이가 예술가로서의 삶과 교육자로서의 삶을 어떻게 조율하고 있는지 궁금했다. 그는 이 책 작업을 통틀어 가장 먼저 만난 인물이었다.

'날것'의 가사가 나를 힙합으로 이끌었다

인터뷰 전, 자기소개를 부탁했을 때 자신을 힙합 프로듀서이고, 학교에서 선생님이자 교육자로 있다고 설명했어요. 프로듀서와 교육자, 이 두 가지 키워드가 본인을 이야기할 때 가장 중요하다고 생각하는 거죠?

현재로서는 그래요. 처음에는 저 자신을 음악을 만드는 사람으로만 생각했어요. 그런데 누군가를 가르치게 되면서 다른 사람에게 도움을 주는 일에도 흥미가 생겼어요. 그리고 이것도 저의 직업이 되었죠.

힙합은 언제부터 좋아했나요?

아주 어릴 때는 TV에 나오는 대중가요를 좋아했어요. 당시 유행하던 한국 가요를 저도 좋아했죠. 그러다가 1990년대 후반쯤 들어서 랩 음악을 하는 사람들이 서서히 등장했어요. 그런 음악을 찾아 들으면서 기존 한국 가요와 다르다고 느꼈어요. 신선했죠. 음악을 찾아 들을수록 힙합이 어떤 장르인지 궁금해졌어요. 그래서 해외 아티스트도 검색해 보고 음반도 모았어요. 특히 인터넷이 생긴 후에는 힙합에 더욱더 빠져들게 됐죠.

1990년대 후반이라면 제이에이 님이 중고등 학생 시절이겠군요. 당시 어떤 뮤지션을 좋아했나요?

그 당시에 좋아했던 뮤지션으로는 드렁큰타이거도 있었고, 조PD도 있었고, 김진표 씨도 있었죠. 물론 그 전에는 서태지 씨도 있었고요.

:: '프로듀서이자 교육자' 제이에이는 자신의 직업을 이 두 가지로 설명했다. 교육 역시 음악 창작의 연장선이라고 생각하는 그다.

힙합의 어떤 점이 당시 한국 가요와 달랐나요?

랩이 들어간 음악은 비트가 반복적이고 기존 대중가요에 비해서 멜로디가 적었어요. 또 가사가 진솔하고 특유의 공격성이 있었죠. 이런 것이 신선하게 다가왔어요. 감정적으로 동요가 됐죠.

어떤 가사가 진솔하게 느껴졌나요? 더 구체적으로 듣고 싶어요.

그때 가요들은 주로 사랑 얘기를 했어요. 그런데 랩 음악은 그 외의 다른 삶이나 감정에 대해서도 이야기했죠. 공격적인 감정이나 부정적인 내용도 거리낌 없이 드러내는 게 신선해 보였어요.

사람들은 보통 남이 보기에 올바르지 않거나 아름답게 보이지 않는 감정은 감추기 마련인데 랩은 그걸 그대로 드러냈다는 뜻으로 들려요. 이런 랩의 특성에 거부감이 아니라 오히려 매력을 느꼈다는 말인가요?

네. 맞아요.

그건 제이에이 님 본인이 그런 사람이기 때문일까요, 아니면 그런 걸 못 했기 때문에 대리만족을 한 것일까요?

둘 다예요. 일단 제가 좀 그런 사람인 것 같아요. 사실 전 좋은 환경에서 자랐어요. 아주 화목한 집안에서 자랐죠. 그런데 저한테는 선천적으로 감정이 좀 불안하고 내성적인, 소심한 면이 있거든요. 어른이 되면서 점점 나아지긴 했지만 어릴 때는 그랬어요. 제가 감정적으로 어두운 면을 가지고 있기 때문에 힙합에 더 몰입하게 되었던 것 같아요.

학창 시절에는 어떤 학생이었나요?

우등생은 아니었고요. 소심하고 내향적이어서 아무 문제도 안 일으키는 '범생이' 스타일이었어요. 부모님이나 선생님이 시키는 것도 잘했고 정해진 규율도 잘 지켰죠. 어쩌면 그런 학생이었기 때문에 기존 틀에서 벗어난 랩 음악에 더 끌렸을지도 몰라요.

둘 다 섞여 있던 게 아닐까요. 사람을 이분법으로 가를 순 없잖아요. 그럼 학창 시절에는 성적이 아주 뛰어나진 않지만 문제도 일으키지 않는, 조용하고 얌전한 그런 학생이었단 말이죠? 하지만 이어폰에선 힙합이 흘러나오는.

맞아요. 그런 친구였죠.

저도 지금껏 만나 본 아마추어 래퍼들의 가사를 살펴보면 '난 학교에선 '찐따'지만 여기선 내가 '짱'이야' 같은 내용이 많더라고요. 힙합이 마음속에 있는 무언가를 끌어냈다고 해야 할까요? 혹시 학창 시절 학교 교육에 반발심이 컸나요?

그런 건 아니었어요. 다만 한국 교육이 좀 유연해졌으면 하는 생각

은 했죠. 너무 주입식 교육인 데다 규율도 딱딱했으니까. 하지만 한편
으론 또 좋은 경험이었다는 생각도 해요.

그럼 학교에서 배운 것 중에 도움이 되었다고 생각하는 것을 몇 가지 꼽아
본다면 어떤 것이 있을까요?
처음으로 가족이 아닌 집단에 들어가는 거잖아요. 친구들과 어울리
면서 인간관계에 대해서 알게 됐죠. 또 사람에게 꼭 필요한 기본 지식
같은 것을 갖추게 됐고요. 교양, 상식, 역사, 수학 같은 것들 말이에요.

만약 고등학생이 제이에이 님을 찾아와서 "나는 래퍼가 될 거니까 학교 교
육은 필요 없어. 자퇴할 거야"라고 말한다면 어떻게 말해 줄 건가요?
아직 경험해 본 스펙트럼이 너무 좁으니, 좀 더 학교생활을 경험하
면서 음악 활동을 겸하는 게 어떻겠냐고 그 학생에게 권할 것 같아요.

그렇다면 성인이 된 후에는 전업으로 음악을 하는 편이 좋을까요, 아니면
다른 일을 병행하면서 음악을 하는 편이 좋을까요?
물론 음악에 치중하려면 전업을 하는 게 맞는다고 생각해요. 하지
만 요즘에는 다른 일을 하면서도 충분히 잘하는 사람들도 많으니 그
것도 가능하죠.

교육자로서의 활동도 음악 창작의 연장선

제이에이 님은 지금 교육자로도 활동하고 있는데, 현재 본인은 전업 뮤지션

인가요, 아닌가요? 교육자로서의 활동도 음악 창작의 연장선인가요?

연장선이죠. 힙합 혹은 음악과 관련된 일을 가르치고 있는 거니까요. 그리고 가르치면서 거꾸로 학생에게 배우는 점도 있어요. 바로 그런 것들이 제 음악에 도움이 되죠. 저는 그 두 가지가 연결되어 있다고 생각해요.

어렸을 때 꿈은 무엇이었나요?

꿈은 특별히 없었어요. 음악에 빠져들기 전까진 딱히 하고 싶은 일이 없었죠.

지금 돌이켜보면 꿈이 없었던 상태가 '문제'였다고 생각하나요?

물론 꿈이 없는 상태가 좋은 것은 아니죠. 하지만 꿈을 아직 찾지 못했을 때는 꿈이 없을 수도 있는 거예요. 자기를 찾아가는 과정이니까요. 특히 중고등학교 때는 아직 어리기 때문에 꿈이 없는 게 당연할 수 있어요.

저도 공감해요. '꿈은 꼭 가져야 하는 것이다' '항상 되고 싶은 것이 있어야 한다' 같은 말이 저는 폭력적이라고 생각하거든요. 그러면 음악은 고등학교 때 시작한 건가요?

고등학생 때 친구들이랑 같이 시작했어요.

한국은 정답을 하나 정해 놓고 거기서 벗어나면 틀린 것으로 취급하는 경향이 있다. 꿈에 관해서도 마찬가지다. "넌 꿈이 뭐니? 커서 뭐가 되고 싶니?" 어릴 때부터 우리가 가장 많이 들었던 질문이 아닐까. 물론 꿈을 가지는 건 좋다. 그런데 이 질문에 선명하게 대답하지 못하거나, 본인들이 생각하는 **훌륭하고 올바른 꿈**에서 벗어난 대답을 하면 마치 잘못을 하고 있다는 식으로 취급하는 건 분명 문제다. 모두가 자신의 꿈을 어릴 때 명확히 찾을 수 있는 건 아니다. 자기가 하고 싶은 것을 깨닫는 시기는 사람마다 다르다. 나 역시 10대 시절에 꿈이 없었다. 부모님이 공부를 잘하길 원했기에 성적은 좋았지만 내가 정말 하고 싶은 것이 무엇인지는 몰랐다. 대학에 들어가서야 내가 하고 싶은 것을 찾았고 그걸 20년 가까이 하고 있다. 10대 때 꿈을 찾지 못했다고 해서 전혀 조급해할 필요는 없다.

처음에는 취미로 시작했을 테고, 그 후에 '힙합이 나의 직업이다'라고 느낀 순간은 언제였나요?

직업이란 사회적으로, 또 경제적으로 자리를 잡는다는 의미잖아요. 20대 중반, 대학교를 졸업할 때가 되니까 주변 친구들이 취업 준비를 하기 시작했어요. 그즈음 저도 스스로 삶을 꾸려 나가야겠다는 생각을 했고, 그런 마음가짐으로 음악 작업에 임했죠. 그때부터 직업이라고 생각했던 것 같아요.

그렇다면 제이에이 님에게 직업이란 '내가 지금 가장 좋아하는 것'이라기보다는 사회적으로, 또 경제적으로 자리를 잡게 해 주는 일에 더 가깝나요?

두 가지 다 포함돼요. 하지만 자본주의 사회에서 직업이란 반드시 사회적, 경제적으로 자리를 잡게 해 주는 것이어야 하잖아요. 그런데 또 그 일에 애정은 없는데 단순히 돈을 벌려고 한다면 의미가 없는 일이고요. 돈도 벌이야 하시만 농시에 내가 애정과 열정을 쏟을 수 있는 일일 때 진정한 직업이 된다고 생각해요.

하지만 많은 한국인이 본인의 적성이나 흥미와 무관한 일을 직업으로 삼고 있는 것 같아요.

물론 그것도 직업이에요. 하지만 과연 그 삶이 행복한지 생각해 봤을 때 삶의 질 면에서 차이가 조금 있겠죠.

좋아하는 것을 직업으로 삼을 때가 더 행복하다는 말이군요. 혹시 힙합 활동으로 처음 돈을 번 순간을 기억하나요?

몇만 원 받는 정도가 아니라 그래도 좀 목돈을 처음 손에 쥔 건 2006년이었어요. 제가 만든 비트를 모아 온라인에서 CD로 팔았거든요. '힙합플레이야'라는 사이트에서요. 신기하게도 사는 사람이 있더라고요. 나중에는 100장도 넘게 팔리는 데 너무 신기했어요. 정산이 들어 왔을 때 얼떨떨하면서도 너무 기뻤죠. 그때가 처음이었어요.

혹시 얼마였는지 액수도 기억하나요?

정확한 액수는 기억이 나지 않고요. CD가 100여 장 팔렸던 것 같아요.

그 돈으로 무엇을 했나요?

오디오 인터페이스를 샀습니다(웃음).

또 장비에 투자했군요. 제가 원고료로 LP 사는 거랑 비슷하네요. 그럼 학교를 졸업하고 나이를 먹어갈수록 아무래도 경제적으로 더 신경을 쓸 수밖에 없었을 텐데, 이런 고민은 언제 처음 했나요?

음악 시장이 CD 시장에서 음원 시장으로 넘어가는 시기였어요. CD

시장이 축소되고 음원 시장이 확대되는 걸 피부로 느끼니까 굉장히 당황스러웠죠.

음원도 수익이 나지만 CD 판매 수익에 비하면 미미한 수준이니까 그랬던 건가요?

그거죠. 이제 음악으로 내 삶을 영위하지 못하는 것이 아닌가 걱정이 들었어요. 고민을 많이 하긴 했는데 그 상황에서도 내가 할 수 있는 것을 찾다 보니까 또 해결이 되더라고요. 프로듀싱 레슨 같은 학생들을 가르치는 일도 그때 시작했죠.

'학생이 성장'할 때 힙합도 교육이 가능하다고 느낀다

당시에 사람들을 가르쳐야겠다고 먼저 찾아 나선 건가요, 아니면 제의가 들어온 건가요?

그때 같이 음악을 하던 친구들이랑 프로듀싱 레슨을 해 보자고 이야기를 나눴어요. 다른 사람도 많이 하고 있고 그걸 통해 수익도 내면서 보람도 얻을 수 있으니까 한번 해 보자고 했죠.

그런데 인터넷 커뮤니티에서는 뮤지션이 레슨을 하는 것에 관해 부정적인 글이 종종 올라와요. 힙합적으로 멋있지 않다거나 심지어는 '구리다'는 의견도 있고요.

저는 그런 말들을 좋아하시 않아요. 어떤 것이든 그 사람에게 도움이 된다면 교육이 될 수 있다고 생각해요. 세상에는 다양한 직업이 있잖아요. 시간이 흐르면서 계속 새로운 직업이 생겨나고 있고요. 힙합 음악도 예외는 아니에요. 실용음악의 하나로서 힙합과 관련한 학과가 생기고 교육의 체계가 생기는 건 자연스러운 일이에요.

레슨을 시작할 때 고민이나 갈등은 없었나요?

조금 있긴 했어요. 내가 이걸 하면 사람들이 나를 안 좋게 보진 않을까 걱정은 조금 했었죠. 하지만 그보다 '내가 과연 이걸 잘 해낼 수 있을까.' 그게 가장 고민이 됐죠.

어쨌든 지금까지 교육을 계속하고 있잖아요. 중간에 그만두지 않고 지금까지 교육을 하게 만든 원동력이 있다면 무엇일까요?

제가 가르친 학생이 성장하는 모습을 볼 때죠. 제가 분명히 도움을 줬다는 게 증명되는 순간이니까요. 그 과정을 통해서 정당하게 대가를 받는 거고요. 이럴 때 제 역할을 충분히 다 했다고 느껴요. 보람도 느끼고요. 힙합 분야에서도 교육자라는 직업이 충분히 가능하다는 사실을 저는 지금도 경험하고 있어요.

저도 비슷하게 생각해요. 현재 저도 글쓰기 클래스를 운영하고 있는데 어떨 땐 수강생에게 배우기도 하거든요. 그때 얻은 영감을 집필할 때 적용하기도 하구요. 사실 글 쓰는 사람 중에서도 글쓰기를 가르치는 일을 안 좋게 보는 사람도 있을 거예요. 작가라면 자신의 글이나 책으로만 온전히 돈을 벌어야 떳떳하고 또 순수하다고 생각하는 믿음 같은 것 말이죠. 실제로 저는 작문 수업을 운영하지만 그걸 부끄럽게 생각하는 작가도 본 적 있어요. 저로선 이해가 잘 안 가지만요.

:: 과거에 실용음악이나 재즈를 교육하는 것에 거부감을 가졌지만, 오늘날 자연스러워진 것처럼 힙합 교육도 그렇게 되지 않을까?

유연하지 못한 사고 같아요. 어떤 것이든 교육이 될 수 있다고 생각해요. 심지어 요새 유튜브가 잘되니까 유튜버들이 유튜브 잘하는 방법을 책으로 내잖아요. 그것도 일종의 교육이죠. 모든 분야가 다 교육을할 수 있는 거죠.

힙합이니까 특히 더 거부감이 있는 것 같아요. 거리에서 탄생한 힙합 문화가 추구해 온 멋이 교육과 충돌하는 느낌이랄까. 멋이 없다고 생각하는 거죠. 하지만 지금까지는 그랬어도 앞으로는 충분히 변할 수 있고, 또 변해야한다는 게 저의 생각이에요.

그 생각에 저도 동의해요.

그렇다면 상징적으로 말해서, 앞으로 서울대학교 음악대학에 힙합과가 생기는 날이 올까요?

충분히 가능하다고 봐요. 과거에는 클래식 음악 아카데미가 주류였어요. 그때는 실용음악이나 팝을 교육하는 것, 심지어 재즈를 교육하는 것에도 사람들이 거부감을 가졌죠. 그런데 세월이 흐르니까 이제는 팝이나 재즈를 배우고 가르치는 것에 거부감을 갖지 않잖아요. 그리고 지금은 힙합을 교육하는 것에 거부감을 가지고 있는 거고요. 시대가 흐르면서 자연스럽게 변할 거라고 봐요.

맞아요. CD로 음악을 듣던 사람들이 MP3는 진정한 음악이 아니라고 했지만 더 오래전에 LP로 음악을 듣던 과거의 기준으로 보면 CD로 음악을 듣던 사람들도 '가짜'거든요. 모두가 자기 시대를 기준으로 생각하고 판단하니까요. 다시 돌아가서 지금 음악을 가르치고 있는 KAC 한국예술원은 어떤 곳이고 어떻게 해서 일하게 된 건가요?

KAC 한국예술원은 일단 예술학교고요. 음악뿐 아니라 연기, 댄스 등 다양한 예술 분야 교육이 이루어져요. 저는 실용음악 안에서 힙합과 작곡을 가르치고 있어요. 주로 제가 잘할 수 있는 비트메이킹, 그리고 사운드를 만지는 믹싱·마스터링을 가르치죠. 요즘은 힙합이 유행이다 보니까 힙합이 아닌 일반 작곡과 학생들도 힙합에 관심이 많아요.

힙합 분야이기 때문에 발생하는 특수성이 혹시 있을까요? 예컨대, 힙합이기 때문에 커리큘럼이나 교육 방식이 다른 장르와 다르다거나 하는 것이요.

있어요. 힙합은 멜로디나 코드를 중요시하기보다는 사운드 자체를 중요하게 여겨요. 현대 음악의 흐름이기도 한데, 음원을 선택하는 모든 과정을 샘플링이라고 볼 때 그 과정과 조합 자체에 집중하는 면이 강하죠.

그렇다면 이런 생각이 듭니다. 힙합은 기본적으로 음악이지만 동시에 문화이고 또 라이프스타일이기도 한데요. 교육으로 이것들을 온전히 커버할 수 있다고 생각하나요?

모든 걸 커버할 수는 없어요. 그래서 교육을 받는 사람의 자세가 중요하죠. 본인이 직접 느껴야 되고, 즐겨야 되고, 더 깊이 알려고 하는 자세가 필요해요. 심각하게 파고드는 성향이 있어야 돼요. 그런 학생들이 잘하더라고요. 어떤 교육이든 스스로 찾아가는 과정이 중요하죠. 그걸 도와주는 게 선생님이나 선배의 역할이고요. 힙합이기 때문에 교육으로 커버할 수 없는 특수한 부분이 있다고는 생각하지 않아요. 그런 면에서는 힙합도 타 장르와 다를 게 없죠.

지금까지 오랫동안 힙합 프로듀서로서 활동을 하다가 지금은 교육자로도 활동을 하고 있잖아요. 제이에이 님이 보기에 현업 프로듀서로 활동하다가 교육자로 가는 기회가 현재 많이 열려 있다고 보나요?

네. 요즘은 그런 교육 기관이 점점 늘어나고 있고요. 학원도 힙합과 관련한 교육 커리큘럼이 생겨나는 추세예요. 학교도 마찬가지고요. 그게 아니더라도 개인적으로 레슨을 할 수도 있죠. 아티스트가 직접 교육을 한다는 것에 관한 거부감이 점차 줄어들고 있기 때문에 문은 점점 더 열릴 거예요.

한국예술원에는 얼마나 자주 강의를 나가는지, 또 한 번 나가면 몇 시간 정도 수업을 하는지 궁금합니다.

학기마다 또 학생 수에 따라 달라요. 이번 학기는 좀 많이 나가는 편이라 일주일에 나흘 정도 출근하고 있어요. 학생 수가 적으면 일주일에 이틀 정도 강의를 나가고요. 수업은 상황에 따라 다른데 길게 일할 때는 여섯 시간 정도, 짧게 일할 때는 서너 시간 정도예요.

혹시 제이에이 님의 수업을 거쳐 간 학생 중에 지금 힙합 씬에서 활동하고 있는 사람이 있나요?

언급되는 것을 그 친구가 좋아할지 모르겠지만 스쿠비 두(Scooby doo)라는 프로듀서가 있어요. 저스트뮤직의 〈GOAT〉라는 곡을 만든 친구예요. 스쿠비 두는 입학할 때부터 굉장히 잘해서 눈여겨봤죠. 이런 친구들이 몇 명 있어요.

음악을 하고 싶은 사람이 실용음악 학원에 가는 건 이제 자연스러운 일이잖 아요. 랩이나 힙합을 하고 싶은 사람이 한국예술원 같은 곳에 찾아가는 것도 이제 자연스러워졌다고 느끼나요?

아직 자연스럽다고까지 말할 순 없어요. 힙합을 하는데 학교 수업이 뭐가 필요하냐고 생각하는 사람도 많죠. 이건 현실적인 이야기긴 한데, 힙합을 배워도 학점과 학사를 부여받을 수 있다는 점이 일단 부모님을 설득하는 포인트로 작용해요. 또 학생 본인도 힙합도 배우고 학점과 학사도 받을 겸 찾아오기도 하고요. 하지만 완전히 자연스럽다고 말하기는 이르죠.

혹시 한국예술원에 다니는 걸 숨기는 학생도 있나요? 학교에서 힙합을 배우면 멋이 없다는 인식 때문에요.

제가 알기론 그런 학생은 없어요. 그냥 이게 꼭 필요한지 의문을 가지는 정도인 것 같아요.

어떻게 보면 세대가 변했기 때문일 수도 있겠네요. 제 세대의 힙합 팬들은 〈쇼미더머니〉가 처음 나왔을 때 거부감이 심했는데 요즘 어린 세대는 거부감이 훨씬 덜하잖아요. 오히려 〈쇼미더머니〉를 등용문으로 여기고 있고요. 그들에게는 힙합을 배우러 학교에 가는 것도 자연스러운 일이 아닐까 생각이 드네요. 혹시 학부모도 자주 만나세요?

일대일로 면담을 하지는 않아요. 한 번 한 적이 있는데 그건 드문 경우고, 보통 학생을 통해서 학부모님에 관한 이야기를 들어요.

그럼 학부모 면담을 했을 때는 어떤 대화를 주고받았나요?

아무래도 어른 입장에서는 음악을 학교에서 배우는 것 자체가, 그러니까 힙합을 떠나서 음악을 학교에서 배운다는 것에 관해 신뢰도가 낮다는 것을 느꼈어요. 주로 여기서 음악을 배우는 것이 어떻게 도움이 되는지 궁금해하셨어요. 본인 자녀의 실력에 대해서도 물어보시고요. 그분께는 학교를 거쳐 간 학생 중에 잘된 친구의 사례를 말씀드리고, 제가 어떻게 교육을 하는지에 대해서도 설명해 드렸죠.

창작에는 감성이 필요하지만, 삶에는 이성이 필요하다

교육 활동을 병행하면서 아티스트 활동도 놓지 않고 있는데, 굳이 비율로 따지면 어느 정도가 될까요?

학기 중에는 아무래도 음악 활동을 활발하게 못 해요. 하지만 방학 때나 수업이 없는 날엔 온종일 음악 작업을 하는 경우도 많아요. 1년 단위로 따져 보면, 음악 작업의 비중이 더 큰 것 같아요.

언뜻 생각하기엔 교육 활동이 음악 창작에 지장을 줄 것 같거든요. 사람의 시간과 에너지는 한정돼 있으니까요.

시간상으로는 분명 지장이 있어요. 그런데 앞서 이야기했듯이 학생을 가르치는 과정에서 제가 배우는 것도 많아요. 예를 들어 트렌드 같은 거죠. 요즘 학생들이 어떤 음악을 좋아하고, 어떤 랩을 하는지 보면 금방 알 수 있어요. 10대 후반이나 20대 초반 학생들과 직접 대면하면서 바로 파악하는 거죠.

그런 것을 창작 활동을 할 때 당연히 참조한다는 거죠?

네.

사실 저도 의문이거든요. 뮤지션이 교육 활동을 하지 않는다고 해서 24시간 음악만 하는 건 아니잖아요. 하지만 사람들은 제삼자에 관해서는 보통 그런 식으로 단순하게 생각하죠.

맞아요. 특히 음악 쪽은 더 그런 것 같아요.

다시 돌아가서, 현재 프리랜서로 활동하고 있잖아요. 프리랜서의 삶에 관해 특별히 유념하거나 주의해야 할 것에는 어떤 점이 있을까요?

자기 관리가 제일 중요하죠. 직장에 다니면 자유를 어느 정도 박탈당하는 대신 나태해지지 않잖아요. 하지만 프리랜서의 삶은 예술가 대부분이 그렇듯 스스로 시간 관리를 해야 하죠. 게을러지지 않게요. 그게 정말 어렵다고 생각해요. 자기 관리를 잘 못하는 사람이 많거든요.

자기 관리의 노하우가 있을까요?

할 일 리스트를 만들 수도 있고요. 다른 사람이랑 함께 작업하는 경우에는 애초에 기한을 정해 놓는 것도 도움이 되죠. 방법은 많아요.

보통 래퍼가 되고 싶다고 하면 일단 랩을 잘해야 하잖아요. 그런데 랩을 잘하는 것과 래퍼로 사는 것은 다르지 않을까요?

그렇죠. 저는 지금까지 랩을 잘하고 능력이 있음에도 잘되지 못한 사람을 숱하게 봐 왔어요. 재능은 있지만 나태하거나 자기 관리가 안되는 사람들이요. 술을 너무 좋아해서 자기 일을 못 하는 경우도 많이 봤죠. 아주 먼 계획까지 짤 필요는 없지만, 오늘 하루를 어떻게 보낼 것인지를 정하고, 단기적으로라도 앨범 발매를 계획하고, 이런 식으로 하나씩 나아가다 보면 분명히 성과가 있거든요. 하지만 생각보다 사람들이 이런 부분을 잘 못해요. 일종의 이성적인 판단이랄까.

뮤지션에게 이성적인 판단은 어떨 때 필요할까요? 사실 사람들은 예술가에게는 감성이 아주 중요하다고 생각하고 때로는 그게 전부라고 보잖아요. 물론 창작하는 순간에는 감성이 중요하지만, 삶을 살 때는 이성과 합리를 동

시에 갖춰야 된다는 얘기인가요?

저는 그렇게 생각해요. 또 스스로도 그렇게 하려고 노력하고 있고요.

교육자로서 앞으로 이루고 싶은 목표가 있나요?

아직 명확하게 계획을 세운 건 아니지만 특정 음악 창작 프로그램을 사용하는 방법이라든지, 비트메이킹이나 믹싱 노하우에 대한 책을 한번 내고 싶은 마음이 있어요. 책은 기록에 남잖아요. 잘 팔리든 안 팔리든 만족감이 들 것 같아요. 언젠간 한번 해 보고 싶어요.

얼마 전까지 라디오 디제이를 했던 것으로 알아요.

마포FM이라는 지역방송에서 힙합을 주제로 했던 방송이에요. 주로 아티스트를 초대해서 이야기를 듣고 대화하는 방식이었죠. 1년 반 정도 했는데 그걸 통해서 저도 많은 걸 얻었어요. 원래 저는 공개적인 자리에서 말하는 걸 되게 부담스러워하는 사람이었는데 이 경험을 통해 그것을 많이 극복했죠. 말을 예전보다 조리 있게 할 수 있는 능력도 생겼고요. 여러모로 얻은 게 많은 경험이었어요.

초대한 아티스트와의 대화가 음악 창작에도 도움이 되었나요?

네. 곡의 비하인드 스토리나 아티스트의 삶에 대해 이야기를 들으면서 느끼는 게 많았어요. 큰 도움이 됐죠.

음악 창작 활동, 교육자 활동, 라디오 디제이 활동까지, 모두 힙합과 관련한 일을 하며 살고 있다고 생각하나요?

그렇죠.

지치지 않는 '멘털'이 중요하다

만약 누군가 찾아와서 힙합 프로듀서가 되고 싶다고 한다면 어떤 말을 해줄지 궁금합니다. 이 일을 권장할 건가요?

그 사람이 어떤 성향을 가졌는지, 어떤 재능을 가졌는지에 따라 다르죠. 예술은 확실히 깊숙하게 파고드는 성향을 가진 사람이 잘한다고 봐요. 연구를 깊게 하는 사람이 실력도 늘더라고요. 좋아하는 것을 계속 듣고, 탐구하고, 만들어 보기 위해선 지치지 않는 '멘털'이 필요한데, 그건 노력으로 어느 정도 할 수는 있지만 타고난 성향이 가장 중요해요. 그런 성향의 사람인지 좀 봐야 할 것 같아요.

힙합 프로듀서는 말 그대로 힙합 음악을 만드는 사람이다. 래퍼가 자기 목소리로 랩을 뱉는 사람이라면 프로듀서는 그 래퍼가 뛰어놀 수 있는 '인스트루멘털(instrumental)'을 만드는 사람이다. 아주 간단히 말하면 힙합 프로듀서는 힙합 음악에서 사람의 목소리를 제외한 모든 것을 만든다. 흔히 힙합 음악은 랩과 비트로 이루어져 있다고 말한다. 그 때문에 힙합 씬에서는 프로듀서를 비트메이커라고 부르기도 한다. 제이에이, 더콰이엇, 코드쿤스트, 프라이머리, 그루비룸은 모두 힙합 프로듀서다. 제이에이와 디과이잇은 래퍼도 검하고 있지만.

힙합 프로듀서가 되고 싶어 하는 사람인데, 겪어 보니 다른 쪽에 더 어울릴 것 같다고 느낀 경우가 혹시 있나요?

오! 그런 경우가 있었어요. 한곳에 집중은 못 하는데 성격은 쾌활하고 사람과의 유대관계가 좋은 친구가 있었어요. 그 사람을 보고 음악 창작보다는 A&R 매니지먼트를 하는 게 더 좋겠다고 생각했죠. 물론 직접 권유는 하지 못했어요. 그저 속으로 떠올리기만 했죠.

지금까지 음악 활동을 해 오면서 부모님과 갈등은 없었나요?

갈등보다는 걱정을 많이 하셨어요. 걱정의 이유는 뻔하죠. 현실적인 부분에 관한 거였어요. 그걸 해소하기 위해서 부모님이 납득할 수 있는 가시적인 성과를 내야 한다고 생각했죠.

신문에 인터뷰가 실린다던가 하는 것들이요?

그렇죠. 음반을 내서 손에 쥐여 드린다든지 하는 것들이요. 그런 성과를 보여 드리는 게 중요해요. 물론 누군가는 그렇게까지 해야 하나 생각할 수도 있어요. 하지만 삶에서 가족과의 좋은 관계만큼 중요한 것도 없잖아요. 그것을 고려하면 매우 중대한 문제죠.

일종의 균형 감각이네요. 지금 음악을 하고 싶어 하는 청소년 중에는 부모님과 관계가 안 좋거나 가족과의 불화를 예술가가 되기 위해 치러야 할 비용처럼 생각하는 사람도 있을 것 같은데요. 이런 사람들에게 해 주고 싶은 말이 있다면요?

음악은…… 음악 자체가 삶이라기보다는 삶 속에 음악이 있는 거예요. 방금 얘기한 그 균형 감각을 잘 발휘해서 삶 속에서 음악을 이룰

:: 제이에이는 힙합 프로듀서가 되기 위해 필요한 역량으로 깊숙하게 파고드는 성향과 지치지 않는 '멘털'을 꼽았다.

수 있도록 그런 환경을 만들어 가면 좋겠어요.

이력서나 서류에 있는 직업란에는 뭐라고 쓰고 있나요?

작곡가, 힙합 프로듀서 혹은 학교 교수라고 써요.

굳이 힙합을 내세우지 않는군요.

비트메이커라고 쓰면 사람들이 생소해할 수 있거든요. 힙합에서만 주로 통용되는 표현이니까요. 힙합 작곡가 혹은 작곡가, 프로듀서라고 하면 사람들이 이해하기 편하니까 그런 식으로 쓰죠. 이렇게 쓰는 것에 대해 저는 거부감이 없어요.

이것도 일종의 균형 감각일 수 있겠네요. 제이에이 님은 물론 랩도 하지만 프로듀서에 더 방점이 찍혀 있잖아요. 그런데 사람들은 래퍼만을 주인공으로 생각하는 경향이 있어요. 이런 부분에 대해 고민은 없었나요?

물론 있었죠. 20대 때까지만 해도 제가 주인공이 못 되는 것에 대한 아쉬움이 너무 컸어요. 왜 프로듀서는 주인공이 될 수 없을까? 고민을 많이 했죠. 하지만 지금은 프로듀서가 오히려 더 좋아요. 앞에 나서야 하는 직업은 스포트라이트도 많이 받지만 리스크도 그만큼 크잖아요.

예를 들어 무대에 오르는 사람은 음악 외에도 퍼포먼스나 외모 등에 신경을 써야 하는데 나이가 들면 매력을 잃을 수도 있는 거고, 또 유명해지면 작은 실수 하나로도 공격을 받을 수 있고요. 그런 경우를 많이 보다 보니 이제는 지금의 제 위치가 더 편하고 좋아요.

힙합과 관련한 일을 하면서 사회나 주변 사람에게 궁극적으로 전하고 싶은 메시지가 있나요?

상투적인 표현일 수 있지만 힙합은 자유라고 생각해요. 자유로움, 자유로운 사고방식, 그리고 틀을 깨는 발상, 끊임없는 창작. 이것이 힙합의 문화고 정신이고 음악이라고 생각하기 때문에 이런 것을 유지하면서 모든 것에 임했으면 좋겠어요. 저도 항상 틀에 얽매이지 않으려고 노력 중이에요. 한마디로 꼰대가 되지 않으려고 애쓰고 있죠. 힙합을 통해서 지금껏 배운 것이 많아요.

미국 래퍼들의 노래를 들어 보면 "힙합이 날 살렸어"라는 이야기를 하잖아요. 어떻게 보면 종교적인 느낌까지 들 정도죠. 스스로 생각하기에 힙합이 제이에이 님의 삶을 바꿨다고 말할 수 있나요?

사실 깊게 생각해 본 적은 없어요. 그런데 그 질문을 받으니까 동의하게 되네요. 힙합 문화를 통해 그동안 배운 게 많아요. 일단 유년 시절, 감정이 불안할 때 무언가에 몰입할 수 있게 해 준 게 힙합이었어요. 또 힙합 문화를 통해서 알게 된 유연한 자세, 자유로운 모습들이 제 삶에 큰 영향을 미쳤죠.

마지막으로 이 책을 읽는 사람들에게 당부 한마디를 부탁드려요.

어떤 선택을 하든 좋은 결과가 있었으면 좋겠어요. 그리고 선택을 할 때는 자기가 그만한 역량을 가지고 있는지, 또 그 길과 잘 맞는 성향을 가지고 있는지에 대해 깊게 고민해 볼 필요가 있어요.

열정, 의지와 별개로 역량과 성향이 중요하다는 이야기죠? 정말 마지막 질문입니다. 지금 하는 일을 마흔, 쉰, 예순 살이 되어서도 할 수 있다고 생각하세요?

네. 할 수 있다고 생각해요. 그리고 하고 싶어요.

"자리를 지키는 것만큼
중요한 게 없죠"

| 뉴올(Nuol) |

본명 최성범. 래퍼, 프로듀서, 기획자이자 제작자다. 2006년 쿤타와 함께 '쿤타 앤 뉴올리언스', 2010년에는 래퍼 마이노스와 '마이노스 인 뉴올'이라는 프로젝트 그룹을 결성해 활동했다. 2007년 제4회 한국대중음악상 최우수 힙합 싱글 부문을 수상했다. 프리스타일 랩 영상 콘텐츠 〈마이크 스웨거〉를 시즌 5까지 기획 및 제작했다.

　　뉴올을 알게 된 건 그의 이름이 '뉴올리언스'였던 시절이었다. 그때 그는 기획자가 아니라 프로듀서였고, 힙합 비트메이커였다. 〈쇼미더머니〉가 아직 세상에 나오지 않았던 때, 뉴올리언스가 한국 힙합을 통틀어 가장 많은 작품을 쏟아 내던 시절을 기억한다. 그는 힙합을 잘 이해하는 동시에 누구보다 많은 결과물을 낸 프로듀서였다.

　　그런데 언젠가부터 뉴올이라는 이름 앞에 '기획자'라는 수식어가 붙기 시작했다. 그는 한국판 〈랩 시티(Rap City)〉[2]라고 할 수 있는 〈마이크 스웨거(Mic Swagger)〉를 론칭하고 성공시켰다. 그리고 〈마이크 스

------

2 미국의 흑인음악 방송채널인 BET(Black Entertainment Television)에서 1989년부터 2008년까지 방영되었던 프리스타일 랩 쇼 프로그램이다.

웨거〉는 오늘날에도 여전히 한국 힙합 콘텐츠 중 가장 많은 관심을 받는 시리즈로 우리 곁에 있다. 힙합 음악을 만드는 프로듀서이자 힙합 콘텐츠를 만드는 기획자. 그를 이 책에 초대하는 데 망설일 이유 따윈 없었다.

선생님 '디스곡' 수익으로 돈가스를 사 먹던 학생

안녕하세요. 자기소개를 부탁드립니다.

고등학교 1학년 때 음악을 하기로 결심을 한 이후 2006년도에 데뷔를 해서, 지금까지 레게와 힙합 음악을 만들고 있는, 여러분이 알고 있는 〈마이크 스웨거〉 기획자이자 제작자이면서 간혹 앨범을 내고 있는 뉴올이라고 합니다.

한 번에 다양하고도 정확하게 말해 주는군요. 힙합을 언제부터 좋아했나요?

중학교 2학년 때 친구들이랑 데모테이프를 만들었어요. 처음엔 노래를 불렀는데 못 들어주겠는 거예요. 그런데 랩을 해 보니까 들을 만해서 랩을 시작하게 됐죠. 당시에 스눕 독(Snoop Dogg)이나 닥터 드레(Dr. Dre), 투팍 등의 앨범을 찾아 들었어요. 록보다는 검은 느낌 나는 음악이 저에겐 매력적이었죠. 록은 뭐랄까. 헤어스타일도 그렇고, 딱 달라붙는 바지도 그렇고, 마구 소리 지르는 것도 그렇고, 제가 보기엔 뭔가 '투머치'한 느낌이었거든요. 하지만 뉴스나 슐리느는 성갈하면서 '나이스'한 느낌이었죠.

:: 2006년 활동을 시작한 뉴올은 래퍼로, 프로듀
서로, 그리고 힙합 콘텐츠 기획자 및 제작자로 활발
하게 활동 중이다.

학창 시절에는 어떤 학생이었는지 궁금합니다.

저는 뒤쪽에 앉아서 약간 무게 잡는 학생이었어요. 고등학교 때는
담임을 디스(dis)하는 노래를 만들어서 공연하고 돈가스를 먹을 수 있
을 정도의 이윤을 남기는 학생이었죠. 그때부터 기획자 자질이 있었던
것 같아요.

그 시절 꿈은 무엇이었나요?

그냥 막연하게 음악을 하고 싶었어요. 초등학교 때는 축구 선수가
꿈이었고, 중학교 때는 만화를 그리다가 고등학교 때부터 본격적으로
음악을 좋아하게 됐어요. 눈에 보이지 않는다는 점이 상당히 매력적이
었죠.

음악이 눈에 보이지 않기 때문에 매력적이었다고요?

모나리자 그림은 눈으로 보고 바로 예술인지 알 수 있잖아요. 그런데 음악은 사진을 찍어도 알 수가 없어요. 그 점이 엄청난 매력으로 다가왔죠.

그 당시 학교 교육에 반항하거나 학교 교육은 필요 없다고 생각하는 학생이었나요?

그렇죠. 상당히 힘들었어요. 강압적인 분위기인 데다 대학 입시를 준비하지 않으면 이단아 취급을 받았거든요. 그런데 저는 그때 직감적으로 알았어요. 없는 살림에 부모님께 등록금 받아서 적당한 대학교를 가도 그게 내 인생에 대한 좋은 투자가 아니라는 사실을요. 그 당시에는 실용음악과도 재즈와 록에 편향돼 있었어요. 학교 교육에 제가 원하는 게 전혀 없었죠.

힙합 혹은 음악을 업으로 선택하는 과정에서 부모님과 갈등은 없었나요?

저희 집 형편은 넉넉하지 못했어요. 모든 장비는 스스로 아르바이트를 해서 샀죠. 신문 배달도 했고요. 집에서 지원도 없었지만 간섭도 없었죠. 부모님은 가끔 "위험한 행동은 하지 마라. 주말엔 어떻게 지내는지 연락은 해라" 정도로만 말씀하셨죠. 큰 갈등은 없었어요.

먼저 자신의 삶부터 안정시켜야 한다

프로듀서로서 한국 힙합 씬에서 오랫동안 활동해 왔잖아요. 처음부터 돈을 받고 비트를 팔았나요? 아니면 처음에는 '품앗이' 식으로 했나요?

음악은 정찰제가 아니잖아요. 정부에서 규정하는 것도 없고 음악 협회에서 비트는 이 정도 값을 받고 팔라고 정해 주는 것도 아니고요. 시장경제 논리에 의해서 결정되는데 그게 순댓국 한 사발이 될 수도 있고 10만 원이 될 수도 있고 300만 원이 될 수도 있는 거죠.

그런데 저에게는 크게 두 가지 기준이 있어요. 첫 번째는 돈이 안 되더라도 아주 재미있는 작업이면 저는 합니다. 그리고 두 번째는 재미가 없는 작업이면 돈이 되어야 합니다. 돈도 안 되면서 재미없는 작업을 지양해요. 지금도 그런 작업은 피하고 있죠. 예를 들어 어떤 래퍼랑 작업을 하는데 재미있으면 그냥 하고요. 그 친구가 소속사가 있고 곡 비용을 지불할 수 있다면 당연히 돈을 받아요. 그런데 랩도 못하고 작품으로서 흥미도 없고 돈도 못 받는 작업이면 하지 않는 거죠.

그렇다면 지금까지 10년 넘게 프로듀서로서 활동을 이어 온 건 보수가 꾸준히 나아졌기 때문인가요?

꼭 그렇진 않아요. 엄밀히 말하면 힙합으로 버는 돈만으로는 생활할 수가 없었죠. 사실 제가 광고 프로덕션을 하나 가지고 있거든요. 광고를 제작하면서 쌓은 광고 음악을 만드는 노하우와 시스템을 콘텐츠와 결합시킨 덕분에 〈마이크 스웨거〉도 탄생하게 된 거예요. 이런 활동을 겸한 결과로 제가 지금 이렇게 생활할 수 있는 거죠.

음악 활동과 광고 프로덕션 일을 병행하는 게 쉽지만은 않았을 것 같아요. 그 과정에서 겪은 어려움이나 둘 사이의 균형을 지키는 노하우가 있는지 궁금합니다.

광고 음악은 우연한 기회에 제안을 받고 만들게 됐어요. 그 작업이 꽤 재미있었죠. 광고 음악의 기본은 뭔가를 사고 싶게끔 만드는 거예요. 자본주의 시장에 가장 합리적인 음악이죠. 광고로 돈을 벌고 그 돈을 그 광고를 위해 일한 스태프들이 모두 가져가니까요. 그걸 보면서 저는 한국 힙합 씬에도 그런 구조가 필요하다고 생각했어요. 그래서 〈마이크 스웨거〉도 만들게 된 거고요. 처음에 제가 〈마이크 스웨거〉에 투자한 돈은 50만 원이에요. 2009년이었죠. 그때 광고 일을 하는 형한테 영상을 좀 찍어 달라고 부탁했고, 그렇게 품앗이 형태로 시작했어요.

저는 나름의 자부심이 있어요. 물론 허클베리피나 저스디스, 염따는 혼자서도 잘되었을 친구들이지만 〈마이크 스웨거〉도 일조했다고 생각하거든요. 결과적으로 저의 이익을 위해서도, 또 한국 힙합 씬의 이익을 위해서도 잘되었어요. 광고 음악을 통해 배운 형태를 저의 방식으로 한국 힙합에 접목한 결과였죠.

결과가 좋긴 했지만, 음악가니까 음악만 하며 살고 싶다고 생각해 본 적은 없었나요?

당연히 저도 처음에는 음악만 하면서 살고 싶었죠. 누가 콘서트를 준비할 때 자기 포스터를 붙이러 다니고 싶겠어요. 누구나 같은 마음이죠. 그런데 세상은 그렇게 단순하지도 않고 세상이 저를 그렇게 배려해 주지도 않아요. 빈지노, 도끼, 더콰이엇 같은 자수성가한 친구들이라고 처음부터 음악만 만들었던 건 아니잖아요.

저는 제 예술 작품이 반드시 비트의 형태를 통해서만 세상에 드러나는 것이 아니라 지금 느끼고 있는 이 감정, 또 김봉현 씨의 질문에 제가 내놓는 답변을 통해서도 드러난다고 생각해요. 제가 음악을 좋아하게 된 이유는 감동이에요. 지금 이렇게 말하고 있는 것도 음악을 통해 느꼈던 감동을 누군가에게 주고 싶어서고, 누군가가 제 말을 통해 영감을 얻는다면 그것도 의미가 있는 거죠.

음악만 하는 게 베스트지만 세상은 냉정하니까 주어진 환경을 받아들이고 그 속에서 최선을 찾는다는 뜻으로 들리네요.

어떤 책에 이런 얘기가 있더라고요. "공자도 궁지에 몰리면 독 장사를 한다." 생계는 신성한 것이라는 말이죠. 신문 배달을 하든 길에서 청소를 하든 그게 생계를 위한 거라면 신성한 거고, 멋지고, 칭찬받을 만한 일이에요.

랩으로만 온전히 먹고살지 못해도 실패라 생각할 필요는 없다고 해석해도 될까요?

저도 처음에는 음악만으로 내 인생을 모두 책임지는 삶을 계획했었는데 세상이 그렇게 단순하지 않더라고요. 그렇기 때문에 균형감 있게 생각하는 게 중요해요. 일례로 제가 3년 전에 공격적으로 앨범을 냈던 적이 있어요. 가장 비싼 스튜디오에서 음반 작업을 하고 사비를 털어서 뮤직비디오를 찍었죠. 그런데 저에게는 가족이 있으니까 한 달에 300만 원은 벌어야 생활이 되는데 정신을 차려 보니 한 달에 300만 원을 벌기는커녕 300만 원을 쓰고 있는 거예요. 그렇게 1년이 지나면 −3600만 원이 되는 거고, 또 3600만 원의 빚을 떠안게 되는 거죠.

실제로 그런 상황에 놓였을 때 친형이 저에게 이렇게 말했어요. "너의 수입을 안정시킨 후에 음악을 하면 좀 더 창의적인 것이 나오지 않겠니?" 맞는 말이긴 한데 그 말을 듣자마자 화가 나더라고요. 그래서 형한테 마구 뭐라고 했죠. "형이 예술을 알아? 음악을 알아?" 그때 저는 제 인생을 걸고 카드 '돌려 막기'를 하고 있었어요. 오늘이 마지막인 것처럼 연습하고 앨범을 만들었는데 결국 1년 후에 돌아오는 건 카드의 빚더미였죠. 그래서 형한테 돈 빌리러 갔어요. 형이 저한테 돈을 빌려주면서 제 카드를 다 가위로 잘라 버렸죠. 지금도 형한테 돈을 갚고 있어요. 돌이켜보니 형 말이 맞더라고요.

물론 예술이란 게 어려운 상황에서 잘 나오는 경향도 있고 전쟁통에 좋은 소설이 나오기도 하지만 예술에 집중하기 위해서는 내 삶을 안정시키는 것도 결코 경시해서는 안 된다는 교훈을 깨달았어요. 힙합을 하고 싶어 하는 어린 친구들이 이런 부분도 참고했으면 좋겠어요.

뉴올 님에게 직업이란 무엇인가요?

직업은 내 재능이에요. 재능이 사실 직업이죠. 우리나라 교육은 애들이 모두 다른데 그걸 똑같이 재단해 버리잖아요. 그래서 모두가 불행한 삶을 사는 것 같아요. 만약 저도 교육받은 대로 따라 갔다면 지금보다 명예롭지도 못하고 지금보다 돈을 많이 벌지도 못했을 거예요.

남들이 그렇게 살아도 되겠냐고 물었을 때, 심지어 저를 낳은 엄마조차도 "네가 예술가 기질이 있어? 너 재능이 있어?"라고 물었을 때 전 이렇게 대답했어요. "나쁘지 않은 것 같아. 그리고 너무 재미있어. 밤새 시험공부도 해 봤지만 비트를 만들다가 아침 6시를 맞이하는 것과 수학 문제를 풀고 영어 단어를 외우다가 맞이하는 것은 기분 자체가 너무 달라. 어떤 길이든 힘든 건 똑같겠지만 음악이라면 참아 내며 할 수 있을 것 같아." 이 생각으로 여기까지 온 거예요. 그리고 그 결정이 옳았다고 믿고요. 모든 사람이 자기가 좋아하고 잘한다고 생각하는 것을 직업으로 삼았으면 좋겠어요. 그 사람의 재능이 그 사람의 직업이 되었으면 해요.

프로듀서에게 필요한 건 '시대를 보는 안목'과 '기본적인 상식'

그렇다면 프로듀서가 되기 위해 필요한 자질에는 뭐가 있을까요?

프로듀서는 다양한 자질이 필요한 직업이에요. 축구로 보면 감독이고 청와대로 치면 대통령이니까요. 잘돼도 프로듀서가 잘한 거고 못 되면 프로듀서가 못한 것이 되죠. 단순히 곡을 잘 만들고 스태프를 잘 섭외하는 것을 넘어서서 기본적인 상식도 갖춰야 하고, 사람 기분도 잘 맞춰야 하고, 일정도 잘 짜야 해요. 또 시대를 보는 안목도 필요하죠. 실제로 저는 레슨생에게 이렇게 이야기한 적도 있어요.

"자, 녹음실에 래퍼가 왔어. 프로듀서가 뭘 할 수 있을까? 일단 그 래퍼 인스타그램에 들어가서 좋아하는 메뉴를 확인한 다음 그걸 중간에 한번 시켜 주는 거야. 그러면 더 좋은 벌스가 나올 수 있어. 프로듀서는 거기까지도 봐야 해."

시대를 보는 안목이란 무엇일까요? 조금 더 구체적인 설명을 부탁드려요.

어떤 프로듀서는 앨범을 만들 때 판매량에만 집중해서 차트인을 노려요. 또 다른 프로듀서는 현재 세계적인 흐름이 이러이러하기 때문에 우리나라에는 이런 메시지가 이 타이밍에 필요하다고 생각하고 그것을 반영해 작품을 만들죠. 이런 경우 후자의 결과가 더 좋을 수도 있다는 뜻이에요.

아까 상식을 갖춰야 한다고도 했잖아요. 자세하게 어떤 것을 이야기하는 건가요?

말 그대로 상식이죠. 상식이 없는 사람이 너무 많으니까요. 예절을 갖추지 않은 사람도 너무 많고요. '어깨 뽕'만 들어간 프로듀서도 너무 많고, 입금 날짜를 지키지 않는 사람도 있고요. 아니면 어떤 비트를 사기로 약속해 놓고 앨범에 넣지 않는 경우도 있죠. 인간의 기본적인 도덕성을 말하는 거예요.

프로듀서는 예술가지만 동시에 생활인이고 사회인이기 때문에 그런 것을 갖춰야 한다는 뜻인가요?

그렇죠. 비즈니스는 비즈니스니까요. 미국에서 엔지니어 공부를 하는 친구와 얘기해 보니까 그곳에서는 부전공으로 반드시 세금을 공부해야 한다고 하더라고요. 그게 필수 과목이래요. 선진국이라고 느꼈어요. 우리나라에도 필요한 교육이죠.

프로듀싱, 그러니까 음악 만드는 법을 배우려면 어디로 가야 하나요? 물론 힙합 음악이요.

유튜브죠.

진심으로 그렇게 생각하는 건가요?

유튜브는 비행기값을 내지 않아도 바로 그곳으로 갈 수 있게 해 주니까 최고의 창구죠. 물론 주변에 훌륭한 선배나 뮤지션이 있다면 베스트겠지만 그게 불가능하다면 유튜브를 통해서 누구든 배울 수 있어요. 배우는 사람이 준비가 되어 있다면 유튜브를 통해서도 얼마든지 성장할 수 있다고 생각해요. 저도 그런 영상을 이미 많이 찍어서 유튜브에 올려놨고요. 숨기는 거 없이 모든 것을 업로드해 놓았죠.

왜 숨기지 않고 모든 걸 다 올려놓았는지 궁금하네요.

한국에는 그런 문화가 좀 있는 것 같아요. 내가 개발한 이 기술을 공짜로 풀면 안 좋은 게 아닌가, 결국 그게 나한테 화살이 돼서 부메랑처럼 돌아오지 않을까 하는 생각이 저변에 깔려 있어요. 그런데 테슬라 CEO 일론 머스크는 자기가 만든 기술을 저작권 등록을 하지 않고 바로 홈페이지에 올려 버리잖아요. 저 또한 그런 방식이 한국 힙합 씬에 기여하는 거라고 보거든요. 시장을 더욱더 커지게 만드는 방법이라고 생각해요.

힙합의 믹스테이프 문화가 떠올라요. 힙합 씬에는 다른 래퍼가 자기 비트 위에 랩을 해서 팔아도 용인해 주는 관행이 있잖아요. 그게 힙합의 파이를 키운 것도 사실이고요.

맞아요. 몇 마디 덧붙이자면 유튜브를 통해서 자기가 어느 정도 수준에 올라왔다고 느끼면 사운드클라우드 같은 온라인 음악 유통 플랫폼이나 오프라인에서 다른 사람들과 협업해 보는 게 좋아요. 단계적으로 실행하는 거죠. 그런 작업을 통해서 자신의 결과물을 알릴 수 있고 또 꿈에 그리던 아티스트와 작업을 할 수 있을지도 모르니까요. 하지만 프로듀싱을 시작하는 입장에서 어느 정도 수준까지 도달하는 데 필요한 기본적인 정보는 이미 유튜브에 넘친다고 봐요.

기획자란 '창의적인 에너지'를 현실로 옮기는 직업

이제 프로듀서로서가 아니라 기획자 뉴올에 대해 이야기해 볼게요. 〈마이크 스웨거〉를 기획한 계기가 있나요? 일단 저는 미국의 〈랩 시티〉가 떠오르긴 했어요.

맞아요. 〈랩 시티〉를 보고 시작하게 된 거예요. 당시에 술제이가 저희 작업실에서 살았는데 하루는 그 친구가 삼성역으로 모자를 팔러 나간다고 하더라고요. 아르바이트하는 것보다 이게 좀 더 남는 것 같다고 하면서요. 그 모습을 보고 이런 생각이 들었어요. '프리스타일 랩을 이렇게 잘하는 애가 왜 모자를 팔고 있어야 하지?' 그 현실이 너무 아이러니한 거예요. 그때 저는 광고 회사에 다니고 있었는데 회사와 논의해서 〈마이크 스웨거〉를 기획하게 됐어요. 같이하자는 얘기에 술제이도 흔쾌히 좋다고 했고요.

〈마이크 스웨거〉가 가진 매력이 무엇이라고 생각하세요?

날것입니다. 즉흥 랩이요. 지금 영상이 예전과 달라진 게 있다면 카메라 화질밖에 없어요. 사실상 우리 제작진은 하는 게 없어요. 물론 세트도 고민하고 이것저것 준비하긴 하지만 결국 콘텐츠를 만들어 내는 건 래퍼예요. 그것을 지켜보다 보면 살얼음판을 걷는 기분이 들 때가 있어요. 그래서 출연한 래퍼의 랩을 들을 때 이게 미리 써 온 건지, 순간적으로 생각해 낸 건지, 혹은 그 중간 어디쯤에 있는 건지 가늠해 보곤 하죠.

〈마이크 스웨거〉 시즌 2 마지막 편에 도끼가 나왔는데 그때 도끼가 〈무한도전〉 촬영을 하고 곧바로 온 참이었거든요. 그런데 걔가 그러더

:: 뉴올은 기량은 뛰어나지만, 아직 빛을 보지 못한 아티스트들을 위해 〈마이크 스웨거〉를 제작했다.

라고요. "형, 이거 〈무한도전〉보다 더 떨려요." 〈마이크 스웨거〉에는 리얼리티가 없는 래퍼는 나올 수 없어요. 스스로 살아온 스토리와 골방에서 만들어 낸 내공이 없다면 그 중압감을 견디지 못해요. 현장의 긴장감이 대단하죠. 저도 촬영을 하고 나면 진이 쫙쫙 빠져요.. 그게 〈마이크 스웨거〉의 가장 큰 매력이 아닐까 해요.

프리스타일 랩은 말 그대로 즉흥적으로, 자유롭게 구사하는 랩의 방식이다. 외워 놓은 가사로 랩을 하는 것도 아니고 종이에 쓴 가사를 보고 읽으면서 랩을 하는 것도 아니다. 대신에 두 발을 딛고 서서, 있는 자리에서 바로 생각나는 것을 즉흥적이고 자유롭게 뱉어 내는 행위가 프리스타일 랩이다. 그렇기 때문에 프리스타일 랩을 할 때 가장 크게 요구되는 것은 순발력과 창의력이다. 그리고 이런 관점으로 보면 프리스타일 랩이야말로 랩의 예술성을 최전선에서 증명하는 방식일지 모른다. 리듬, 라임, 메시지 등 랩이 갖춰야 할 것을 모두 챙기면서 즉흥적으로 랩을 뱉어야 하기 때문이다. 즉, 프리스타일 랩은 랩을 뱉는 행위가 결코 쉽지 않은 고도의 예술임을 드러낸다. 〈마이크 스웨거〉는 지난 10년 동안 프리스타일 랩의 매력과 쾌감을 한국에 알린 대표적인 콘텐츠다. 아직도 래퍼들을 만만하게 보는 이가 있다면 〈마이크 스웨거〉를 보고 생각을 고칠 필요가 있다.

〈마이크 스웨거〉는 점점 규모가 커지고 있나요?

자본적으로는 당연히 사이즈가 커졌죠. 초기에 출연한 래퍼들이 지금은 레이블의 사장이 되어 있기도 하고요. 그런 만큼 예전처럼 품앗이하는 방식으로 진행할 수 없기에 지금은 계약서도 작성하고 출연료도 지급하고 있어요.

투자를 받을 때는 투자자에게 어떤 부분을 어필하나요?

"우리는 이렇게 멋진 문화를 만드는 사람들이에요. 함께하지 않으실래요? 당신의 돈이 아주 멋지게 사용될 거예요. 그리고 분명 이미지에도 도움이 될 거예요"라는 내용을 담은 제안서를 만들어서 기업에 돌립니다.

기본적으로 힙합 프로듀서면서 기획자로도 활동하게 된 것은 자연스러운 과정이었나요? "나 오늘부터 기획자 해야지" 하면서 시작하진 않았을 듯해요

그때그때 하고 싶은 걸 하는 거예요. 앨범을 내고 싶을 때가 있기도 하고 〈마이크 스웨거〉를 하고 싶은 순간이 있기도 하죠. 〈마이크 스웨거〉의 코너 중 하나인 '밸런스 게임'도 갑자기 재미있는 게 하고 싶어서 한 거고요. 순간순간 생각나는 저의 창의적인 에너지를 현실로 옮기려고 노력하는 거죠. 대중없이 하고 있습니다. 닥치는 대로.

그렇게 살아가는 방식이 평범한 회사원과 비교했을 때 상대적으로 더 힘들다고 생각하나요?

물리적으로는 힘들지만 행복감은 훨씬 커요. 저도 한때 광고 회사에서 엔터테인먼트 파트를 만들어서 운영도 했었고 스컬과 하하가 소속되어 있는 콴엔터테인먼트에 프로듀서로 출퇴근한 적도 있죠. 하지만 아무래도 조직 안에 있다 보면 창의성에 에너지를 쏟기보다는 조직을 유지하기 위한 쪽으로 에너지를 훨씬 더 많이 쏟게 돼요. 그 점이 저와 맞지 않는다고 느껴서 지금 이렇게 활동하고 있는 거죠.

지금 뉴올 님의 삶은 안정적인지, 혹은 불안정하다고 생각하는지 궁금하네요. 보통 프리랜서의 삶은 불안정하고 회사원의 삶은 안정적이라는 이분법으로 바라보곤 하는데 저는 좀 생각이 다르거든요. 요즘은 회사에 들어가도 퇴사율이 높고 또 평생직장이란 말도 옛말이고요. 안타까운 건 젊은 사람들이 자기가 직접 겪은 걸로 판단하는 게 아니라 듣고 외운 걸로 판단하는 경향이 일부 있다는 거예요. "이 직업은 안정적이지 않아"라는 말은 자신이 겪은 게 아니라 그냥 어딘가에서 들은 거잖아요. 들어서 외운 것 때문에 하고 싶은 일을 지레짐작해서 포기하는 경우가 왕왕 있어요.

20대 때는 최대한 많이 경험하는 게 무조건 필요해요. 예를 들어 20대 때는 한국의 커피숍에서 아르바이트를 하고 시급을 받는 것보다

워킹홀리데이 비자를 받은 다음 호주의 오렌지 농장에서 오렌지를 따며 돈을 버는 게 더 생산적이죠. 20대는 다양한 경험을 통해서 자신을 발견할 수 있고, 다양한 직업군도 겪어 볼 수 있고, 자신을 내던지면서 테스트를 해 볼 수 있는 기간이거든요. 그런데 한국 사회에서는 그 기간이 너무 짧아요.

그리고 이걸 실행하는 과정에서도 프로듀서의 자질이 필요해요. 자신이 원하는 것을 얻기 위해 남을 설득하는 능력이요. 부모님이 반대하더라도 설득하고, 세상을 설득하고, 나 자신을 설득하는 과정이 엄청나게 중요하죠. 그걸 잘 만들어 놨을 때 균형감을 가지게 되고, 그렇게 되면 부모님께서 걱정과 조언도 해 주실 테고, 그걸 바탕으로 자기 계획을 수정할 수도 있어요. 20대 때는 부딪히고 싸우는 게 중요해요. 뭔가 꼰대 같은 이야기를 하는 것 같지만 지나고 보니 어른들 얘기가 일부 맞는 게 있더라고요.

〈마이크 스웨거〉를 만드는 일은 곧 서브 컬처를 기획하며 사는 삶이라고도 볼 수가 있죠. 이런 일을 꿈꾸는 사람들에게 해 줄 조언이 있나요?

그냥 좋아하면 돼요. 좋아하고 많이 찾아보면 되죠. 저는 음악이 좋아서 음악을 시작했고, 〈랩 시티〉 같은 영상 콘텐츠를 좋아하는 사람이었고, 돈이 필요하다 보니까 광고를 시작하게 됐고, 또 광고 회사에 우연찮게 들어가게 돼서 어깨너머로 배우게 됐고, 콘텐츠를 만들고 싶어서 〈마이크 스웨거〉를 만들었죠. 이것들이 제가 음악을 시작한 지 약 10년 정도 지나니까 자연스럽게 융합되더라고요. 완벽한 계획이었어요. 하지만 제가 의도해서 만든 결과가 아니에요. 그서 우연찮게 이 자리에 있었고 시대가 이렇게 흘러온 거죠. 그렇지만 그 자리를 지키는 건 또 쉬운 일이 아니에요. 예전에 코리 건즈(Cory Gunz)라는 미국 래퍼가 있었어요. 신인 때는 드레이크(Drake)랑 비슷했는데 지금 드레이크는 슈퍼스타가 됐고 코리건즈는 뭐 하고 사는지 사람들이 잘 모르잖아요. 이런 사례에서도 볼 수 있듯이 자리를 지키는 것이 가장 어려워요. 그걸 해냈을 때 내가 의도하지 않은 좋은 결과를 얻을 자격이 생기는 거고요. 저는 레게를 무척 좋아하는데 지금까지 한국에 레게가 유행한 적이 한 번도 없어요. 저는 후배들한테 이렇게 말해요.

"네가 레게를 진심으로 좋아하면 죽을 때까지 해 봐. 그 전에 레게의 시대가 한 번은 오지 않겠니? 그때 네가 그 자리를 지키고 있는 게 중요한 거야."

자리를 지킨다는 게 시쳇말로 하면 '존버'잖아요.

맞아요. 근데 '존버'라는 게 노력해서 되는 것이 아니라 그냥 직업이니까 하게 되는 것이 아닌가 싶어요. 농부가 풍년 덕분에 죽을 때까지 먹을 곡식을 쌓았다고 해서 "나 오늘 은퇴할래" 하지 않잖아요. 또 올해 흉작이라고 해서 "나 망했어, 이제 농부 안 할 거야"라고 하지도 않죠. 평생 배운 일이 농사일인데 그렇게 곧바로 포기하진 않아요. 음악을 하기로 결정했고 프로듀서의 길로 가기로 했으면 진지하게 죽을 때까지 해서 답을 얻는 거지, 몇 년 해 보고 그만두는 건 좀 아니라고 생각해요. 물론 어머니가 편찮으시거나 하는 피치 못할 사유가 있다면 그럴 수도 있겠지만요.

할아버지가 되어서도 음악 작업하는 삶을 꿈꾼다

이제 좀 다른 질문을 드릴게요. 지금 한국 사회에서는 힙합을 어떤 시선으로 보고 있을까요?

사실 업계에 속한 사람으로서 좀 걱정이긴 해요. 저에겐 두 가지 마음이 다 있어요. 일단 우리나라는 유행이 빠르고 미디어의 흐름에 상당히 민감하기 때문에 〈슈퍼스타K〉가 없어지듯 〈쇼미더머니〉가 수명을 다했을 때 지각변동이 있을 것 같다는 게 첫 번째고요. 그리고 〈쇼미더머니〉가 끝난 후 연장전에 돌입했을 때 우리의 기본 체력과 맷집이 어느 정도 될 것인가, 과연 우리가 자생하면서 이 문화를 발전시키고 자리를 계속 지킬 수 있을까, 지금 같은 영광을 누릴 수 있을까, 주목과 관심을 받을 수 있을까, 그걸 위해서 무엇을 준비해야 하고 생각해야 할 것인가 같은 생각이 두 번째죠.

그렇다면 지금 10대들은 왜 래퍼가 되고 싶어 할까요?

씨를 잘 뿌려 둔 것 같아요. 가리온과 다크루 시절부터 꾸준하게 토양에 씨앗이 뿌려져서 좋은 앨범들이 나왔고요. 그 덕분에 우리가 논할 수 있는 앨범들이 있고, 역사와 연대기를 쌓아 온 거죠. 그리고 그게 우리의 자산인 거고요. 그걸 듣고 자란 애들이 또 좋은 앨범을 냄으로써 계속해서 이어질 것 같아요. 그렇기 때문에 명반이 더욱더 많이 필요해요.

힙합과 관련해서 앞으로 더 생기게 될 것 같다거나 생겨야 한다고 생각하는 직업이 있다면요?

힙합의 토대가 더 단단해지려면 믹싱 엔지니어와 마스터링 엔지니어가 더 세분화돼야 해요. 그리고 세션들, 그러니까 흑인음악 쪽의 기타리스트와 베이시스트가 더 많아지면 좋겠죠.

마지막으로 이 책을 읽는 사람들에게 당부 한마디 해 준다면?

제가 제대한 후의 일이에요. 그때 저희 형이 삼성에 다녔어요. 형이 저한테 그러더라고요. 공장에 관리직 자리가 났는데 월급이 300만 원이다. 자기가 이야기해 줄 테니까 다녀 보지 않겠느냐고요. 아마 지금 돈으로는 600~700만 원 정도 될 거예요. 당시 저는 한창 데모테이프를 만들고 있었는데 남자가 군대를 다녀오면 보통 현실적으로 변하잖아요. 그래서 한 3주 고민했던 것 같아요.

그때 눈을 감고 떠올려 봤죠. 제가 예순, 일흔이 됐을 때 별장에 있는 모습을요. 잔디가 깔린 별장 마당에서 손녀가 뛰어놀고 있고, 저는 흔들의자 같은 것에 앉아 있는 거죠. 나쁘지 않겠다고 생각했어요. 그런데 한편으론 이런 생각이 들었어요. '이게 내가 원하는 삶인가?' 그건 아닌 것 같았어요. 별장에서 노년을 보낼 수 있을지언정 거울 속에는 여전히 음악에 미련을 가진 쭈글쭈글한 노인이 한 명 있을 게 뻔했어요. 그래서 가지 않기로 결정했죠.

그 나이가 됐을 때 손녀에게서 "할아버지 음악 좋아요. 할아버지 음악 길거리에서 나오던데"라는 말을 들으면 얼마나 좋을까? 그런 말 들으면서 흔들의자에 앉아 있으면 '개간지' 아닌가? 그걸 한번 해 봐야겠다 싶었죠. 여러분도 시도해 보세요.

"자신의 능력으로 씬을
뚫고 가는 힘이 있어야 해요"

| 제이제이케이(JJK) |

본명 고정현. 래퍼이자 퓨로듀서로 ADV 크루의 리더다. 2004년 첫 앨범 〈비공식적 기록〉을 발표하며 활동을 시작했으며 현재까지 4장의 정규 앨범을 발매했다. 프리스타일 랩으로도 유명하며 길거리 랩 배틀 대회인 'SRS(Street Rap Shit)'를 ADV 크루와 함께 이끌었다. 랩 레슨에 대한 철학과 체계가 가장 뚜렷한 래퍼로 평가받는다.

　　제이제이케이의 첫인상은 매우 강렬했다. 20대의 그는 마치 언더그라운드 힙합의 수호신 같았다. 그는 패기 넘쳤고 직설로 무장했으며 누구보다 오염되지 않은 래퍼로 보였다. 이미 10년도 더 지난 이야기다. 그때를 기억하는 사람에게 현재 그의 모습은 조금 낯설다. 오염되었다는 뜻이 아니다. 대신에 그는 성숙함과 균형 감각이라는 새 옷을 입었다. 이제 그에겐 지혜롭다는 말이 어울린다.

　　랩 레슨에 관해서도 그는 일종의 선구자다. 제이제이케이만큼 다채롭게 고민하고 깊게 가르치는 래퍼가 과연 또 있을까. 한국의 랩 레슨은 그에 이르러 비로소 온전한 교육으로 완성됐다는 생각마저 들 정도다. 그래서 더 제이제이케이를 만나야겠다고 생각했다. 랩 레슨을 하며 살아가는 래퍼의 삶이란 무엇인지, 그리고 랩 레슨을 하며 겪었을 수많은 10대에 관한 이야기를 그에게서 듣고 싶었다. 그가 필요했다.

'힙합이 내 삶을 구했다'는 나에게 과장이 아닌 이야기

언제부터 힙합을 좋아했나요?

저는 중학교 시절을 해외에서 보냈는데요. 한국 가수 앨범만 따로 파는 곳에서 지누션 1.5집과 드렁큰타이거 1집을 샀어요. 그때 힙합 사운드라는 것을 처음 접했죠.

지금 돌이켜보면 힙합에 빠질 수밖에 없었던 특별한 이유가 있었나요?

제 이야기를 진솔하게 풀어내기에 제일 적합한 형태였어요. 아무래도 랩은 가사량이 많으니까 좀 더 세밀하고 좀 더 진실된, 좀 더 날것의 느낌이 강했다고 할까요. 자연스럽게 랩이라는 형식을 빌려서 제 이야기를 쓰기 시작했죠. 그리고 힙합만의 규칙 같은 것들이 뭔가 멋있어 보였어요. 라임을 꼭 맞춰야 하고 이런 것들이요. 특정한 문화적 코드가 있어야 힙합으로 인정받는 광경이 엄청 멋있어 보였죠.

학창 시절에는 어떤 학생이었나요?

저는 말 없고 친구 없는, 조용히 학교에 다니는 학생이었어요. 외국에서 학교생활을 했거든요. 미국 테네시에 있었다가 일리노이주에도 있었고 여기저기 다녔어요. 그런데 영어가 서툰 상태에서 가다 보니 애들이랑 의사소통이 잘 안 됐어요. 그래서 늑에 쌓이는 것도 많았고 말을 안 하게 됐죠.

지금의 제이제이케이 님을 보면 쉽게 상상이 안 되는데요.

힙합을 만나면서 저라는 사람 자체가 아예 바뀌었다고 보면 돼요. 미국 래퍼들이 "Hiphop saved my life"라고 하잖아요. 힙합이 자기 인생을 구원했다고. 저도 거의 그 수준인 거죠.

저야 그 말의 뜻과 맥락을 잘 알지만 힙합에 특별한 관심이 없는 사람들 입장에서는 좀 '오버'한다고 볼 것 같아요. 너무 거창하게 말한다고 할까.

물론 저도 흑인으로 살아 보지 않았으니까 미국 래퍼들이 말하는 의미를 100퍼센트 정확히 알 수는 없어요. 하지만 저 역시 힙합을 만나지 않았더라면 어떻게 됐을지 잘 모르겠어요. 그냥 부모님이 요구하는 대로 저의 기준이나 줏대 없이 살았을 것 같거든요. 그냥 사회가 시키는 대로, 분위기에 흘러 흘러서 언제나 소극적이고 말없이, 조용히 억울한 입장으로 지내지 않았을까 싶어요.

미국에서 지내던 시절에 억울함까지 느꼈군요.

전 언제나 소통에 미숙한 사람이었거든요. 그런데 랩을 시작하고, 힙합의 태도를 만나면서 저를 더 자신감 있게 표현할 수 있게 됐어요. 어떻게 보면 한국어와 영어에 이어 랩이 제 세 번째 언어라는 생각을 해요. 제 진심을 랩을 통해 훨씬 더 진실하게 전달하는 경우도 많거든요. 랩과 힙합 문화를 만나면서 저는 사람 자체가 바뀌었어요. 제 삶을 살게 해 줬죠. 정말로요.

:: 제이제이케이는 자신에게 랩은 한국어와 영어에 이어 세 번째 언어라고 말한다. 랩을 통해 '진심'을 더욱 '진실하게' 전달할 수 있기 때문이다.

저도 무슨 말인지 너무 잘 알겠어요. 하지만 어떻게 보면 랩도 말처럼 입으로 하는 건 똑같잖아요. 그런 면에서 말로 못 하는 것을 랩으로는 할 수 있다는 말이 조금은 이해가 가지 않기도 하는데요.

저에게도 되게 미스터리한 부분이에요. 어떤 의미로는 사람들이 익명 게시판에서 치부와 본색을 드러내는 것과 흡사하다고도 볼 수 있지 않을까요. 물론 그건 부정적인 방향이지만요. 평소에 말할 때는 너무 자유롭고 생각할 것이 많아서 정리가 안 될 때가 많아요. 그러다 가끔 제 본심이 아닌 말도 감정에 휘둘려서 나오죠. 그런데 랩을 할 때는 어떤 비트 위에서, 또 라임 같은 음악적 규칙 안에서 최대한 내 진심을 담으려다 보니까 오히려 더 잘 이야기할 수 있게 된다고 할까. 그 부자연스러움 속에서 제 이야기가 더 정제되고, 그럴수록 제 진심이 뭔지 거꾸로 알 수 있게 되는 효과인 거죠.

랩의 형식적 부분을 이야기하는 거군요. 랩이 주는 일종의 핸디캡이랄까. 그렇다면 태도 면에서 힙합이 준 영향도 있을까요?

날것의 태도죠. 저는 이게 힙합에서 가장 매력적인 부분이라고 생각해요. 자기에게 솔직해질 수 있고 나 자신의 가장 밑바닥에 있는 생각을 그대로 꺼낼 수 있게 해 주는 것.

처음 힙합을 들었을 때도 그랬어요. 그 사람들의 삶과 제 삶이 동떨어져 있어서 내용에 공감은 안 됐지만 그 사람들이 랩을 뱉을 때 어떤 감정인지는 그대로 느껴졌죠. 진실이구나. 진심이구나. 꾸미거나 그냥 좋은 말을 해 주는 게 아니라 이 감정이 이 사람들한테는 굉장히 절실하고, 현실 그 자체라는 느낌이 들었어요. 그게 저한테도 적용이 되면서 저도 제 진실과 진심을 서슴없이 내뱉을 수 있게 됐어요. 제 밑바닥에 있는 감정을 디테일하게, 그리고 자신감 있게 랩으로 뱉게 됐죠. 그 과정을 통해 제 삶이 바뀌었고요.

힙합에는 다른 음악 장르에 없는 전통이 있다. 바로 자신의 가사는 자신이 직접 써야 한다는 것. 그리고 자신의 이야기를 해야 한다는 것. 이것이 우리가 힙합을 자기 고백적인 음악이자 자서전 같은 음악이라고 느끼는 중요한 이유일 것이다. 힙합의 이러한 특성은 힙합을 듣는 사람들에게 커다란 영향을 주었다. 늘 진실하게 말하고 행동할 것. 내 입으로 뱉은 말은 꼭 책임질 것. 무엇보다 기성의 잣대로 보면 자랑스럽지 않거나 아름답게 비치지 않는 부분도 솔직하게 털어놓는 래퍼들의 모습은 큰 감동을 안겨 준다. 많은 사람이 타인에게 자랑스럽지 않거나 아름답게 비치지 않는 모습을 자신의 것으로 인정하지 않으려 할 때 래퍼들은 달랐다. 래퍼들은 솔직하게 다 뱉어 냈다. 아니, 힙합이 다 뱉어 내게 했다. 창피하거나 감추고 싶은 것마저도. 힙합은 진실함을 근간으로 인간 감정의 다채로움과 이면, 어두운 부분까지 어떤 음악보다 풍부하게 담아낸다. 힙합은 자기 자신으로 살게 만든다.

사람의 성향은 다르기에 맞는 길도 다르다

학교 교육에 대해서는 어떻게 생각하세요? 살아가는 데 도움이 됐나요?

들인 시간과 금액에 비하면 그만큼 도움이 됐다고 말하긴 어렵죠. 하지만 그곳이 아니었다면 배울 수 없던 것들을 배웠다고는 생각해요. 그런 부분을 무시할 순 없죠.

구체적으로 예로 들자면, 어떤 것들이 있을까요?

랩 레슨을 하다 보면 자퇴하고 싶다는 애들을 가끔 만나게 돼요. "저는 자퇴를 하겠습니다, 랩을 하고 싶어요. 전 김하온이 말한 것처럼 계획도 뚜렷해요." 그러면 전 뜯어말리는 편이에요. 또 실용음악 학과에 갈 건데 랩 전공을 하고 싶다는 애들도 많죠. 그러면 제가 제일 먼저 던지는 질문은 이거예요. "성적이 되는데 랩 전공을 하고 싶다는 거야? 아니면 성적이 안 돼서 간다는 거야?" 성적이 되는데 이쪽을 선택하는 거라고 대답하면 저는 또 뜯어말려요. 웬만하면 일반 전공을 가라고 하죠. 저도 어릴 때는 주변이 다 힙합으로 가득했으면 좋겠고 랩만 생각하고 싶은 시기가 있었어요. 그리고 랩을 하는 애들이 일반 실용음악 학과에 가면 되게 재미없는 것도 사실이에요. 랩에 도움이 안될 것 같은 음악 지식만 얻는 느낌이거든요. 그런데 되돌아보면 그런 경험이 저에게 좋은 영향도 주었다고 생각해요. 힙합을 여러 각도에서 볼 수 있게 해 줬고 제 시각에 균형 감각을 더해 줬거든요.

그런데 어떤 사람들은 이렇게 얘기하잖아요. "하려면 제대로 해. 빨리 학교 때려치우고 랩에 모든 걸 걸어. 그래야 성공할 수 있어."

그것도 틀린 말은 아니에요. 하지만 세상에 정답은 없잖아요. 그 방법이 더 효율적으로 다가오는 사람도 있을 거예요. 다만 그 방식을 모든 사람에게 적용시킬 수는 없다고 생각해요. 위험한 발상이거든요. 방송에서 그런 식으로 던지는 말에 현혹되는 건 너무 위험해요. 사람의 성향은 각각 다르니까요. 미디어는 당신이 어떤 삶을 사는지 모르거든요. 그런 말이 적용되는 삶이 있고 적용이 안 되는 삶이 있다는 걸 잘 분별해야 해요. 냉철함이 필요하죠. 랩에만 집중하는 삶이 맞는 사람이 있는 반면 여러 삶을 두루 경험해 보는 쪽이 더 도움 되는 사람도 있으니까요.

일종의 냉철한 자기 객관화가 필요하다는 뜻인가요?

맞아요. 하지만 10대는 그런 걸 스스로 판단하기 어렵잖아요. 그렇기 때문에 그 판단을 본인을 정말 사랑하는 주위 사람에게 맡기는 것도 나쁘지 않다고 생각해요. 꼭 부모님을 말하는 건 아니에요. 그런 의미에서 좋은 멘토가 필요한 거죠.

스스로 프로 의식을 가진 순간, 래퍼가 직업이 됐다

그러면 제이제이케이 님의 현재 직업은 무엇인가요?

일단 래퍼가 제 직업이고 랩 레슨도 제 직업이라고 생각해요. 저는 제 직업이 두 개라고 생각하며 살고 있어요.

힙합이 언제 처음 직업으로 다가왔나요?

어렸을 때부터 프로의 기준은 돈을 받느냐 받지 않느냐로 나뉜다고 배우며 자랐어요. 돈을 받는 순간 그 돈만큼 무언가를 책임져야 하는 사회적 의무가 생기기 때문에 그때부터는 반강제로 프로가 되는 거라고 배웠죠. 그래서 그렇게 믿고 살아왔는데 아이러니하게도 저는 랩으로 돈을 벌고 난 후에도 이게 직업이라는 의식을 딱히 가지진 않았던 것 같아요. 그냥 재미있어서 했고, 정신 차려 보니 시간이 많이 지나 있었다고 할까요.

혹시 랩 레슨을 본격적으로 하면서 힙합을 직업으로 인식한 건 아닌가요?

랩 레슨도 처음에는 용돈 벌이였어요. '보컬 전공이나 피아노 전공, 기악 파트 사람들은 다 학원에 강사로 나가고, 개인 과외도 하는데 랩은 왜 안 돼?'가 저의 첫 발상이었죠. 그래서 저도 셀프로 홍보하기 시작했어요. "나 랩 과외합니다, 랩 알려 드릴게요." 처음에는 정말 알바 느낌으로 시작했는데 시간이 지나면서 의미 부여가 됐고 직업으로 발전했어요. 프로 의식이 생긴 거죠. 그때부터 커리큘럼도 어떻게 하면 효과적으로 발전시킬 수 있을까 연구하기 시작했어요. 그러면서 애착도 생기고 랩 레슨을 직업으로 인식하게 됐죠.

:: 용돈 벌이로 시작한 랩 레슨이 제이제이케이의 직업이 된 것은 시간을 투자하고, 연구하며, 프로 의식을 갖게 된 순간이었다.

흥미로운 부분이에요. 만약 기업에 원서를 내서 입사하는 경우에는 입사하는 순간 직업이 되잖아요. 그런데 예술 계통은 일단 재미있어서 하다가 돈을 벌게 되고, 나중에야 이게 직업이 되었구나 인식하게 되는 것 같아요.

래퍼도 프리랜서잖아요. 어느 시점부터 직업이라고 명확히 줄을 긋기가 애매한 직종이죠. 프리랜서는 은행에 가서도 증명하기가 어렵거든요. 그래서 래퍼란 사회적으로 증명할 수 있는 수단이 없는, 그래서 부모님들이 봤을 때 불안정하다고 느낄 수 있는 그런 직종인데, 본인 스스로 프로 의식을 가지는 순간부터 직업화된다고 생각해요. 본격적으로 시간을 투자해 연구하기 시작하고, 또 완벽을 추구하면서부터 직업이 되는 거죠.

그러면 지금 한국에서 래퍼는 직업일까요?
네. 직업이죠.

누가 직업을 물어보면 뭐라고 대답하나요?

처음에는 "음악 합니다"라고 하고, 어떤 음악을 하느냐고 물으면 "흑인음악 합니다"라고 말을 하죠. 흑인음악 중에서도 어떤 장르를 하냐고 물으면 그제야 "랩 합니다"라고 말해요. 항상 이 순서로 얘기해요. 처음부터 "저는 래퍼인데요"라고 말하는 게 저에게는 뭔가 'TMI'처럼 느껴지거든요.

저는 당연히 래퍼라고 대답할 줄 알았는데 어쩌면 그게 힙합 특유의 자부심이나 자의식 과잉일 수도 있겠네요. 재즈 보컬리스트에게 직업을 물었을 때 꼭 재즈 보컬리스트라고 대답할 것 같진 않거든요. 그냥 뮤지션이라고 대답할 것 같아요. 그런데 래퍼는 꼭 래퍼라고 대답할 것 같단 말이죠. 왜 그런 걸까요?

너무 힙합에 심취할 필요는 없다고 봐요. 어떤 의미에서는 태평양을 건너 온 음악에 영향을 받은 우리가 뉴욕 현지에 살고 있는 흑인보다 힙합에 대한 애착이 더 강할 수도 있다고 생각해요. 그 사람들은 태어날 때부터 당연히 있는 것이지만 우리는 태어날 때 없던 것을 새로 취득하는 것이니까요.

또 홍대, 혹은 힙합 씬 안에서 오래 지내다 보면 다른 장르 음악을 하는 사람들이 각자의 음악에 어떤 마음으로 임하고 있는지, 그리고 음악이 아니라 회사에서 월급을 받으면서 생활하는 사람들이 본인의 회사에 대해 어떻게 생각하고 있는지를 간과하게 돼요. 그런데 의외로 월급쟁이라고 불리는 사람들이 애사심을 갖고 있는 경우도 많고, 래퍼가 힙합에 대해 애정을 갖고 있는 만큼 로커도 록에 대해서, 또 재즈 보컬리스트가 재즈에 대해서 애착과 자부심을 갖고 있는 경우도 많이 봤거든요. 이 거대한 음악이라는 틀, 그 안에 또 여러 음악 장르가 있는데 힙합이 압도적으로 대단하다거나 힙합만 특별하다고 생각하는 건 제 입장에서는 좀 의아해요. 그래서 직업을 말할 때는 좀 더 사회 통념적인 언어로 대화를 해야 된다고 생각하는 거죠.

원하는 게 무엇인지 직시할 때, 삶의 목표는 분명해진다

좋은 통찰이네요. 그러면 래퍼가 되기 위해서 필요한 자질에는 무엇이 있을까요? 음악적이든 음악 외적이든 모두 포함해서요.

랩 레슨을 하면서 많이 느끼는 건, 래퍼는 무대 위에 서는 직업이고 남에게 보이는 직업이기 때문에 성격을 굉장히 많이 탄다는 점이에요. 아무리 능력이 뛰어나도 남에게 보이는 것에 있어 나서는 것을 내키지 않아 하거나 성격 자체가 너무 속으로 파고 들어가는, 내성적인 쪽이라면 아무래도 좀 곤란하겠죠. 성격에 영향을 많이 받는 음악이에요. 아이돌 연습생에게 소위 '끼'가 필요한 것처럼요.

그런 건 어디서 배울 수 있을까요?

배운다고 되는 게 아니라 자극과 경험으로 일깨워지는 거죠.

그렇다면 변화가 가능하다는 뜻이겠네요?

충분히 가능해요. 제가 변했으니까요. 제가 변했기 때문에 누구든지, 또 얼마든지 변할 수 있다고 생각해요. 다만 본인의 노력과 인내, 마인드셋이 무척 중요하긴 하겠죠.

'마인드셋'이라는 게 구체적으로 무엇을 이야기하는 건지 궁금합니다.

힙합적인 태도죠. 나 자신을 드러내는 데에 소극적이었다면 그 벽을 허물어야 해요.

제이제이케이 님을 래퍼로 키운 감정적인 원동력은 무엇이었나요?

처음에는 외로움이었던 것 같고, 두 번째는 분노였던 것 같고, 세 번째는 억울함이었던 것 같아요. 나의 멋을 인정받겠다는 욕심 같은 게 있었죠. 그런데 이제는 뭐랄까 어떤 특정한 감정에 의해 움직인다기보다는 그냥 랩이라는 예술 형태를 남기는 사람으로서 제 삶을 기록해 나가고 있어요. 이제는 랩이 제 삶과 동일해졌다는 느낌이 들거든요. 뭘 해도 이제 당연하게 기록이 되는, 그런 감각에 가까워요.

랩이 삶 자체가 됐다는 뜻으로 들려요. 랩이 삶이 되려면 그 전에 랩이 직업이어야 하는 건가요?

아니요. 그렇지 않아도 된다고 생각해요. 수입이 없어도 되고요. 그게 예술 창작의 매력이죠. 회계사 같은 경우, 공인 시험을 보고 또 개인 사무실을 차리거나 어떤 회사로 들어가야 가질 수 있는 직업이지만, 래퍼는 누군가의 허락을 받아야 될 수 있는 게 아니거든요.

그렇군요. 그러면 랩을 하는 것과 래퍼로 사는 것은 서로 어떻게 다른가요?

랩을 하는 순간부터 래퍼이긴 하죠. 그런데 래퍼로 산다는 것은 랩을 잘하는 것 외에도 신경 써야 할 것이 많아요. 래퍼로 살기 위해서는 더 많은 셀프 매니지먼드가 필요하죠.

래퍼가 되고 싶어 하는 10대에게 조언해 줄 말이 있나요?

요즘 친구들을 만나 보면 대부분 랩을 하고 싶어 하는 마음보다는 스타가 되고 싶은 마음이 강한 것 같아요. 어떤 것을 만들고 싶다는 마음보다는 무언가가 되고 싶다는 마음이 더 강렬해 보여요. 어떤 특정 위치에 올라서고 싶다는 열망이 강하다고 해야 할까요.

물론 그게 나쁘다는 말은 절대 아니에요. 굉장히 좋은 원동력이긴 한데 그걸 본인이 알고 접근하는 것과 모르고 접근하는 것에는 차이가 있더라고요. 사실 저는 '이 음악을 내가 정말 좋아하는 게 맞는가'라는 질문에서 출발해야 한다고 봐요. 일단 랩을 쓰고 뱉어 보면 이게 정말 좋은 건지 아니면 무언가가 되는 나 자신이 좋은 건지 알 수 있거든요. 이거 하나만 명확해져도 많은 것이 분명해져요. 유명해지고 싶어서 랩을 하는 것에 반대하지는 않아요. 다만 그걸 스스로 명확히 알고 있어야 한다는 거죠.

래퍼는 래퍼이지만 뮤지션이기도 하고 더 크게 보면 예술가잖아요. 그런데 삶의 측면에서 보면 프리랜서이기도 하죠. 래퍼의 삶, 예술가의 삶, 프리랜서의 삶에는 서로 교집합도 있고 부딪히는 면도 있고 복잡하게 얽혀 있을 것 같은데, 이와 관련해서 어떤 고민들이 필요할까요?

래퍼는 속은 예술가인데 겉으로는 프리랜서니까 프리랜서의 삶을 살 준비를 해야겠죠. 인터넷에서 볼 수 있는 프리랜서 관련 조언이나 지침들이 래퍼에게도 다 적용이 돼요. 돈 관리, 경제 관념, 자기 계발 등이요. 프리랜서는 출퇴근을 안 하잖아요. 24시간을 스스로 컨트롤할 수 있기 때문에 그게 원동력이 돼서 시너지를 낼 수도 있지만 반대로 그 자유에서 오는 불안감도 커요. 바로 그 불안감을 잠재우는 게 결국 셀프 매니지먼트라고 생각해요. 자기 관리를 잘해야죠.

제가 자퇴를 뜯어말리는 이유 중 하나가 그거예요. 자기 관리 능력이 갖춰지지 않은 상태에서 갑자기 24시간이란 자유가 주어지면 대부분 그걸 온전히 컨트롤하지 못하거든요. '그럼 24시간 동안 작업할 수 있겠네' 같이 안일하게 생각하는 대신 하루, 일주일, 한 달 등 나한테 주어진 많은 시간을 잘게 쪼개서 무엇을 할 것인가 생각해야 해요.

그렇다면 한국인으로서, 한국의 래퍼로서, 한국에서 살아갈 때 알아야 될 점으로 무엇이 있을까요?

유튜브로 습득한 힙합 문화가 한국 사회생활에서는 독이 될 때가 많다는 점이요. 되게 거칠고 자유분방하고 그래서 규칙을 잘 안 지킬 것 같은 '관종형' 래퍼들이 실제로 만나면 굉장히 예의 바르고 말도 조곤조곤하고 조용하게 지내는 걸 자주 봤어요. 성공한 래퍼들도 카메라가 없는 곳에서 아무도 보지 않는데 처음 만난 사람한테 갑자기 예의 없는 짓을 하진 않거든요. 그런데 어린 친구들은 보이는 이미지를 믿고 일상생활에도 그걸 적용하는 경우가 있어요.

그렇게까지 캐릭터에 먹히면 장수하기 어려워요. 언젠가는 어른이 되잖아요. 어른이 됐을 때 괴리를 느끼면 스스로 굉장히 힘들 수 있어요. 불이익도 당할 수 있고요. 아까 얘기한 셀프 매니지먼트가 이런 부분에도 적용이 돼요. 래퍼로서 사람들에게 비치는 캐릭터가 유효한 자리와 타이밍을 알고 행동해야 한다는 거죠. 결혼 상견례에 갔는데 릴 펌(Lil' Pump)처럼 굴 수는 없잖아요.[3]

방금 이 답변은 특히 더 영양가 있는 내용이라는 생각이 드네요. 그러면 현재 10대들은 왜 래퍼가 되고 싶어 할까요?

전 유행이라고 생각해요. 과거에 수많은 젊은이가 기타 하나씩 가지고 있었던 것처럼 지금은 수많은 10대가 라임 한번 맞춰 보는 거죠. 물론 그중에는 정말 이 음악과 문화에 애정이 생겨서 씬에 발을 디디는 친구들도 있을 테지만, 또 열정이 식으면 많은 사람이 제자리로 돌아갈 거예요. 한국은 유독 이런 현상이 심하잖아요. 또 래퍼들의 성공 신화가 알려진 것도 한몫했다고 봐요. 힙합이 10대의 탈출 심리도 자극하는 것 같고요. 다만 저는 이런 현상 속에서 너무 멀리 탈출해서 다시 돌아가지 못하는 경우만은 없기를 바라는 마음이에요.

래퍼란 오로지 자신의 능력만으로 '씬'을 뚫고 가는 사람

그렇다면 10대에게 래퍼를 직업으로 추천하고 싶나요?

'yes or no'로 묻는다면 저는 추천합니다. 이 음악과 문화를 올바르게 받아들일 수 있다면 자기가 어떤 사람인지, 또 사회나 시스템에 휘둘리지 않고 자신의 뜻대로 살아가는 게 어떤 감각인지 경험할 수 있거든요. 실패하든 성공하든 그 경험은 굉장히 값지지 않을까요?

꼭 래퍼로 국한할 것 없이 프리랜서란 자기가 가진 기술과 매니지먼트가 모든 것을 결정짓거든요. 그게 이 씬을 뚫고 가는 모든 것이죠.

---

3 전 세계적으로 인기와 영향력을 구가하는 미국의 래퍼. 음악뿐 아니라 많은 사건 사고와 기행으로도 유명하다.

:: 제이제이케이는 래퍼로서 사람들에게 비치는 캐릭터가 유효한 자리와 타이밍을 알고 행동할 줄 아는 '셀프 매니지먼트'가 래퍼에게 필요한 점이라고 꼽았다.

회사 '빨'이나 부모님 '빽' 같은 거 아무것도 없이 오로지 자신이 계발하는 능력과 자신이 선점하는 위치, 자신의 작전대로 움직여야 하는 세계예요. 특히 한국에서는 그저 멍하게 살다 보면 남들 하는 대로 살게 되거든요. 그게 좋은 삶이라고 얘기하는 사회 속에서 래퍼를 직업으로 삼아 도전해 보는 것은 가치 있는 일이죠.

제이제이케이 님이 랩을 한다고 했을 때 부모님의 반응은 어떠셨나요?

처음에는 반대를 하셨죠. 힙합은 나쁘고 해로운 거라고 생각하셨어요. 그런데 지금이야 어쩔 수가 없죠. 이제 전 애도 있는 상황이니까요. 저희 부모님께서는 가르치는 일을 하세요. 그런데 힙합이 슬슬 유행을 타기 시작하고 학생들이 힙합을 거론하면서 제 이름도 나오니까 생각을 조금 바꾸시긴 했어요. '아, 내가 잘 몰랐던 거구나.' 이런 방향으로요.

이 책을 읽는 10대 중에 래퍼가 되겠다고 마음을 정한 분이 있다면 저는 부모님을 설득하라고 추천하고 싶지는 않아요. 아마도 이해를 못 하실 거예요. 만약 부모님이 이해를 하신다면 복받은 거니, 그럴 땐 부모님께 감사하면서 그냥 하면 돼요. 그런데 만약 반대를 하신다면 최선을 다해서 인간적으로 좋은 관계를 유지하려고 노력은 하되 언젠가는 이해하실 거라고 믿거나 이해를 못 하시는 것이 화가 난다는 감정을 느낄 필요는 없어요.

혹시 힙합과 관련해서 앞으로 이런 직업이 더 생기게 될 것 같다거나 꼭 생겼으면 하는 직업이 있나요?

너무 많죠. 일단 음악적으로는 유능한 A&R이 많아져야 해요. 래퍼의 성공과 미디어에서 비치는 이미지에 기대어 일하는 회사가 아니라 좀 더 창의적인 아이디어를 내고, 새로운 접근을 시도하는 A&R 말이에요. 해외 래퍼들의 행보를 그저 답습하거나 이미 방송에서 알려진 래퍼에게 행사만 잡아 주는 식의 A&R을 오랫동안 봐 왔거든요. 힙합적인 색채를 유지하되 한국 사회에서 어떻게 하면 더욱더 새로운 형태의 비즈니스 모델을 만들어 나갈까 연구하고 새 우물을 파려고 하는 A&R이 필요해요.

A&R은 아티스트 앤드 레퍼토리(Artist and Repertoires)의 약자다. 아티스트는 말 그대로 뮤지션을 뜻한다. 그리고 레퍼토리는 회사가 보유하고 있는 음악을 말한다. 즉 A&R은 뮤지션과 음악을 관리하는 사람이다. 하지만 여기서 사용된 '관리'라는 단어의 무게는 꽤 무겁다. A&R은 담당 아티스트의 모든 것에

관여한다. 앨범 콘셉트를 함께 의논하고 어떤 프로듀서를 참여시킬지 결정한다. 어떤 가수가 참여하면 좋을지는 물론 곡 순서와 배치에도 관여한다. 그밖에 앨범 발매 후 홍보와 마케팅을 기획하고 직접 실행한다. 어떤 뮤지션의 작품이 발매되면 사람들은 언뜻 그 작품과 관련된 모든 것이 그 뮤지션의 능력이자 공이라 여기게 된다. 하지만 그 뮤지션 옆에는 여러 A&R이 존재한다. A&R은 많은 경우에 담당 아티스트의 성공을 좌우한다. 실제로 A&R의 중요성은 시간이 갈수록 커지고 있다. 힙합 씬 역시 예외는 아니다.

래퍼를 꿈꾸는 10대의 부모님들께 어떤 말을 해 주고 싶은가요?

평소에 학부모 상담을 많이 하거든요. 자녀가 랩을 한다고 하면 대부분의 부모님이 걱정부터 하세요. 하지만 랩을 하는 것이 곧 탈선을 의미하는 것은 아닙니다. 아무래도 TV를 틀면 자퇴하고 문신을 하는 등 래퍼들의 강렬한 이미지를 내세우는 경우가 많으니까 걱정을 하시는 건 이해가 가지만요. 그냥 지켜보는 것을 게을리하지 않는 선만 해 주셔도 부모님이 걱정하는 상황까지 가는 경우는 거의 없을 겁니다. 왜냐면 탈선할 친구들은 이미 탈선을 했거든요.

사실 전 자녀가 랩을 하는 걸 부모님이 안다는 사실 자체가 이미 걱정을 안 해도 되는 상황이라고 생각해요. 아이가 자신이 랩을 한다는 사실을 이미 부모님께 알린 거잖아요. 랩을 하는 것을 자기표현과 창작이라고 여기고 자녀에게 스스로 나설 수 있는 여지를 주시면 좋겠어요. 그렇게 해 주시면, 그 또래에게 그만큼 건강한 기회도 없다고 생각합니다.

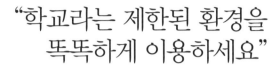

"학교라는 제한된 환경을 똑똑하게 이용하세요"

| 디제이 켄드릭스(DJ KENDRICKX) |

본명 전성원. 디제이로 ADV 크루 소속이다. 켄드릭스는 켄드릭라마가 데뷔하기 전 여러 뮤지션의 이름을 조합해 만든 이름이다. 19세부터 소규모 공연 기획을 시작해 1000여 개의 공연을 기획했고, 힙합 클럽 '무드'를 설립해 운영해 오고 있다. 최근 또 다른 힙합 클럽 '블루프린트서울'을 오픈했다.

디제이 켄드릭스를 처음 알게 된 건 ADV 크루를 통해서였다. 사람들은 ADV에 제이제이케이와 올티뿐 아니라 켄드릭스도 있다는 사실을 알게 됐다. 공연장 '무드(Mhood)'의 오픈은 켄드릭스가 더 널리 알려지는 계기였다. 하지만 널리 알려진 것보다 더 중요한 것은 무드 덕분에 그가 한국 힙합 씬에 기여하는 인물로 인식되기 시작했다는 사실이다. 홍대에서 중소형 힙합 공연이 점점 사라지고 있을 때 무드는 그 자리를 지켰다. 아직 이름값이 없는 래퍼들의 공연도 마다하지 않았다. 그때부터 무드는 리스펙트를 받고 있다.

이 책에 참여해 준 모든 이와의 대화가 유익했지만 켄드릭스와의 대화는 특히 더 기억에 남는다. 범상치 않은 인물임은 이미 알고 있었지만 생각보다 더 그런 사람이었다. 힙합을 인문학적으로 바라보는 관점을 중요하게 생각하는 태도 역시 나와 비슷했다. 그래서 동의하고 공감 가는 답변이 많았다. 켄드릭스가 다른 뮤지션들보다 조금 덜 유명하다고 해서 이 챕터를 그냥 지나친다면 큰 실수다. 어쩌면 이 챕터는 당신에게 가장 필요한 내용을 담고 있을지도 모른다.

고등학교 시절 느낀 힙합의 매력은 '가성비'

힙합을 언제부터 좋아했나요?

어렸을 때부터 음악을 좋아해서 다양한 악기를 배웠어요. 기타, 베이스, 드럼도 배워 봤죠. 그런데 밴드를 하면 합주를 해야 하잖아요. 다른 사람들과 호흡을 맞춰야 하기 때문에 나의 의도를 100퍼센트 실어서 음악 활동을 하는 건 어렵겠다는 생각이 들더라고요. 그러던 차에 힙합에 관심이 가기 시작했죠. 힙합 프로듀서들은 혼자서 곡을 만들고, 또 디제이 섀도(DJ Shadow) 공연을 본 적이 있는데 솔로 디제이로서 혼자 퍼포먼스를 하더라고요. 뭔가 힙합은 밴드 음악보다 더 독립적인 영역이라는 느낌이 강하게 들었죠. 그때부터 힙합 음악을 듣기 시작했어요.

그게 대략 언제인가요?

고등학교 1~2학년쯤이었어요. 그러다가 디제이 렉스(DJ Wreckx) 형한테 디제잉 레슨을 받으면서 힙합에 푹 빠지게 됐죠. 제가 워낙 학구열이 있는 타입이거든요. 그때 옛날 힙합 다큐멘터리를 많이 찾아보면서 공부했어요.

<스크래치(Scratch)> 같은 작품 말인가요?

맞아요. 그런 작품을 많이 봤죠. 그때 제가 본 힙합 다큐멘터리에서는 힙합이란 문화가 돈이 없거나 결핍된 상태에서 무언가를 재창조하는 것이라는 내용들이 자주 등장했어요. 모두가 돈이 없고 가난했기 때문에 턴테이블이 있는 사람의 집에 모여서 노는 문화가 생겼다든지, 음악 교육을 받지 못했고 집에 악기도 없었기 때문에 기존에 있던 음악에 녹음을 입혀서 곡을 만든다든지 하는 점이 너무 매력적이었죠.

당시에 제가 고등학생이었기 때문에 더 그랬던 것 같아요. 고등학생 때는 금전적 여유도 사회적 위치도 아직 없을 때잖아요. 힙합 음악은 학교를 다니면서 남는 시간에 해 볼 수 있겠다는 생각을 했죠. 그래서 음악도 만들어 보고 디제잉도 해 보기 시작했어요.

힙합에 대해 좀 더 깊숙하게 알고 싶다면, 다큐멘터리는 좋은 경험을 제공해 줄 것이다. 아래의 다큐멘터리는 내가 추천하는 것들이다.

〈프리스타일: 아트 오브 라임(Freestyle: The Art of Rhyme)〉

케빈 피츠제랄드(Kevin Fitzgerald)의 2000년도 작품이다. 힙합 문화의 한 부분이자 랩의 발화 방식 중 하나인 '프리스타일 랩'을 다룬 다큐멘터리 필름이다. 이 영화는 프리스타일 랩의 구술적 전통을 흑인 사회의 관습에서 찾는 한편 '재즈 솔로'와 프리스타일 랩의 유사성을 소개하기도 한다. 또한 슈퍼내추럴(Supernatural)을 비롯해 당대의 대표적인 프리스타일 래퍼들이 등장해 자신의 철학을 들려주고 있으며, 생생한 길거리 프리스타일 랩 현장이 다수 담겨 있다. 프리스타일 랩이란 그냥 아무렇게나 지껄이는 것이 아니라 '순발력'과 '창의력'을 동반한 고도의 예술적 행위라는 사실을 증명해 주는 작품이다.

〈나스: 타임 이즈 일매틱(Nas: Time Is Illmatic)〉

2014년에 선보인 〈나스: 타임 이즈 일매틱〉은 나스(Nas)의 데뷔작 《Illmatic》 (1994), 그리고 이 앨범의 창작에 영향을 끼친 것들에 대한 다큐멘터리 필름이다. 발매 후 20년 동안 이 앨범은 줄곧 힙합 역사상 가장 위대한 작품으로 거론되며 많은 이의 칭송을 받았다. 이 영화는 나스의 유년기에서 시작해 《Illmatic》의 사운드와 가사가 어떻게 형성되었는지 다루고 있으며, 앨범의 음악적 성과는 물론 사회적 의미 역시 놓치지 않는다. 나스 본인과 앨범에 직접 참여한 이들, 그리고 나스의 가족이 출연해 이해를 돕는다. 이 영화는 힙합이 음악인 동시에 문화이자 삶의 방식이라는 점을 말해 준다. 더불어 랩은 곧 시라는 믿음, 그리고 사회적 산물로서의 힙합이 그 어떤 음악보다 강력한 목소리를 지니고 있다는 사실 역시 밝힌다.

〈배드 랩(Bad Rap)〉

다큐멘터리 〈배드 랩〉은 아주 간단한 질문에서 출발한다. "왜 아직 미국 힙합 씬에서는 동양계 랩 스타가 나오지 않았을까?" 백인 래퍼들에게는 에미넴이 있고 라티노 힙합 씬에는 빅 펀(Big Pun)이 존재한다. 하지만 동양계 랩 스타를 꼽으라고 한다면? 아프리카계 미국인 감독 살리마 코로마(Salima Koroma)와 한국계 미국인 제작자 재키 조(Jaeki Cho)는 이 물음에 대한 답을 구하기 위해 직접 다큐멘터리를 만들었다. 그들은 네 명의 동양계 래퍼 덤파운데드(Dumbfoundead), 아콰피나(Awkwafina), 렉스티지(Rekstizzy), 리릭스(Lyricks)를 주인공으로 내세운 뒤 '미국에서 동양계 래퍼로 살아간나는 것'을 다채롭게 조명한다.

지금 한 대답에 여러 포인트가 있어요. 힙합은 밴드와 달리 팀을 결성하지 않고 혼자 자유롭게 할 수 있는 음악이지만 동시에 피쳐링 문화도 있어서 참여가 자유롭죠. 또 따로 악기를 배우지 않아도 시작할 수 있는 음악이기에 진입 장벽도 낮은 편이고요.

맞아요. 스쿨밴드를 할 때는 멤버 사이의 갈등 때문에 멤버가 바뀐 적이 너무나 많았어요.

아까 학구열이 있다고 했는데 학창 시절에 공부를 잘하는 편이었나요?

제가 대학 안 간 고졸이지만, 고등학교 때 성적은 나쁘지 않았어요. 고등학교 2학년 마지막 기말고사 때 전교 400명 중에서 11등 정도 했었죠. 공부를 열심히 했고 또 재미있어 했어요. 성취하는 것도 그렇지만, 잘해서 용돈도 받고 칭찬받는 게 좋았어요. 그런데 고등학교를 졸업할 즈음에는 전교 150등으로 떨어졌죠.

성적이 떨어진 것은 힙합 때문인가요?

네. 제가 힙합에서 가장 크게 매력을 느꼈던 부분은 결핍이나 가진게 없는 상황을 받아들이고, 더 열심히 살아서, 위로 올라가겠다는 욕구를 대놓고 보여 주는 태도였거든요. 고등학교 때 그렇게 살려고 노력했죠. 디제잉 레슨을 받고 턴테이블을 사려면 150만 원 정도가 필요했는데 6개월 동안 알바해서 그 돈을 다 모았어요. 또 50센트의 전기 영화 〈Get Rich or Die Tryin'〉을 보면 동전을 모아서 벤츠를 사는 장면이 나오거든요. 저도 그렇게 살고 싶었어요. 고3 때부터는 소규모 공연장에서 공연을 하기 시작했죠.

학교 성적과 음악적 성취를 맞바꾼 셈이네요. 대학에 가지 않은 이유를 더 구체적으로 설명해 준다면요?

계속 힙합의 매력에 대해 말하게 되네요. 저는 힙합의 매력을 '가성비'라는 관점으로도 봤어요. 학교 공부를 열심히 한다거나 아니면 음악 쪽으로 진로를 정한다고 해도 입시를 준비해서 한국예술종합학교나 버클리음악대학교에 가는 게 효율이 떨어져 보였죠. 또 래퍼들은 어린 나이에 성공을 거둔 것을 굉장히 강조하잖아요. '영 앤 리치(Young&Rich)'라는 말이 있을 만큼이요.

힙합 문화에서의 성공은 체계적인 사회 시스템 안에서의 성공을 말한다기보다는 사회의 룰을 깨고 랩 스타가 된다거나 농구선수가 되는 것에 더 가깝잖아요. 사회 속에서 입시를 준비하고 직장에서 진급을 하는 것과는 조금 다르죠. 힙합의 이런 부분에 영향을 받았던 것 같아요. 또 한국 사회도 이런 것을 좋아한다고 생각했고요. 어린 나이에 성공하는 것이요.

효율이 떨어진다는 말은 이를테면 등록금 같은 건가요?

열여덟, 열아홉 살 때 대학교 파티 같은 데에 가서 디제잉을 했었어요. 그때 대학생들의 모습을 보는데 여러 생각이 교차하더라고요. 미래를 준비하지 않고 시간을 낭비한다는 느낌이 들었다고 할까. 대학 문화라는 것을 간접적으로 맛봤던 거죠. 만약 마음에 드는 이성이 있어서 그렇게 술을 마셨다면 다르게 생각했을 수도 있어요. 이성의 호감을 사기 위해 노력하는 거니까요. 그런데 그게 아니라 그저 우린 동기니까 아침까지 술을 마셔야 하고, 고수망태가 돼서 다음 날 저녁에 일어나는 모습이 마치 서로가 손을 잡고 발전하지 않으려고 하는 것처럼

:: 디제이 켄드릭스는 결핍을 받아들이고, 더 열심히 살아서 위로 올라가려는 욕구를 대놓고 보여 주는 힙합의 태도에 매료되었다고 한다.

보였어요. 그런데 대학 등록금이 얼마인지 들어 보니까 너무 비싼 거예요(웃음). 나는 150만 원을 모으려고 6개월을 일했는데 400만 원씩 쓰면서 저렇게 노는 게 맞나? 저렇게 하기 위해 내가 지금 하루에 몇 시간씩 앉아서 공부를 하고 있는 건가? 이런 생각을 하니까 하고 싶지 않아져서 딱 접어 버렸어요.

주어진 환경 속에서 최선의 균형을 찾다

흥미롭네요. 고등학생 시절부터 힙합 문화의 태도를 파악하고 그걸 삶에 적용시킨 점이요. 그러면 상위권 성적을 유지하다가 1년 만에 전교 150등으로 떨어진 것을 보고 부모님은 어떤 반응을 보이셨나요?
먼저 저희 집이 얼마나 자유로운 스타일인지부터 얘기해야 할 것 같아요. 어릴 때 일요일 밤마다 TV에서 해 주는 영화를 즐겨 봤어요. 하루는 〈양철북〉이라는 영화를 보고 있는데 어머니가 다 보고 자라고, 내일 점심시간에 등교할 수 있게 전화해 놓겠다고 하시더라고요. 이럴 정도로 저를 존중해 주셨죠. 물론 대학에 안 가겠다고 말씀드렸을 때 어머니도 처음에는 놀라셨어요. 그런데 제가 솔직하게 이야기를 털어 놓고, 수학능력시험만 경험 삼아서 보고 싶다고 했더니 이해해 주시더라고요. "그렇구나. 등록금 아꼈네" 하시면서요. 알고 보니 아버지께서는 이미 제가 뭘 하는지 알고 계셨어요. 싸이월드나 네이트에서 제가 참여하는 공연 포스터를 다 보셨더라고요.

부모님께서도 혹시 보편적인 직업과 동떨어진 일을 하셨나요?

어머니는 가정주부시고 아버지께서 직업을 많이 바꾸시긴 했어요. 사회 경험이 워낙 많으셔서 꼭 정해진 엘리트 코스만이 답은 아니라고 생각하시는 분이에요.

깨달은 바가 있어 대학에 가진 않았지만 뒤돌아볼 때 학교 교육이 지금의 모습을 형성하는 데 도움이 된 부분이 있나요?

네. 저는 예술인들이 학교 교육을 무조건적으로 비판하는 것을 좀 안 좋게 생각해요. 물론 잘못된 부분은 많아요. 부조리한 부분도 있고요. 하지만 힙합도 중요하고 내가 좋아하는 문화적 기호도 중요하지만 부모님의 자식인 것도 굉장히 중요해요. 어쨌든 저는 어머니와 아버지의 아들이고, 가장 가까운 사람들을 걱정시키지 않는 것도 중요한 일이죠. 그래서 저는 주어진 환경 속에서 최신의 균형을 찾기로 했어요.

고등학교 때도 3년간 개근을 했어요. 학교는 일단 안 빠지고 나간 거죠. 학교에 있는 1교시부터 8교시까지의 시간도 나름 효율적으로 쓰려고 노력했어요. 어차피 잠을 자는 게 아니라면 선생님이 뭐라고 하지는 않으니까 뒷자리에 앉아서 아이팟으로 힙합 관련 자료를 찾거나 가사를 썼죠. 체육 시간에 운동장에 나가지도 않고 항상 교실에 남아서 음악을 듣거나 음악에 대해 공부를 했어요.

자신에게 주어진 환경 속에서 자기만의 루틴을 만드는 것이 가장 중요해요. 예를 들어 대학에 가지 않거나 보편적인 삶의 코스로 가지 않은 사람들이 쉽게 나태해지는 게 바로 루틴이 없어서거든요. 그런 친구들을 주위에서 워낙 많이 봤어요. 지방에서 음악 하러 서울에 올라온 친구들이 죽도 밥도 안 되고 다시 내려가는 경우도 이 때문이에요. 처음에는 각오가 단단하죠. "나 진짜 열심히 할 거야. 난 우리 고향을 대표하는 래퍼가 될 거야." 그런데 창문도 없는 지하 칸막이 연습실에 있다 보면 아무것도 안 하게 돼요. 일상에 루틴이 없으면 그냥 누워만 있게 되죠. 그런데 저는 오히려 학교라는 곳이 존재한 덕분에 루틴이 생겼어요. 지금 생각해도 다시는 열여덟, 열아홉 살 때처럼 열심히 살 수 없을 것 같아요. 제한된 환경 속에서 제가 할 수 있는 걸 하는 법을 배운 시기였죠. 그때는 하교하기 전까지 여덟 시간 동안 턴테이블을 만지고 싶어서 미치는 줄 알았어요. 집에 가자마자 두세 시간씩 연습했죠. 그런데 제가 스무 살이 되고 자유가 생기니까 오히려 그렇게 연습하고 싶지가 않더라고요.

굉장히 와닿는 내용이에요. 부모님을 걱정시키지 않으면서도 내가 하고 싶은 일을 하고, 주어진 환경을 최대한 효율적으로 활용한다는 것.

스윙스 형이 했던 얘기가 있어요. 힙합은 100마디, 300마디, 500마디 이렇게 핸디캡을 설정하고 랩으로 그걸 깨는 재미가 있다고요. 실제로 〈500 Bombs〉라는 노래를 발표하기도 했잖아요. 이렇게 보면 당시 고등학생이란 저의 신분도 핸디캡이었죠.

고등학교에 다닐 때 저는 힙합을 좋아하게 되면서 넓은 세상을 먼저 봤다고 생각해요. 자신들이 처한 열악한 환경 속에서 힙합을 통해 세상을 바꾸는 걸 봤기 때문에, 즉 거기서 무한한 가능성을 봤기 때문에 뭐랄까 친구들보다 매사에 당당할 수 있었어요. 예를 들어 친구들은 어떤 잘못을 해서 교무실에 불려 가면 세상이 무너지는 것처럼 반응했어요. "엄마한테 전화 가면 난 끝장이야"라는 식으로요. 그런데 현실은 그게 아니잖아요. 학교 교문 밖에만 나가도 아무것도 아닌 일인데 그런 일에 목숨을 걸고 하루 기분을 다 망치는 게 전 이해가 안 됐죠. 그 대신에 이런 생각을 했어요.

'학교에서의 여덟 시간은 아무것도 아니다. 난 이미 열여섯 시간을 자유롭게 사니까. 굴복하지 않고 이용하면 된다. 또 나는 고등학생이니까 보호받을 수 있는 것이다. 이 상황을 똑똑하게 이용하면 된다.'

이미 알고는 있었지만 범상치 않은 분이군요(웃음). 그러면 힙합을 접하기 전에는 꿈이 무엇이었나요?

장래 희망이 없었어요. 정확히 말하면 먼 미래의 목표를 정하는 것을 싫어했어요. 그냥 '이번 학기 전교 몇 등하고 싶다' 이런 정도였지 '의사가 되기 위해 공부할 거야' 같은 태도를 가지진 않았어요. 그런 게 싫었거든요.

앞으로 어떤 일이 일어날지 모르는데 먼 미래의 일을 지금 정하는 것은 무의미하다고 생각했던 건가요?

그렇죠. 앞으로 어떻게 될지 모르잖아요. 늘 그런 생각을 가지고 있었어요.

이제 다른 질문을 해 볼게요. 힙합이 처음 직업으로 다가온 순간은 언제였나요?

일단 이 일의 미래가 불투명하다는 사실은 어느 정도 알고 있었어요. 그래서 힙합을 하며 막연히 공연만 기다려서는 생계를 유지하는 게 불가능하다고 판단했죠. 그 대신에 디제잉 레슨을 해야겠다고 마음먹었어요. 열아홉 살 때 동네 경성고등학교에 다니는 후배들을 경성 사거리의 연습실로 불러서 공짜로 디제잉 레슨을 해 줬어요. 그렇게 1년 동안 제 커리큘럼을 만들었고 스무 살 때부터 본격적으로 레슨을 시작했죠.

그랬지만 당시에는 레슨을 받는 학생이 적어서 알바를 같이해야 했어요. 스물한 살이 되어서도 디제잉 레슨을 계속했는데, 하다 보니까 어느 날 처음으로 레슨 수익이 알바 수익을 넘어서게 된 거예요. 알바를 해서 버는 돈보다 레슨만 해서 버는 돈이 더 많았죠. 그때 생각했어요. '아, 이제 나 이걸로 먹고산다고 말할 수 있겠다.' 되게 기뻤어요. 그 순간이 기억에 남아요.

혹시 랩을 해 본 적이 있나요?

래퍼가 될 생각은 한 번도 안 해 봤어요.

특별한 이유가 있을까요? 힙합을 좋아하면 대부분 래퍼가 되고 싶어 하잖아요. 이 분야의 주인공 격이니까요.

마블 코믹스로 얘기하면 저는 킹핀 같은 캐릭터를 좋아해요. 래퍼라는 역할이 별로라는 뜻이 아니라 그 무게감이 부담스러웠어요. 내 이름과 내 얼굴을 내세워서 돈을 많이 벌어도 그만큼의 유명세를 치르는 것보다는 플레이어들 사이에서의 영향력만 갖고 싶었죠. 이 씬에 10년간 몸담고 있으면서 느낀 건 팬이 주는 관심이란 언젠가는 교체되기 마련이라는 거예요. 그걸 유지하는 건 너무 힘든 일이죠. 그것보다 저는 10년간 같이해 온 사람들 사이에서의 크레디트가 더 욕심나더라고요. 알짜배기 같고.

저도 비슷한 걸 느껴요. 제가 유튜브 채널을 시작했을 때 댓글을 보니까 사람들이 좀 의아해하더라고요. '이 사람이 누군데 이런 유명한 래퍼들이 다 출연하는 거지? 구독자도 얼마 없는데?' 이런 뉘앙스의 댓글들이 많았죠. 그런데 래퍼들 입장에서는 저와 오랫동안 알았으니까 출연한 거거든요. 사기꾼은 아니라는 걸 아니까요(웃음).

맞아요. 저 또한 김봉현 씨 책을 고등학교 때부터 많이 읽었거든요 (웃음).

미국 힙합 씬에는 'Too many MC's not enough Mic's'라는 말이 있다. 말 그대로 래퍼는 너무 많은데 마이크는 부족하다는 뜻이다. 모두가 랩을 하고 싶어 하고 모두가 래퍼를 자처하는 세태를 풍자한 말이다. 이 말을 한국 힙합 씬에 그대로 적용해도 큰 무리는 없을 것 같다. 한국에노 래퍼가 많다. 래퍼가 되고 싶은 사람도 많다. 물론 이 자체로는 좋은 일이다. 하지만 한국 힙합 씬의 구조와 균형을 생각한다면 이야기가 달라진다. 즉 래퍼만 너무 많은 지금의 상황은 솔직히 문제라면 문제다. 래퍼들이 모든 일을 다 할 수는 없다. 래퍼들이 한국 힙합을 모두 짊어질 수도 없다. 프로듀서가 더 많아져야 하고, A&R이 더 많아져야 한다. 랩이 아니라 글과 말로 힙합을 하는 사람도 늘어나야 한다. 힙합에 애정이 있는 유능한 공연 기획자나 디자이너도 물론이다. 다양성은 곧 건강함이다. 다양한 역할이 조화를 이룰 때 한국 힙합도 건강해진다.

'삶의 루틴'이 있어야 균형을 잡을 수 있다

이번엔 이 질문을 드릴게요. 힙합 디제이의 삶은 예술가의 삶이기도 하지만, 동시에 프리랜서의 삶이기도 한데 삶의 균형을 어떻게 잡는지 궁금합니다.

그게 무드를 창업한 계기이기도 해요. 20대 초반쯤 돈을 꽤 모았어요. 레슨으로 한 달에 200~300만 원 벌고서 거의 쓰질 않았거든요. 쓸 일이 별로 없었어요. 또 프리랜서다 보니 이번 달은 400만 원 벌었는데 다음 달은 100만 원 벌 때도 있고, 시간도 남을 때는 너무 남고, 돈도 안 모일 때는 너무 안 모이는 거예요. 고등학교 때만큼 부지런하지도 않고요. 그래서 삶의 루틴을 만들려면 공간 하나 정도는 책임져야겠다 싶어서 무드를 만든 거죠. 스스로 열심히 할 수 있는 환경이랄까, 체계적으로 할 수 있는 환경을 다시 만든 거예요.

그렇다면 무드 얘기로 자연스럽게 넘어가 볼게요. 무드는 어떤 공간인가요?

무드는…… 엄청난 각오로 만든 건 아니에요. 올해로 5년째 운영하고 있는데 이제야 조금씩 책임감의 무게를 느껴요. 제가 열여덟, 열아홉 살 때부터 대관해서 공연 만드는 일을 해 왔거든요. 그래서 내가 공간을 만들면 매번 대관비 안 나가고 부담 없이 공연을 만들 수 있겠다는 생각에 무드를 연 거죠.

신기한 것은 무드를 2014년 12월에 오픈했는데 2015년 초에 화나 형이 어글리정션을 시작하면서 자연스럽게 이런 얘기들이 나오기 시작했어요. '무드가 소규모 힙합 공연을 책임져 줘서 고맙다'고요. 실제로 무드만 한 사이즈의 공연장이 몇 군데 없기도 하고, 인재를 배출했다고 할 만한 곳은 저희와 어글리정션밖에 없거든요. 원래는 아무 생각 없이 시작했는데, 사람들이 칭찬해 주니까 책임감이 생기더라고요.

앞으로도 이변이 없는 한 계속 운영할 예정인가요?

사실 무드를 계약한 게 공연장을 만들어야겠다고 마음먹은 지 2주 만에 한 거였어요. 영제이란 친구가 "형, 뭐 해서 먹고살 거야?"라고 물어보길래 모르겠다고 했더니 공연장을 차리라고 하더라고요. 그래서 2주 후에 걔한테 말했죠. "공연장 계약했어." 제가 매사에 좀 이런 스타일인데 이번 주에도 계획이 하나 생겼어요. 돈을 더 열심히 모아서 무드를 메인 스트리트로 이전하고 싶어요. 지금은 골목에 있거든요. 이게 현재의 목표예요.

무드는 단순히 대관만 하는 공간이 아니라 기획도 하는 공간이잖아요. 또 음악적으로는 힙합을 포함해서 흑인음악을 바탕으로 하는 공간이고요. 바로 그 점 때문에 한국에서 운영하기 더 어려운 부분이 있나요?

아니요. 현시점에서는 장점이죠. 힙합이 한국을 지배하고 있으니까요.

:: 예술가와 프리랜서 사이 균형감을 만들어 주는 것은 '삶의 루틴'이라고 말하는 디제이 켄드릭스. 무드 또한 그가 일을 체계적으로 할 수 있는 환경을 만들기 위해 연 것이다.

그러면 디제이로 활동하면서 동시에 무드도 경영해야 하는데, 이 둘을 오고 갈 때 어려운 점은 없나요?

현재로서는 딱히 없어요. 오히려 도움이 되는 것 같아요. 예를 들어 디제이로서 만난 래퍼나 디제이를 무드의 기획 공연에 섭외할 수도 있고, 무드의 사장이기 때문에 다른 사람을 제가 일하는 루틴 안에 넣을 수도 있고요. 여러 면을 잘 융합시키려고 노력해요.

디제잉을 하는 것과 디제이로 사는 것은 어떻게 다른가요?

일단 디제잉을 할 때는 원초적인 즐거움을 느껴요. 청중과 음악에만 집중하면 되죠. 하지만 디제이로 사는 건 멀티 플레이가 가능해야 해요. 예를 들어 클럽에서 공연할 시간을 따내기 위해선 인간관계도 중요하고, 그 클럽과 나의 관계도 신경 써야 하죠. 그런데 직업이란 게 다 그렇잖아요. 디제이의 삶만 그런 게 아니라.

그렇다면 한국에서 힙합 디제이로 사는 것과 공무원이나 대기업 사원으로
사는 것에는 어떤 차이점이 있을까요?

저는 제 삶이 더 쉽다고 생각해요. 주위에 제약회사 다니는 형들도
있는데 영업하려고 별별 일을 다 해요. 그런데 우리는 그 정도는 아니
거든요. 오히려 베이프(Bape) 티셔츠 한 장만 사 줘도 바로 형제가 될
정도로 단순해요. 또 돈을 더 솔직하게 좋아하죠. 그렇기 때문에 비싼
양주를 사 주지 않아도 되고 여자들 있는 술집에 데려가 달라고 요구
하지도 않아요. 그냥 내가 좋아하는 나이키 신발 하나에도 형제가 될
만큼 순수하고 솔직하죠. 진급시험을 봐야 하는 것도 아니고 적성검사
를 할 필요도 없죠. 힙합은 그저 사람만 맘에 들면 솔직하게 '무슨 일
같이하자'라고 쉽게 얘기할 수 있어요.

성취욕 많은 사람에서 '멋있게' 성취하는 법을 아는 사람으로

현재 한국에서는 힙합 씬 종사자들을 어떤 시선으로 보고 있을까요?

힙합 씬 종사자에 대한 시선은 많이 좋아졌죠. 제가 어릴 때는 힙합
을 좋아한다는 게 '덕후' 같은 느낌이었어요(웃음). "이런 거 왜 듣냐?"
라는 소리를 듣곤 했죠. 그런데 지금은 젊은 사람들이 다 힙합처럼 옷
을 입고 힙합처럼 행동하잖아요. 그 덕을 크게 봤죠. 물론 간혹 안 좋
은 시선이 여전히 있긴 해요. 그런데 그건 우리가 너무 잘됐기 때문
에 생기는 부수적인 것이지 전반적으로는 좋은 인식이 늘었다고 생각
해요.

직업란에 직업을 쓸 때는 뭐라고 쓰는지 궁금합니다. 또 그렇게 쓰는 이유도요.

저는 자영업자라고 써요. 비행기 탈 때 이렇게 쓰는 걸 좋아해요. '힙합도 이제 직업이야'보다는 '나는 힙합으로서 직업의 영역에 들어왔어'가 더 멋지거든요. 기존에는 직업이 될 수 없었던 형태로 나는 당신들과 같은 레벨에 왔다는 뜻이죠. 남들과는 다른 준비 과정으로, 남들이 선택하지 않은 과정으로, 남들이 갈 수 있는 경지에 갔다는 게 자랑스러워요. '나는 디제이밖에 안 했는데 자영업자라고 적을 수 있고, 자영업자만큼의 직업적 성취를 이뤘어. 나는 뿌듯함을 느껴.' 이렇게요.

힙합 디제이 겸 자영업자로서 켄드릭스 님은 듀오 같은 결혼정보회사에서 현재 몇 등급을 받을 것 같나요?

듀오에서 저 정도면 상위권이지 않을까요(웃음). 제 나이에 비해서는 잘 벌고 있으니까.

알겠습니다(웃음). 힙합 디제이로 살면서 보람찼던 순간이 있다면요?

뿌듯함까지는 아닌데 스물세 살쯤 군대에 있는 친구들한테 전화가 오는 거예요. "야, 나 TV 보는데 뮤직비디오에 너 나오더라." 또는 "빈지노 영상 보는데 뒤에 너 있더라. 너 잘됐나 보다." 이런 말 들을 때 좀 기뻤죠. 무드 사장으로서 보람을 느낄 때는 무드에서 공연을 자주 했던 친구들이 잘됐을 때예요. 예를 들어 양홍원(영비)이 무드에서 공연하는 영상이 〈쇼미더머니〉에 많이 나오기도 했고, 〈쇼미더머니〉 인터뷰를 아예 무드에서 촬영하기도 했죠. 또 재키와이는 무드에서 알바를 조금 하기도 했고요. 그럴 때 좀 보람을 느끼죠.

단순히 '내가 유명해졌다'는 사실에 보람을 느끼는 게 아니라 전에 없던 새로운 걸 스스로 만들어 냈다는 것에 자부심을 느끼는 건가요?

그렇죠. 가수나 연예인이 됐다고 느끼는 감정과는 다른 것 같아요. 기존에 없던 형태로 이름을 알렸다는 게 자랑스러운 거죠.

그러면 반대로 지금까지 저질렀던 실수나 실패가 있을까요?

일단 공연을 실패한 적은 엄청나게 많아요. 관객이 한 열 명 정도 온 적도 있고요.

그렇다면 실패를 극복하거나 아무렇지 않게 털어 내는 자기만의 방법 같은 게 있나요?

일을 많이 벌이면 실패는 당연히 잦을 수밖에 없어요. 물론 실패의 원인은 당연히 분석해요. 하지만 저는 그걸 100퍼센트 분석해 내겠다는 태도가 더 오만하다고 생각하는 타입이거든요. 실패했다는 건 내가 계획한 만큼 안 됐다는 뜻인데 내 계획이나 결과만 되짚는다고 그 원인을 모두 찾을 순 없어요. 그런데 사람들은 그 원인을 찾으려고 하고, 완벽하게 분석하려고 하죠. 하지만 그런다고 과연 다음 시도가 100퍼센트 성공할까요? 절대 그렇지 않아요. 그래서 저는 실패를 마음에 계속 담아 두거나 오래 생각하지 않아요. 그저 결정적인 원인 한두 개 정도만 따지는 편이죠. 오히려 원인을 완벽하게 분석하고, 그것을 고려해 조심스럽게 행동하면 더 더디게 발전할 수 있거든요. 그래서 실패하면 '이번엔 실패했구나. 다음에 더 잘해야지' 정도로만 생각하죠.

맞아요. 홈런 타자가 삼진을 제일 많이 당한다는 말도 있잖아요. 저의 작업

스타일도 그래요. 어느 정도의 퀄리티는 유지하면서 많은 일을 하고, 그중에서 실패하는 게 있으면 그냥 그런가 보다 하면서 털어 내고요.

힙합 음악이 지금 발매되는 스타일도 다 그렇잖아요.

그게 힙합의 특징이기도 하죠. 그럼 이 질문을 드릴게요. 지금 10대들은 왜 래퍼가 되고 싶어 할까요?

한국 정서 때문이죠. 한국에서는 젊은 나이에 이룬 성공을 매력적으로 보니까요. 10대라고 해서 어른들의 정서를 모르는 게 아니에요. 오히려 더 잘 알죠. 어른들이 돈 걱정하고 살림살이 걱정하는 거 다 알아요. 현 세태가 얼마나 불안한지도요. 그렇기 때문에 젊은 나이에 자신의 힘으로 성공하는 것을 동경할 수밖에 없는 시대가 됐다고 생각해요.

그렇다면 10대에게 래퍼나 디제이를 직업으로 추천하고 싶나요?

현시점에서 추천하기는 사실 쉽지 않아요. 그런데 하지 말라고도 말하지 못하겠는 게 명문대에 가는 것보다는 이게 더 쉬운 것 같아서예요. 이른바 '서연고' 갈 확률보다는 힙합 씬에서 직업적 성취를 이룰 확률이 더 높다고 생각해요. 그런데 추천할 정도가 되려면 저나 김봉현씨나 제이제이케이 형 같은 사람들이 이 씬의 직업적인 수준을 좀 더 올려놔야 할 것 같아요. 문화적인 저변이나 인기가 아니라 직업적인 성취나 시스템이요. 우리 세대에 힙합으로 수혜를 누린 사람들이 이제 어른이 되고 있잖아요. 그 세대 속에서 저는 비교적 어린 편에 속하지만 대부분이 저보다 열 살 정도 많은데 그분들은 다 이런 생각을 하고 있더라고요.

:: 힙합 관련 직업의 미래를 위해 앞으로 필요한 것
은 문화적인 저변이나 인기가 아니라 직업적인 성취,
시스템의 수준을 올려놓는 것이라고 말하는 디제이
켄드릭스.

힙합이 켄드릭스 님의 삶을 바꿔 놓았나요?

네. 어느 정도 고마움을 느껴요. 힙합이 저를 업그레이드해 줬다고
생각해요. 저는 항상 승부욕이 강한 편이었고 성취욕도 많은 편이었
어요. 그런데 힙합이 그것을 이루는 신선한 방법을 알려줬죠. 말도 안
되는 비유지만 토니 스타크도 엄청 멋있잖아요. 그런데 아이언맨 수트
를 입어야 더 멋있어요. 토니 스타크가 그냥 돈 많은 부자에서 영웅으
로 발돋움하듯이 힙합은 '성취욕 많은 사람'에서 '멋있게 성취하는 법
을 아는 사람'으로 저를 만들어 줬어요. 결정적인 발전을 저에게 안겨
줬죠.

**혹시 힙합과 관련해서 앞으로 더 생길 것 같다거나 생겨야 한다고 생각하는
직업이 있나요?**

최근 몇 년 사이에 소위 말하는 '힙합 학교'가 너무 많이 생겼잖

아요. 저 역시 저에게 레슨을 받는 친구들을 통해 그 학교들에 관한 이야기를 들어요. 사실 그럴 때마다 별로 만족스럽지가 않아요. 저한테 배운 테크닉을 거기에서 또 배우고 있고, 그렇다고 학생들을 직업적으로 연결해 주는 것도 아니니까요.

오늘 계속 말했듯 저는 힙합이 가진 정체성이나 태도에 매료돼서 그걸 통해 노력도 하고 성취도 이뤘거든요. 그래서 힙합을 인문학적으로, 또 역사적으로 해석하는 교육이 중요하다고 생각하는데 지금 한국에는 그런 부분이 부족해요. 제가 김봉현 씨의 팬인 이유도 그런 책을 많이 집필했기 때문이거든요. 책이라도 있어서 다행이긴 하지만, 또 책만 있다는 건 안타까운 현실이기도 해요. 책으로만 보면 절대 와닿지가 않잖아요. 힙합으로 진짜 성공한 사람들이 학교의 교수가 되어야 해요. 그런 사람들이 자기 인생 얘기를 하는 교육 시스템이 있어야 한다고 봐요.

저 혼자만의 힘으로는 좀 힘드네요(웃음). 마지막으로 이 책을 읽는 사람들에게 한마디 부탁합니다.

아마 10대 후반이나 20대 초반이 많겠죠? 여러분이 직업을 가질 나이가 됐을 때도 무드는 있을 거니까 같이 이 직업을 키워 봅시다.

"공급은 많은데 뚫린 문이 없어서, 제가 만들기로 했죠"

| 석찬우 |

닉네임 똘배. 디렉터이자 제작자, 흑인음악 전문 에이전시 스톤쉽의 대표다. 성공회대학교 재학 시절 더콰이엇과 매드클라운, 화나를 만나면서 자연스럽게 힙합 씬에 합류하게 되었다. 22세 때 '킹더형레코드'라는 레이블을 설립하면서 본격적으로 사업을 시작했고, 군대 제대 후 화나의 앨범을 발매하면서 흑인음악 전문 에이전시 스톤쉽을 성공적으로 안착시켰다.

석찬우는 '똘배'라는 별명으로 더 잘 알려져 있다. 언젠가부터 그는 래퍼들과 어울리며 래퍼들의 옆에서 자주 발견됐다. 하지만 그는 래퍼들과 인맥을 쌓는 게 목표인 인물은 아니었다. 랩을 하진 않았지만 그 역시 한국 힙합의 일원이었고 이내 자기만의 방식으로 힙합에 기여하기 시작했다. 파티를 주최하고 앨범을 제작했다. 특히 VMC와는 한동안 밀접한 관계를 맺으며 많은 일을 해내기도 했다.

스톤쉽은 그의 오랜 노하우와 야망이 깃든 회사다. 천편일률적인 국내 기획사 및 엔터테인먼트와는 차별화된 장르 음악 전문 에이전시 및 레이블을 추구한다. 그동안 한국에는 없었던 '제대로 된 뮤직 비즈니스' 역시 석찬우가 늘 강조하는 포인트다. 스톤쉽에는 현재 MBA, 소마, 오르내림, 히피는 집시였다, 제이통, 한스커, 코스믹보이, 화나가 아티스트로 소속돼 있다. 이 뮤지션들의 면면을 보면 스톤쉽이 지향하는 가치를 얼추 짐작할 수 있을 것이다. 힙합에 종사하고 싶지만 래퍼는 되고 싶지 않다면, 당신은 석찬우의 행보를 눈여겨봐야 한다.

대통령이 꿈이었던 내가 뮤직 비즈니스맨이 된 이유

힙합은 언제부터 좋아했나요?

초등학교 때부터 좋아했어요. 누나가 젝키 팬이었는데 은지원이 존경하는 뮤지션으로 투팍을 적은 거예요. 그래서 누나가 투팍 카세트테이프를 샀고 저도 그걸 들으면서 힙합을 접하게 됐죠.

지금 돌아보면 당시 들었던 투팍의 음악이 다른 장르 음악과 어떤 점에서 달랐나요?

뭐랄까 남자의 멋? 이런 게 느껴졌어요. 케이블 TV에서 에미넴 뮤직비디오가 나올 때도 똑같은 기분을 느꼈죠. 와, 멋있다.

혹시 거부감은 없었나요? 욕이 나온다거나 해서.

그런 건 없었어요.

학창 시절에는 어떤 학생이었는지 궁금합니다.

부모님 두 분 다 선생님이세요. 그래서 저는 늘 부모님께 죄송했어요. 교사 자식이 이러니까요(웃음). 중학생 때는 애들이랑 두루두루 다 친하게 잘 지내는 스타일이었어요. 좀 양아치 같은 애들하고도 친했

:: 본명보다는 닉네임 '똘배'로 흔히 불리는 석찬우. 그는 제대로 된 '뮤직 비즈니스'를 하고자 흑인음악 전문 에이전시 스톤쉽을 설립했다.

고 공부 잘하는 애들과도 친했죠. 사교성이 좀 좋았거든요. 고등학교 때는 반장을 했어요. 그런데 제가 다녔던 학교가 두발 단속이 너무 심했거든요. 그래서 두발 자유화 운동을 한다고 애들 서명받고 부산 교육청 담을 넘어서 탄원서도 넣고 그랬어요.

공부와는 좀 거리가 먼 학생이었나요?

저는 고등학교 1학년 때 이미 성공회대학교에 가기로 결정했어요. 성공회대학교 교수님들을 좀 좋아했거든요. 고등학교 때 제 꿈은 대통령이었어요. 정치나 인문학에 관심이 많았죠. 고1 때 신영복 교수님 책을 읽었는데 너무 멋있는 거예요. 그래서 성공회대학교에 진학하기로 결정했어요. 그런데 이 학교에 대해 알아보니까 엄청 명문대는 아니어서 대충 그때 모의고사 수준으로도 충분히 가셨더라고요. 그래서 공부를 별로 열심히 안 했어요.

대통령이 꿈이었는데 지금의 일을 하게 된 특별한 계기가 있을까요?

대학교가 큰 영향을 미쳤죠. 제가 매드클라운이랑 과 동기예요. 매드클라운 형이 처음에는 자기가 매드클라운인 거를 얘기도 안 했어요. 저한테 힙합 좋아하느냐고 물어보면서 자기는 힙합 동아리에 들 거라고 하더라고요. 당시 저도 랩을 해 보려고 했던 시기여서 나도 랩 가사 써 보려고 한다고 말하니까 며칠 뒤에 자기가 매드클라운이라고 하더라고요. 그래서 자연스럽게 소울컴퍼니 사람들과도 만나게 됐죠.

그러다 제가 총학생회장 선거에 나가면서 선거송을 랩으로 했거든요. 화나 형의 〈그날이 오면〉 비트를 썼는데 그때 화나 형한테 처음 연락을 했죠. 또 고3 때부터 더콰이엇 형 팬이었는데 성공회대학교에 오니까 더콰이엇 형도 이 학교를 다니는 거예요. 물론 학교는 잘 안 나왔지만요(웃음).

지금 활약하는 래퍼들을 대학교에서 이미 만났던 거군요.

그런 데다가 대학에 들어와서 오히려 정치에 좀 실망을 했어요. 대학에서 정치 운동하는 사람들에게 모순도 느꼈고 뭔가 '짜친다'는 느낌을 많이 받았어요. 어쨌든 실망이 엄청 컸어요. 그래서 뮤지션들과 더 친해진 것 같아요. 뮤지션들하고 어울리면서 세상을 바꾸는 건 오히려 예술이라는 생각을 했죠.

랩을 해 보려다가 그만두게 된 이유는 무엇이었나요?

대학교에 들어오면서 래퍼들을 많이 만났어요. 매드클라운, 화나, 더콰이엇도 만났고 앤덥, 리듬파워, 기리보이, 크루셜스타도 일찍 알았어요. 그때 제가 느낀 게 음악을 하는 사람이 이렇게나 많은데, 그러니까 이미 공급이 이렇게나 많은데 뚫려 있는 문은 하나도 없는 거예요. 그리고 그게 아무도 안 열어서 안 열린다고 생각했어요. 자연스럽게 제가 그 역할을 해 보기로 마음먹었죠.

래퍼들의 랩을 듣고 열등감이나 상실감을 느끼지는 않았나요?

그런 건 아니었어요. 하지만 제가 랩으로 1등을 할 순 없겠다는 건 알았죠. 그런데 먹고살려면 그 분야의 1등이어야 하잖아요. 많은 사람이 음악을 하고 싶어 하고, 랩을 하고 싶어 하는데, 물론 그 마음이 잘못된 건 아니지만 자기에게 맞는 포지션을 잘 알아야 한다고 생각해요. 축구를 예로 들면 축구를 좋아한다고 모두가 축구선수가 될 필요는 없잖아요. 누군가는 감독도 해야 하고 코치도 필요하고 스태프도 필요하죠. 그래야 축구 산업이 유지될 수 있는 거고요. 음악도 똑같거든요.

저 역시 제가 가진 재능의 종류를 일찍 파악하려고 노력했고, 그 결과로 지금 이 일을 하고 있는 거거든요. 사람들이 자기 재능의 종류를 최대한 일찍 파악했으면 좋겠어요. 힙합을 좋아하는 사람들이 래퍼가 아닌 다른 쪽으로도 많이 진출했으면 좋겠고요.

저도 그 마음이 늘 있어요. 〈쇼미더머니〉에 몇만 명이 지원하잖아요. 그중 10분의 1만 프로 래퍼가 된다고 해도 몇천 명이에요. 그럼 그 래퍼 몇천 명의 앨범을 내 줄 회사가 우리나라에 몇 개나 되지? 사실 몇 개 없거든요. 상황이 말이 안 돼요. 지금 축구 산업도 축구선수보다 스태프가 훨씬 많아요. 미국 음악계도 이미 그럴 거예요. 우리나라 음악계도 그렇게 돼야 해요.

그동안 우리나라에는 스타 마케팅과 엔터테인먼트 산업만 존재했지 뮤직 비즈니스는 이제 막 시작된 거나 다름없어요. 예전에는 레이블이라는 말을 쓰지도 않았어요. 다 기획사나 엔터테인먼트라고 했죠. A&R이라는 단어 역시 제가 찾아서 썼어요. 당시에 아무도 A&R이란 말을 쓰지 않았거든요.

나는 윤종신의 팬이다. 그의 음악은 모두 외우고 있다. 윤종신의 노래를 들을 때마다 가사에 감탄했다. 그리고 나도 그렇게 가사를 쓰고 싶었다. 내가 그의 노래를 듣고 감동받는 것처럼 나도 누군가를 감동시키는 가사를 쓰고 싶었다. 하지만 몇 번 끄적여 보다 깨달았다. 재능에도 종류가 있다는 사실, 예술가의 재능과 저널리스트의 재능은 서로 다른 종류라는 사실을 말이다. 냉정하게 나를 객관적인 관점으로 바라봤다. 나는 윤종신의 노래를 잘 이해하고 받아들여 감동받을 수 있는 사람이긴 했지만 윤종신처럼 가사를 쓸 수 있는 사람은 아니었다. 오히려 윤종신의 음악을 잘 소개하고 해석할 수 있는 사람이었다. 새삼 다시 생각한다. 힙합을 좋아한다고 해서 내가 래퍼가 됐다면? 아마 불행한 삶을 살진 않았을까.

스톤쉽은 다양한 색깔을 가진 '힙합 하는' 회사

말한 것처럼 뮤직 비즈니스의 필요성을 인지하고 지금 하고 있는 일로 뛰어들었잖아요. 혹시 처음에 걱정이나 두려움은 없었나요?

그런 생각을 해 본 적은 없어요. 그냥 재밌었어요. 새로운 래퍼를 만나고, 새로운 사람을 만나고, 내가 좋아하는 음악을 같이 이야기할

:: 대통령이 꿈이었던 그는 대학 시절 정치 운동에 모순을 느끼고, 뮤지션들과 어울리며 세상을 바꾸는 건 오히려 예술이라는 생각을 했다.

수 있는 게 너무 좋고 소중했죠. 뭔가 자연스러운 희생이었어요. '이게 필요한데 왜 다들 안 하지? 내가 해야겠다. 내가 움직여야지.' 이렇게 된 거죠.

스톤쉽이 어떤 회사인지 설명해 주세요.

시작은 에이전시였어요. 그런데 지금은 제작 관련 일도 해요. 힙합에 관심 있는 사람에게는 레이블로 비칠 수 있어요. 하지만 래퍼가 대표인 다른 한국 힙합 레이블과 달리 조금 더 비즈니스적인 음악 제작사예요. 장르 음악 제작사? 좀 더 색깔 있는 뮤지션들의 제작사? 기획사인데 연습생 없는 기획사? 근데 뭐 그냥 '힙합 하는' 회사죠(웃음).

음악 창작자들이 잘 모르거나 할 수 없는 일들을 대신해 주고, 수고를 덜어 주는 역할을 한다는 뜻인가요?

그렇죠. 레이블 역할을 하는 거죠. 한국에서는 레이블이라고 하면 뭔가 하나의 음악적 색깔로 규정이 되잖아요. 그래서 한 레이블이 다양성을 담지 못하는 게 한계점이라고 생각했어요. 스톤쉽은 억지로 집단성을 만들지 않아요. 다양한 음악을 하는 실력 있는 뮤지션이 모여 있을 뿐이죠.

장르적으로는 흑인음악에 기반하지만 예를 들어 VMC처럼 하나의 색깔로 규정되진 않는다는 말인가요?

그렇습니다.

다른 레이블과 비교했을 때 스톤쉽이 더 선진적으로, 혹은 더 제대로 하고 있는 것은 무엇인가요?

스톤쉽이라는 브랜드가 성취도 면에서는 상대적으로 낮을 수는 있어요. 하지만 레이블에 소속된 신인 뮤지션들이 데뷔를 준비하고 앨범을 내고 성장하는 과정에서 저희는 다양성을 보장해 줘요. 다른 레이블은 잘 해 주지 않는 일이죠. 각자의 커리어를 각 뮤지션에 맞게 잘 만들어 주려고 노력하고 있어요.

예를 들어 앰비션뮤직과 애쉬아일랜드가 계약한다고 했을 때 누군가는 색깔이 맞지 않는다고 느낄 수도 있어요. 하지만 스톤쉽에서는 그런 일이 일어나지 않아요. "소속된 뮤지션의 색깔이 다 다른데 그중에 '구린' 건 없어!"가 저의 지향점이에요. 물론 저는 레이블의 대표로 있는 래퍼 형들 모두를 리스펙트합니다(웃음).

그럼 스톤쉽은 레이블 컴필레이션 앨범도 내지 않을 예정인가요?

아니요. 컴필레이션 앨범은 낼 거예요. 하지만 모양새는 마블 같은 게 될 겁니다. 스파이더맨과 토르는 둘 다 마블 소속이지만 평소에 만나지는 않잖아요. 토르는 신이고 스파이더맨은 학생이죠. 아예 다른 존재예요. 그런데 '어벤져스'일 때는 지구의 위기라는 대의명분 아래 뭉치잖아요. 스톤쉽의 대의명분이 바로 컴필레이션 앨범이에요.

우리는 어벤져스 영화도 보지만 토르 영화도 따로 보고 스파이더맨 영화도 따로 보러 가잖아요. 토르 팬이 따로 있고 스파이더맨 팬이 따로 있어요. 그 둘의 성향이 많이 다르고요. 하지만 둘 다 마블로 인식하죠. 스톤쉽은 이런 그림을 지향해요. 물론 마블 같은 그림이 되려면 매우 긴 시간 동안 장기적인 브랜딩을 해야 성과를 낼 수 있겠지만요.

크루와 레이블은 서로 같을 수도 있지만 다를 수도 있다. 일단 크루는 음악적·예술적 유대감을 지닌 일종의 결사체라 할 수 있다. 제도나 법적인 구속력이 없는 '패밀리' 개념이다. 하지만 레이블은 제도나 법적인 구속력을 갖춘 회사이자 사업체라는 점이 크루와 다르다. 이러한 이유로 같은 크루에 있지만 서로 다른 레이블과 계약하는 것이 가능하다. 반면 크루의 형태를 유지하다가 그대로 레이블화하는 경우도 있다. 딥플로우가 대표를 맡고 있는 VMC가 대표적인 예다. VMC는 원래 크루였지만, 다른 몇몇 회사에서 VMC 멤버들에게 개별적으로 계약 제안이 들어왔고, 이를 본 딥플로우가 VMC라는 크루를 통째로 레이블화해 그 소지를 없애 버렸다.

스톤쉽 유니버스를 만들겠군요(웃음). 그렇다면 뮤지션에게 구체적으로 어떤 프로세스를 거쳐 무슨 일을 해 주는지 궁금해요.

뮤지션의 음악이라는 무형의 콘텐츠를 유형의 재화로 만들어서 파는 게 뮤직 비즈니스잖아요. 그러려면 포장지가 필요한데 바로 이 포장을 해 주는 것이 저의 업무예요. 원두를 짜내는 사람이 뮤지션이라면 원두를 포장해서 팔고 커피숍을 운영해 주는 게 회사인 셈이죠. 앨범은 절대 혼자서 낼 수 없어요. 비트도 받아야 하고 앨범 유통도 해야 하고 앨범 아트워크, 뮤직비디오, 프로모션, 콘서트 장소 대관, 콘서트 진행 등 스태프들이 해야 할 일이 무수히 많기 때문이죠. 레이블에서 하는 건 이런 일들이에요.

물론 큰 그림은 뮤지션 본인이 그려야 합니다. 그리고 구체적인 방향성을 레이블과 함께 잡아 가는 거죠. 화나를 예로 들어 볼게요. 화나가 〈신발끈 블루스〉라는 노래를 냈을 때 노래에 어울리는 브랜딩을 해 주고 싶었어요. 그런데 블루스가 청춘을 얘기하는데 '구찌'나 '발렌시아가' 같은 명품 브랜드를 붙이면 이상하잖아요. 그래서 '컨버스'와 뮤직비디오를 협업해 만들었어요. 다른 예를 들자면 딥플로우의 《양화》 앨범이 나왔을 때는 양화대교에서 할 수 있는 이벤트를 계속 고민했어요. 그래서 양화대교를 지나가는 버스에 광고를 했죠.

그렇다면 오르내림 같은 신인의 앨범의 경우 발매 전후로 어떤 작업을 했나요?

일단 오르내림이 신인이었기 때문에 먼저 '룩(look)'을 만들어 줬어요. 그 친구가 음악 외적인 부분에서는 정말 무채색에 가까웠거든요. 〈Oh yeah〉라는 뮤직비디오에 나오는 룩을 저희가 만들었죠. 사실 뮤직비디오를 찍기 전에는 오르내림에 대한 사람들의 반응이 별로였어요. 아닌 것 같다고들 했죠. 그런데 뮤직비디오의 반응이 좋으니까 사람들이 생각을 바꾸더라고요.

제이통 같은 경우, 일단 모든 걸 자신이 다 해야 하는 성향의 사람이기 때문에 항상 결과물이 늦곤 했어요. 그런데 최근 영상 제작 부분에 제가 관여하면서부터 조금 내려놓게 했죠. 그래서 탄생한 뮤직비디오가 〈오 직 직 진〉이에요. 그 뮤직비디오가 커리어 최고의 작품으로 평가받으면서 제이통의 생각도 조금 바뀐 것 같아요. 이런 게 단순히 돈으로 되는 건 아니잖아요. 그러한 역할을 제가 하는 거죠.

저도 비슷한 경험이 있어요. 그동안 제가 낸 책의 표지를 출판사에 전적으로 맡긴 적이 한 번도 없었거든요. 혼자서 모든 걸 결정한 건 아니었지만 전부 제가 관여하긴 했어요. 그런데 《밀리언달러 힙합의 탄생》이라는 책을 낼 때 처음으로 책 표지를 출판사에 전적으로 맡겼어요. 출판사가 보내온 시안이 마음에 안 들어서 바꾸러 갔다가 그쪽의 설명을 듣고 이번에는 처음으로 출판사에 맡겨 보자고 마음을 바꿨죠. 그런데 그 책 표지 반응이 좋았어요. 그 경험에 크게 영향을 받아서 그 후로 출판사 말을 더 잘 듣게 됐죠(웃음).

맞아요. 너무 신경 안 써도 안 되고, 하고 싶은 것만 해도 안 돼요. 다 하면서 남의 의견도 수렴할 줄 알아야 하죠.

'취준생'의 마음으로는 이 일을 할 수 없다

스톤쉽 업무를 할 때 본인이 가진 힙합과 음악 관련 지식이 당연히 도움이 되고 있죠?

당연히 그렇죠. 특히 뮤지션들과 대화할 때 그런 것들이 도움이 돼요. 젊은 뮤지션들은 자기 작품에 대해 이해해 주기를 바라는 마음이 크거든요. 그런데 지금까지는 힙합 회사라고 해도 작업을 함께하는 스태프나 회사 구성원들이 힙합에 대한 이해도가 없으니까 뮤지션들의 그런 갈증이 해소되지 않았죠. 아티스트의 음악이 그 아티스트와 계약한 이유가 되어야 하는 거잖아요.

예전 서사무엘의 두 번째 앨범을 제작할 때, 서사무엘과 기리보이가 만날 수 있게 자리를 주선한 적이 있어요. 그때 둘은 서로 모르는 사이였는데 제가 볼 땐 나이도 같고 음악적으로도 서로 잘 맞을 것 같았거든요. 그 후에 둘이 '케미'가 통해서 같이 작업한 노래를 서로의 앨범에 넣더라고요. 서사무엘 앨범에 넣은 노래와 기리보이 앨범에 넣은 노래를 이어 들으면 서로 연결돼요. 제가 알고 있는 것들이 이런 역할을 하는 거죠.

누군가가 석찬우 씨처럼 되고 싶다고 한다면 어떤 과정을 거치라고 말해 줄 건가요? 일단 음악을 많이 들어 봐야겠죠?

그건 기본이죠. 그런데 음악은 누가 억지로 들으라고 시켜서 많이 들을 수 있는 건 아니에요. 본인이 재밌다고 느끼면서 계속 들어야 하는 거고, 그러다 보면 어느 순간 습관이 돼서 마치 뉴스 보듯 음악을 듣게 되는 거죠. 또 한 가지 말하자면 저는 영화를 볼 때도 엔딩 크레

디트를 확인하는 것을 좋아하거든요. 제품을 볼 때도 어떤 공장에서 만들었는지 직업병처럼 확인하고요. 그냥 음악을 듣고 단순히 좋았다는 감상에 그칠 게 아니라 그 노래를 누가 작곡하고 작사했는지, 어떤 회사에서 나왔는지 등을 확인하는 습관을 가진다면 더욱더 좋겠죠.

석찬우 씨 같은 일을 하려면 어떤 점에 유의해야 할까요?

저는 지금껏 취업 준비를 해 본 적이 없어요. 토익이나 토플 시험도 응시해 본 적이 없죠. 그래서 제 회사의 직원을 뽑으면서 반대로 제가 몰랐던 부분을 많이 깨달았어요. 예를 들어 그 전까지는 직장인으로서의 직원들의 마음을 잘 몰랐어요. 그래서 실수도 많이 했죠. 지난 5년간 사업을 하면서 배운 게 많아요. 이런 부분을 미리 안다면 더 좋을 것 같아요.

구체적으로 어떤 실수를 했는지 궁금하네요.

간단한 예로 저희 회사는 식대를 제공해요. 직원이 많은 것도 아니니까 맛있는 거 사 주고 싶은 마음에 직원들과 점심을 자주 함께 먹었어요. 식대 제한도 없다 보니 자유롭게 맛있는 걸 먹으러 다녔죠. 그런데 직업 특성상 스케줄이 유동적이기에 제 식사 시간은 일정하지가 않거든요. 언제는 1시에 먹고 언제는 2시에 점심을 먹을 때도 있죠. 물론 제 입장에서는 직원들이 먼저 점심을 먹어도 전혀 기분 나쁠 것 없었는데 직원들은 제가 대표니까 배가 고파도 제가 올 때까지 기다렸던 거예요. 그때 깨달았죠. 비싼 거, 맛있는 거 사 주는 것보다 오히려 직원들한테 '12시부터 1시까지 점심시간, 식대는 7000원' 이렇게 정해 주는 게 더 좋을 수도 있다는 것을요.

:: 스톤쉽은 기존의 방식을 따르기보다 뮤지션의 다양성을 보장하고 커리어 또한 각 뮤지션에 맞게 만들어 주는 새로운 길을 일구고 있다.

작은 부분일 수 있지만, 이런 경험들을 통해서 느낀 게 많아요. 물론 제가 입시 전쟁이나 취업 준비를 겪지 않은 덕분에 제가 하고 싶은 것을 찾아서 지금의 삶을 살게 됐다는 생각도 하고요.

래퍼는 아니지만 힙합 씬에 종사하며 살아가고 있잖아요. 이런 삶을 청소년에게 추천하나요?

저 같은 삶을 살고 싶어 하는 사람이 생각보다 많아서 워크숍도 진행했어요. 지금은 안 하고 있지만 7기까지 했죠. 4개월 과정으로요. 현재 저희 회사 직원들은 물론 예전 직원도 워크숍 출신이에요. 또 아이돌 기획사에서 일하는 사람 중에도 워크숍에서 봤던 사람이 꽤 있고요. 어찌 보면 이쪽이 현재의 유망 직종인데 안 할 이유가 없지 않을까요?

워크숍을 하면서 기억에 남은 인물이 혹시 있나요?

'슬로'라는 프로듀서가 있어요. 음악을 하는 친구인데도 제 워크숍을 들었거든요. 그런데 그 친구가 앨범을 낸 후에 저를 찾아왔어요. 제 워크숍을 듣고 완전히 새롭게 각성해서 지금의 모습이 됐다고 말해 주더라고요. 어떻게 보면 이것도 일종의 A&R이에요. 뮤지션의 창작을 제가 도와준 거니까요.

마지막으로 이 책을 읽는 사람들에게 당부 한마디를 해 준다면?

지금 제 나이가 서른셋이에요. 저는 힙합의 핵심이 'Do It Yourself' 정신이라고 생각해요. 어릴 때부터 이 정신으로 살아왔어요. '나는 내가 하고 싶은 것, 내 것을 하자' 늘 이 생각을 가지고 있었죠. 이런 정신이 내면에 기본으로 깔려 있으면 어떤 방향으로든 터진다고 생각해요.

그리고 이 일을 하려면 학원은 그만 다니세요(웃음). 취업 준비를 하는 관점으로는 이 일을 준비할 수 없으니까요. 자기 것을 하세요. 서울대생이 뭐가 부럽다고, 나는 서울대생이고 하버드생이고 안 부럽다고 그런 마음으로요.

"저희는 수익보다
멋이 중요해요"

| 장한별 |

현 일리네어레코즈 이사. 원래는 래퍼 출신으로 소울컴퍼니 멤버였다. 2004년 '플래닛 블랙'이라는 랩 네임으로 이센스와 프로젝트 앨범을 발매하기도 했다. 이후 랩을 그만두고 해운 회사에서 근무하다 2016년 일리네어레코즈에 입사했다. 래퍼로서도 활동을 재개해 몇 장의 싱글과 믹스테이프를 발표했다.

일리네어레코즈나 앰비션뮤직의 아티스트를 섭외하려면 일단 장한별을 거쳐야 한다. 하지만 나는 그를 꽤 오랫동안 다른 이름으로 기억해 왔다. 플래닛 블랙(Planet Black). 그의 랩 네임이다. 그는 이 이름으로 더콰이엇과 함께 소울컴퍼니의 멤버로 활약했다. 심지어 그는 이 책을 읽는 대부분이 모르겠지만, 이센스와 함께 앨범을 발매한 적도 있다.

회계사 준비와 해운 회사를 거쳐 어쨌든 그는 돌고 돌아 다시 힙합의 품으로 왔다. 하지만 역할은 달라졌다. 이제 그는 래퍼라기보다는 힙합 레이블의 직원이다. 랩이 아니라 서류와 매니지먼트로 힙합 산업에 종사하게 된 것이다. 래퍼의 경험을 갖춘 힙합 레이블 직원이라. 그는 마치 이 책을 위해 살아온 것 같다.

자기가 '좋아하는' 일보다는 '잘하는' 일을 해야 한다

현재 일리네어레코즈에서 어떤 직급으로 일하고 있나요? 또 팀장 위에는 어떤 직급이 있는지도 설명해 주세요.

제 직급은 팀장이고요. 저희는 이사 직급이 아직 없어서 팀장 위에 실장이 있고 맨 위에 사장이 있는 형태예요.[4]

사장님은 혹시 그분들인가요?

네. 사장님은 더콰이엇 님입니다.

뮤지션이 사장으로 있는 건 힙합 레이블의 특징 같기도 하네요. 이제 질문을 시작해 보겠습니다. 힙합을 언제부터 좋아했나요?

힙합은 중학교 때부터 들었어요. 원래는 록을 많이 들었는데 제가 학창 시절을 보낸 1990년대 후반쯤에 힙합과 록이 컬래버레이션한 음악들이 유행했거든요. 그래서 자연스럽게 림프 비즈킷(Limp Bizkit), 콘(Korn)을 들었고 림프 비즈킷의 〈N 2gether Now〉를 들으면서 메서드 맨(Method Man)의 랩을 접하게 됐죠. 그리고 그렇게 우탱 클랜(Wu-tang Clan)을 알게 되고 다른 여러 힙합 그룹의 앨범도 찾아 들으면서 힙합에 빠지게 됐어요.

---

4 인터뷰 당시 팀장이었던 장한별은 승진하여 2020년 현재 이사로 재직 중이다.

:: 래퍼였다가 다시 일반 회사원으로 그리고 힙합 레이블의 직원으로 돌아온 장한별은 이제 '서류'와 '매니지먼트'로 힙합 씬에 종사하고 있다.

처음에는 록을 좋아했는데 힙합에 빠지게 된 이유는 무엇인가요?

간단해요. 기타 치는 것보다 랩이 더 쉬웠거든요. 랩은 언어적으로 다양한 표현을 할 수 있다는 점이 매력적이었어요. 또 되게 직설적이고 직관적이잖아요. 그게 더 제 성격에 맞았죠.

랩에 거친 표현이나 욕설이 섞여 있는 것에 거부감은 없었나요?

특별히 없었어요. 오히려 욕하고 싶은 상황에는 욕하고, 아름다운 얘기를 하고 싶으면 아름다운 얘기를 하는 게 좋아 보였죠. 상황에 맞게 바로 표현하는 부분이요.

학창 시절에 꿈은 무엇이었나요?

돈을 많이 벌고 싶었어요. 아는 거 하나도 없으면서 대학교는 경영학과에 가고 싶더라고요. 괜히 있어 보여서요. 기업 이사진이 결정을 내리는 모습에 대한 막연한 동경이 있었거든요. 그때는 현실을 전혀 모를 때니까 경영학과에 가면 상위 의사 결정권자가 될 수 있을 거라고 생각했죠.

학창 시절에는 어떤 학생이었나요?

그냥 공부 잘하고 말 잘 듣는 학생이었죠. 아버지가 고등학교 선생님이시다 보니 학구열이 높으셨어요. 저도 고등학교를 외고로 갔으니까요. 수능 성적은 상위 한 1.2퍼센트 정도 됐던 것 같아요.

우등생이었군요. 장한별 님은 지금은 일리네어레코즈에서 매니지먼트를 담당하고 있지만 사실 래퍼로도 활동했잖아요. 소울컴퍼니의 일원이었고요. 우등생 아들이 랩을 한다고 했을 때 학구열이 높으신 아버님께서 가만히 계시지 않았을 것 같은데요.

갈등이 많았죠. 외고를 다니는 동안 저는 랩 대회에 몰래 나가곤 했어요. 독서실에 간다고 둘러대고 대회에 나갔죠. 그런데 아버지가 저를 보러 독서실에 오셨다가 제가 없는 것을 보고 집으로 돌아가셔서 제 힙합 바지를 찢어 버린 적도 있어요. 그런 일이 종종 있었죠.

랩을 시작한 후로 성적이 하락했나요?

고등학교 1학년을 마치고 성적이 안 좋아서 아버지에게 뺨을 세 대 맞고 전학을 갔어요. 아니, 전학을 당한 거죠. 사실 힙합에 빠지면서 성적이 떨어졌다기보다는 제가 외고에 다닐 때 적응을 못 했어요. 그래서 더 랩을 한 것도 있고요. 애들이 너무 꼴사나웠거든요. 자기들이 되게 잘난 줄 알더라고요. 머리에 피도 안 마른 놈들이 급을 나누는 느낌이랄까요. 그런 분위기에 적응하기가 쉽지 않았어요.

적응을 못 해서 더욱 랩에 빠졌다는 이야기를 자세하게 해 주세요.
제가 앉아 있는 교실에 친구라고 느낄 만한 사람이 한두 명 있을까 말까 한 상황이었어요. 그런데 다른 반에 있는 랩을 하는 친구들과 노는 건 되게 재미있었거든요.

할 말이 쌓여 있었던 거군요.
네. 그때는 할 말이 되게 많았어요.

대학에 다니면서 소울컴퍼니 활동을 했잖아요. 그때는 아버님이 어떤 반응을 보이셨나요?
그때도 여전히 안 좋아하셨죠. 제가 대학교 2학년 때, 그러니까 2004년 7월에 입대 날짜를 받아 놓고 《Uncut, Pure》와 《The Bangerz》 앨범을 동시에 작업하고 있었어요. 그런데 학교에 다니면서 앨범을 작업하다 보니까 너무 힘든 거예요. 그래서 아버지한테 입대하기 전까지 휴학하겠다고 말씀드렸죠. 그랬더니 아버지가 집에서 나가라고 하셔서 나갔어요. 친구 집을 전전하면서 서너 달 살았고 앨범 작업을 마무리 지었죠.

래퍼에서 일반 회사 직원으로, 다시 일리네어로 오기까지

해운 회사도 다녔던 것으로 알고 있는데 지금은 일리네어레코즈에서 일하고 있잖아요. 해운 회사를 그만두고 일리네어레코즈로 이직하겠다고 했을 때 아버님의 반응은 어떠셨나요?

그 당시는 제가 이미 결혼까지 한 상황이었어요. 결혼까지 한 아들의 선택을 아버지가 어떻게 하시겠어요. 생각해 보면 아버지는 그때 다 내려놓으셨다고 생각해요.

래퍼를 직업으로 생각한 적이 있나요?

네. 래퍼를 직업으로 생각하기는 했어요. 하지만 평생직업으로는 생각해 본 적이 없죠.

좋아서 빠져들었고 래퍼로 활동은 했지만 이걸로 돈을 많이 벌 수 있다거나 평생직장으로 여기지 않았다는 뜻인가요?

맞아요. 그렇게까지 생각하지는 않았어요.

소울컴퍼니 시절에도요?

네. 그때는 멤버들이 다 직함을 하나씩 맡아서 레이블 일을 하던 시절이었어요. 저는 공연기획과 스폰서 관리를 했죠. 당시에는 저희가 '급'이 낮다 보니 업계에서 중요한 분이나 이른바 '끗발' 있는 분을 만나기가 쉽진 않았지만 이래저래 비즈니스를 재미있어 했던 기억이 나요.

직업을 뭐라고 정의하나요?

일단 밥벌이가 돼야죠. 그리고 요즘 드는 생각인데 자기가 좋아하는 일보다는 잘하는 일을 해야 한다고 생각해요. 자신이 가장 잘할 수 있는 일이어야 가장 큰 부가가치를 만들어 낼 수 있으니까요.

소울컴퍼니 시절에 래퍼로 활동을 하다가 한동안 활동을 안 했잖아요. 그런데 요즘에는 일리네어레코즈 팀장으로 일하면서 동시에 랩 싱글도 발표하고 있다고 들었어요.

요즘은 되게 바쁘기 때문에 작업도 속전속결로 해요. 작년부터 지금까지 싱글, 믹스테이프 포함해서 총 22곡을 발표했는데 이게 이전 제 커리어 전체 발매 곡보다 더 많아요. 그 노래들은 거의 다 스튜디오에서 프리스타일로 랩을 한 것이고요. 가사도 쓰지 않고 녹음 부스에 들어가서 두 시간 만에 벌스 쓰고 하루에 두 곡 만든 적도 있어요. 사실 곡을 내면 낼수록 적자이기 때문에 비용 관점으로 보면 이래서는 안 되거든요. 그렇지만 하고 싶어서 그냥 하고 있어요.

랩 싱글을 발표하는 행위가 직장인이자 남편이자 가장으로서의 본인의 삶에 도움이 된다고 생각하나요?

금전적으로는 안 되는데 정신적으로는 되고 있어요.

힙합과 정신 건강에 관해서는 여러 관점으로 이야기할 수 있지만 여기서는 일단 '분노'에 관해 말해 보도록 하자. 힙합 음악은 나 자신의 분노를 타인에게 직접적인 위해가 되지 않는 동시에 적절하고 건강한 방식으로 해소할 수 있도록 늘 도와주었다. 덕분에 지금의 난 한국인이 아니다. 더 이상 '화병'에 걸리지 않기 때문이다. 힙합 음악 속에서 래퍼들이 분노할 때 나는 같이 분노했다. 나를 위해 함께 화내 주는 것 같았다. 그뿐 아니다. 래퍼들이 자기가 분노한 이유를 랩으로 설명할 때 나는 내가 분노한 이유를 떠올렸고, 래퍼들이 자기에게 상처 준 자들에게 자신의 존재 가치를 항변할 때 나의 자존감 역시 충만해졌으며, 래퍼들이 욕을 뱉을 때 나의 입도 거센소리와 된소리로 채워졌다. 그러고 나면 내 마음은 다시 건강해졌다. 욕을 한껏 뱉었지만 상처받은 사람은 없었다. 장한별이 요즘 발표하는 노래들엔 거친 가사가 많다. 아마도 그 역시 이런 방식으로 자신의 정신 건강을 관리하고 있는 게 아닐까.

아내분 반응은 어떤가요?

하고 싶으면 하라고 말해 줘요. 그리고 아내가 만들어 준 앨범 커버도 꽤 돼요. 아내가 영상을 전공했는데 제 앨범 커버 만드는 게 그리 어려운 작업은 아니라서요.

뭔가 다행이네요. 랩을 그만두고 음악 작업을 하지 않았던 공백기가 정확히 얼마나 되나요?

2009년부터 한 8~9년 동안 결과물을 내지 않았어요. 2009년에 소울컴퍼니를 탈퇴해서 2년 동안 회계사 시험을 준비했거든요. 그런데 잘 안 되는 바람에 접고 해운 회사에 취직을 했죠.

그때 랩을 그만둔 이유는 무엇인가요?

제가 자격 미달이라고 생각했어요. 어딜 가나 상위 5퍼센트는 돈을 벌잖아요? 그런데 저는 거기 못 들어길 것 같다고 판단했죠.

회계사 준비를 그만두고 해운 회사에 취직했다고 들었어요. 그 회사에선 어떤 일을 했나요?

해외 영업을 했어요. 오퍼레이터 같은 거였죠. 물론 그때도 집에서 혼자 가사를 쓰고 녹음을 하긴 했어요. 제 커리어가 미천하기 때문에 은퇴라고 말하는 것은 의미가 없었고 다만 끈은 놓지 않고 있었죠. 그러다가 일리네어레코즈에 직원으로 입사하게 된 것이고요.

해운 회사에서 퇴사한 이유는 무엇인가요?

한 5~6년 다녔어요. 그 기간에 같은 분야로 이직을 한 번 했고요. 그만둔 이유는 대기업의 조직 논리에 염증을 느꼈기 때문이에요. 짜증이 나더라고요. 조직도 결국 사람이 만든 거고, 그 조직에서 사람들이 상처를 입고 힘들어하면 뭔가를 바꿔야 하는 게 맞는데 조직이 그렇게 돌아가지 않았어요. 조직 논리로 포장해서 자기 밥그릇 챙기거나 정치적으로 행동하는 경우가 많았죠. 종합적으로 얘기하면 그냥 답답했어요.

대기업에서 느끼는 염증과 힙합에 끌리게 된 이유 사이에는 상관관계가 있지 않을까요? 이를테면 힙합을 좋아하는 성향이니까 대기업에 상대적으로 더 염증을 느낄 수도 있다는 생각이 드는데요.

그렇죠. 저는 변화구를 잘 못 던져요. 직구만 던지는 사람이에요. 예를 들어 A보다 B가 좋은 안이에요. 그런데 사람들은 어떤 이유가 있어서 A로 할 수밖에 없대요. 저는 그런 게 싫었어요. 그 사람들도 B가 더 좋다는 것을 다 알면서 어떤 이유로 A를 해야 한다고 하는 게 싫었죠. 임원진들과의 관계랄지 이유야 많겠죠. 그런 상황을 겪다 보니 어느 순간 한계가 오더라고요.

그때 일리네어레코즈로 바로 이직한 건가요?

바로 했어요. 해운 회사에서 매일 아침 보는 게 해외 계약서였는데 더콰이엇이 하는 거 보니까 해외에 많이 나가는 것 같더라고요. 그래서 더콰이엇과 만나서 얘기하다가 나중에 사람 필요하면 불러 달라고 했는데 바로 연락이 오더라고요. 생각 있느냐고요. 그래서 사흘 정도 고민하다가 이직하기로 했죠.

사흘 정도 고민하게 만든 포인트는 무엇이었나요?

저한테 결정 권한이 많이 있으면 좋겠다고 생각했어요. 그러면 어떤 결과가 나와도 제가 납득할 수 있을 테니까요. 그리고 오래전부터 알아 온 친구들과 같이 일하는 거니까 재미있을 거란 생각들을 했죠.

아까 제가 직업의 정의에 대해 질문했을 때 직업이란 좋아하는 것보다는 잘하는 거라는 답변이 인상적이었어요. 일리네어레코즈의 업무가 잘할 수 있는 일이라고 생각했나요?

어떻게 보면 일리네어 일은 좋아하는 것과 잘하는 것이 일치하는 직업일 수 있어요. 그런데 제가 좋아하는 분야에서 제 친구들이 갖지 못한 것, 예를 들어 대기업에서의 경험이나 영문 계약서를 볼 수 있는 능력 등을 제가 가졌다고 생각했죠. 이런 부분에서 비교 우위에 있지 않을까 싶었죠.

힙합 뮤직 비즈니스의 제1원칙은 '멋있는 것'

일리네어레코즈에서 구체적으로 어떤 일을 하고 있나요?

일단 해외 업무는 전부 제가 보고 있고요. 앰비션뮤직 총괄을 하다 지금은 빈지노와 더콰이엇 매니지먼트를 맡고 있어요. 간혹 A&R 역할도 해요. 앨범 아이디어도 같이 짜고 뮤직비디오에 대해서도 같이 회의를 하죠. 또 스폰서 관련 업무도 맡고 있어요.

소울컴퍼니 시절에 공연 기획과 스폰서 관리를 했던 경험이 현재 업무에 도움이 되나요?

그때는 대학생이었는데 제가 알아봤자 얼마나 알았겠어요. 오히려 일반 회사에서 일했던 경험이 실무적인 부분에서 도움이 더 많이 돼요. 해운 회사에 다닐 때 시스템 안에서 체계적으로 배웠던 경험들이요. 대신 아티스트 시절 가졌던 감성이나 힙합에 대한 이해도는 정말 큰 도움이 되죠.

그렇다면 해운 회사와 일리네어레코즈의 차이점은 뭘까요?

일단 직종, 업무 형태가 다르고요. 일리네어레코즈는 해운 회사와 달리 수익이 우선이 아니에요. 멋있는 게 우선이죠. 힙합 문화의 시각으로 볼 때 멋이 있는지가 중요해요.

'멋있는 게 우선'이라는 게 일에서 어떻게 적용되는지 조금만 더 자세하게 설명해 주세요.

예를 들어 저희는 랩이 희화화되는 일은 하지 않아요. 일리네어레코

:: 장한별이 매니지먼트 팀장으로서 일을 결정할 때 고려하는 1순위는 '멋있는 것'이다. 그는 랩이 희화화되는 일은 하지 않는다.

즈 래퍼의 노래를 개사해서 광고를 찍는다든지 하는 일이요. 그래서 이 일이 쉽지가 않아요. 1순위가 멋이다 보니 멋없는 건 하지 않거든요. 대신 수익이 적어도 멋있는 일이라면 하는 경우도 있어요. 만약 돈은 되는데 멋은 없는 일이 들어왔다면 진짜 큰돈을 요구해야 한다는 게 저희의 태도예요.

일반 회사보다 고민해야 할 것이 하나 더 있는 셈이네요.
그렇죠. 의사 결정 과정에 하나가 더 추가되는 거죠.

지금 이 책을 위해 저와 이렇게 이야기하는 건 어떤 일에 속하나요? 이것도 멋있는 일인가요?
그렇죠. 작가님은 한국 힙합 씬에 15년 이상 종사한, 한국 힙합 씬의 구성원 중 한 명이라고 생각하거든요. 그래서 진행하는 일들을 돕는 거죠. 어쨌든 같이 '윈윈'할 수 있으니까요. 스낵성 콘텐츠나 예능 콘텐츠가 범람하는 상황에서 작가님이 만드는 콘텐츠에서는 음악적으로 진지한 이야기를 할 수 있으니까 저희 아티스트들에게도 니즈가 있어요.

도끼 님이 어렸을 때 있었던 회사에서는 운전하는 로드 매니저도 아티스트가 쓴 가사를 고쳤다고 들었어요. 지금의 일리네어는 당연히 이런 것과 거리가 멀겠죠?

네. 저희는 아티스트의 가사는 안 건드려요. 물론 어느 정도의 검수는 하죠. 예를 들어 반사회적인 문제 같은 것에 대해서는 저희 선에서 검수를 해요. 그런데 저희가 생각하는 선과 사회의 선이 다르기 때문에 그 점에 대해서도 상당히 관대한 편이죠.

안정성을 논하기엔 이르지만, 기회는 열려 있다

래퍼로서 힙합 씬에 있을 때와 일리네어레코즈 팀장으로 힙합 씬에 있을 때는 어떤 차이가 있나요?

래퍼였을 때는 제 노래만 만들면 됐지만 지금은 그 이후를 봐야 해요. 또 래퍼였을 때는 노래 하나를 만드는 게 전부였지만 지금 제 역할은 곡이 만들어진 후에 시작돼요. 뮤직비디오를 만든다거나 홍보 계획을 짠다거나 하는, 일종의 포스트 프로덕션이죠. 그리고 지금은 예전보다 더 씬을 거시적으로 봐야 하고요.

래퍼로서의 삶을 힙합으로 살아가는 것이라고 본다면, 일리네어레코즈 팀장으로서의 삶은 어떤 것일까요? 이 또한 힙합으로 살아가는 거라고 생각하나요?

그것에 대해 말하려면 먼저 힙합으로 살아가는 것이 무엇인지부터 정의해야 할 것 같아요. 제가 생각하는 힙합은 멋있는 거예요. 그리고 신나고 재미있는 거죠. 그렇게 생각하면 지금 제가 사는 인생이 제 동년배 다른 친구들보다는 재미있다고 생각해요.

래퍼를 꿈꾸는 10대들에게 해 줄 말이 있나요?

휩쓸리지 않고 자기가 하고 싶은 표현을 잘했으면 좋겠어요. 음악적으로 성숙하고 미성숙하고를 떠나서 제가 들었을 때 끌리는 건 날것 매력을 가진 음악이거든요. 저는 그게 진실함이라고 생각해요. 진실함이 있을 때 날것의 느낌이 들어요. 물론 랩을 일정 수준 이상 잘해야 하는 건 당연하지만, 그 수준을 갖춘 후에는 남의 것 따라 하지 말고 자기의 솔직한 생각을 음악에 담아야 해요. 그렇게 하다 보면 언젠간 기회가 올 거예요.

하지만 모두가 래퍼로 성공할 수 있는 건 아니잖아요. 혹시 래퍼 말고 다른 직업을 추천해 준다면 어떤 게 있을까요?

일단 뮤직비디오 감독, 포토그래퍼, 기획자 등등이 떠오르네요. 힙합을 이해하는 사람의 경우에는 다른 사람들과 차별화되는 강점이 있다고 생각해요. 얼마 전 서강대학교 학보 기자가 저희 아티스트들을 인터뷰하고 싶다고 해서 제가 답변을 다 받아다 준 적이 있어요. 제 모교거든요. 그런데 그 친구가 힙합을 너무 좋아해서 이쪽 일을 하고

:: 일리네어레코즈로 돌아온 장한별은 래퍼로서 활동도 병행하고 있다. 그는 지금 사는 인생이 동년배 친구들에 비해 재미있다고 표현했다.

싶다고 하더라고요. 그래서 제가 상담을 해 준 일이 있는데 현재 상황에서는 힙합 씬의 직업 중에 래퍼가 아닌 다른 직업을 추천하기에는 좀 애매하다는 생각이 들었어요.

한국 힙합 씬에서 래퍼가 아닌 다른 일 종사자로 사는 것을 아직 추천하기가 조심스럽다는 얘기인가요?

그렇죠. 한국에서 힙합 산업은 그 안정성을 논하기가 아직 어려운 상황이에요. 개개인이 알맞은 선택을 하길 바랄 뿐이죠. 사실 저는 운이 좋은 편이에요. 모두가 더콰이엇과 친구거나 모두가 더콰이엇과 소울컴퍼니를 같이하진 못하잖아요. 제 경우를 일반화하기는 더 조심스럽죠.

내가 음악에 관해 글을 쓰기 시작한 건 2003년부터다. 그 후로 20년 가까이 음악 평론가 혹은 힙합 저널리스트로 살았다. 결론적으로 지금 나는 딱히 부족하지 않은 삶을 살고 있다. 무언가를 수집하는 내 성향이 아니었다면, 또 저축을 우선하며 살았다면 아마 꽤 많은 돈을 모았을 것이다. 그렇다면 이런 의문이 든다. 힙합에 관해 글 쓰고 말하는 내 직업을 청소년에게 추천할 수 있을까. 빤한 말일지도 모르지만, 절반은 그러고 싶고 나머지 절반은 망설여진다. 일단 추천하고 싶은 이유는 내가 그것을 직업으로 삼을 수 있다는 것을 증명했기 때문이다. "한국에서 힙합 음악으로도 먹고살기 힘든데 힙합 음악에 관한 글을 써서 먹고살겠다고?" 같은 말을 들을 때부터 시작해 나는 지금까지 살아남았고 잘 먹고 잘 살고 있다. 하지만 그럼에도 망설여지는 이유는 이 모든 것이 이 직업과 업계의 안정성에 기인한 게 아니라 순전히 내 개인기에서 비롯된 것일지도 모른다는 생각 때문이다. 나처럼 된 사람은 나밖에 없다. 그래서 아직은 반반이라고 말할 수밖에 없다. 빤하다고 해도.

그러면 힙합과 관련해서 생기게 될 직업이나 생겼으면 하는 직업이 있나요?
제대로 된 소규모 라이브 클럽이나, 혹은 규모와 상관없이 진짜 힙합을 이해하는 공연 기획자가 많아지면 좋겠어요. 지금도 없는 건 아니지만 더 많아져야 해요. 저희가 어렸을 때는 마스터플랜이나 슬러거 같은 클럽이 있었잖아요. 그런 힙합 클럽이 최소 서너 개는 더 생겨야 된다고 봐요.

마지막으로 이 책을 읽는 사람들에게 해 줄 말이 있나요?
새니를 느끼면시 동시에 잘할 수 있는 일을 찾기란 생각보다 쉽지 않거든요. 잘하는데 재미를 못 느끼는 경우도 있고 진짜 못하는데 재미있어서 하는 경우도 있어요. 이 두 가지의 균형을 잘 맞추며 살다 보면 힙합이든 랩이든 다른 일이든 전부 좋은 결과가 있지 않을까 생각합니다. 별거 아닌 제 이야기를 읽어 주실 모든 분들에게 감사하고, 씬에 종사하면서 이런 내용을 말할 기회가 많지 않은데 좋은 자리를 만들어 준 김봉현 님에게도 감사하다는 마음을 전하고 싶습니다.

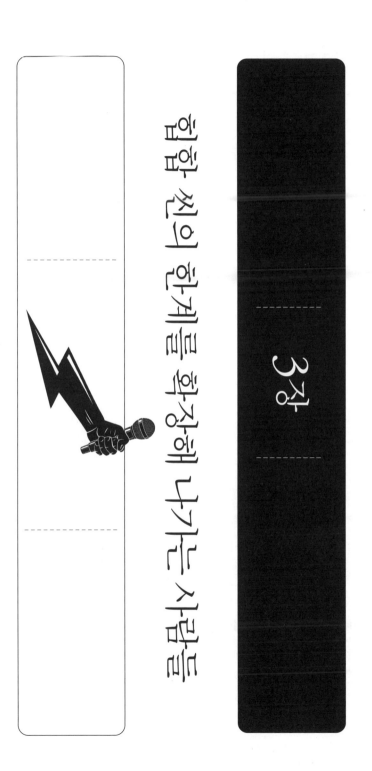

3장

힙합 씬의 한계를 확장해 나가는 사람들

"힙합을 이해하는
비즈니스맨이 필요해요"

| 최성웅 |

닉네임 히맨으로 2009년부터 자신의 블로그 'heQmentary'를 통해 외국 흑인음악 뉴스를 전달했다. 이후 조직적인 구조를 갖춘 웹사이트를 구상해 2010년 11월 사이트를 공식 오픈했다. 힙합엘이는 빠른 국외 뉴스 전달, 자체 제작 자막 뮤직비디오를 시작으로 국내 흑인음악과 라이프스타일 콘텐츠를 다루며, 다양한 오프라인 행사를 개최하고 있다.

힙합엘이는 바로 지금 한국을 대표하는 힙합 사이트다. 힙합엘이에는 에디터들의 기사가 올라오고 가사 해석 자막이 달린 뮤직비디오가 등록된다. 또 국내 래퍼의 인터뷰가 실리기도 하며 해외 뮤지션의 영상 인터뷰도 종종 걸린다. 힙합엘이는 웹진인 동시에 커뮤니티이기도 하다. 힙합엘이 게시판에는 힙합을 좋아하는 마니아가 다수 모여 담론의 장을 이룬다. 이뿐 아니라 힙합엘이는 자기 브랜드를 내걸고 다양한 행사와 이벤트를 개최하기도 한다. 최성웅의 표현대로 힙합엘이는 '흑인음악 종합 플랫폼'이다.

이쯤 되면 힙합엘이의 시작을 지켜봤다는 것은 어쩌면 행운일지도 모른다. 나는 최성웅이 힙합엘이를 만들기 전부터 그의 행보를 모두 지켜봐 왔다. 처음에는 나 역시 남들과 생각이 별반 다르지 않았다. '이런 사이트가 한국에서 성공할 수 있을까. 이런 사이트가 과연 얼마나 유지될 수 있을까. 하지만 없어지지 않았으면 좋겠다. 계속 갔으면 좋겠다.' 그리고 힙합엘이는 설립 9년이 지난 지금 보란 듯이 살아남았다. 그것도 꽤나 잘. 그 핵심에 있는 인물 최성웅을 만났다.

자기 객관화 덕분에 재능과 직업을 빠르게 찾다

인터뷰 전 자기소개를 부탁했을 때, 힙합 사이트가 아니라 흑인음악 플랫폼이라고 설명하더군요.

사이트라기보다는 사이트 이상의 일도 여러 가지 하고 있으니 플랫폼이란 표현이 적절하지 않나 싶어서요.

힙합을 언제부터 좋아했나요?

1990년대 중후반쯤이었어요. 그때는 힙합을 몰랐고 다른 앨범을 사러 레코드점에 갔는데 정말 특이한 CD 커버가 눈에 띄었죠. 호기심에 그 앨범을 샀는데 그게 우탱 클랜의 데뷔 앨범이었어요. 그냥 들어 봐야지 했다가 완전히 빠져 버렸죠.

당시 그 앨범에서 어떤 매력을 느꼈는지 궁금하네요.

처음엔 당연히 뭐라고 하는지 몰랐어요. 그런데 관심을 갖고 들어 보니까 이 사람들이 자기 얘기를 하더라고요. 다른 장르에서는 그게 정말 어렵잖아요. 그게 지금까지도 제가 이 일을 하는 이유 같아요.

HIPHOPLE

:: 힙합엘이가 유명세를 타기 시작한 건 국외 흑인음악 가사의 번역이나 해외 뮤지션과의 인터뷰를 제공하면서부터다.

학창 시절에는 어떤 학생이었나요?

중고등학교 때는 특별할 것이 없었어요. 그런데 대학생 때 힙합엘이를 시작하면서 좀 특이하다면 특이한 사람이 됐죠.

장래 희망이나 꿈은 있었나요?

특정한 직업을 꿈으로 삼은 적은 없어요. 그런데 하나 확실한 건 같은 일을 반복적으로 하는 일은 절대 하지 말자고 생각했어요. 저는 그게 성격에 너무 안 맞거든요. 하기 싫은 일도 해야 하는 건 상관이 없어요. 그런데 매일 같은 일을 하는 건 싫었어요.

그런 성격을 가지고 있었기 때문에 힙합을 좋아하게 된 건가요?

오히려 그 반대죠. 힙합을 좋아하다 보니까 거기서 영향을 받았어요. '아 이렇게 사는 사람들도 있구나. 자기 얘기를 하고, 자유롭게 사는데도 그게 직업이 되는구나'라는 생각이 들었죠. 그래서 래퍼는 안 되더라도 비슷하게 살아야겠다고 마음먹었어요. 이렇게 말하고 나니 힙합이 제 인생에 되게 큰 존재였네요.

힙합을 좋아하면 으레 래퍼가 되고 싶다고 생각하기 마련인데 혹시 그런 생각은 안 해 봤나요?

어렸을 때 해 본 적은 있어요. 그런데 냉정하게 봤을 때 제 재능이 너무 부족해 보였죠. 래퍼든 프로듀서든 음악인으로서의 재능이 남들에 비해 너무 떨어진다고 생각했어요. 경험의 부족이나 지식의 문제라기보다는 창의적으로 뭘 만들어 내는 일을 제가 잘 못하더라고요. 엄밀히 말하면 못한다고까지 생각은 안 했지만 남들이 너무 잘하는 거예요. 그래서 하지 말아야겠다고 빠르게 결정했죠.

그게 언제였나요?

20대 중반쯤이요.

자기 객관화를 이른 시기에 했네요. 사람들이 잘 못하는 것이기도 하잖아요. 자기가 가진 재능의 종류를 파악하는 것이요. 그 후에 힙합엘이를 만든 건가요?

앞에서도 말했듯이 저는 외국 힙합을 좋아했거든요. 그런데 우리나라 인터넷에는 정보가 많이 없더라고요. 그래서 외국 힙합 사이트를 찾아 들어가 봤는데 정보도 많고 엄청 재미있는 거예요. 이런 걸 저 같은 사람들이 많이 볼 수 있으면 좋겠다 싶어서 처음에는 블로그를 만들었고 거기에 아카이빙을 했죠. 그런데 내용이 많이 쌓이니까 아예 사이트를 만들게 됐어요. 사실 여기까지는 일이 아니라 취미였죠.

그 시작부터 지금까지를 제가 다 지켜봤죠. 그게 대략 9년 전이에요. 최성웅 씨가 20대 중후반일 때죠. 그런데 보통 그 정도 나이가 되면 취업에 대한 압박을 받는데 그런 건 없었나요?

별로 없었어요. 일단 부모님께도 이미 제가 하고 싶은 일을 하며 살 거라고 말씀을 드려 놨었거든요. 만약 하고 싶은 일을 하다가 망해도 알바하면서 살면 된다는 생각이 있었어요. 그래서 저는 면접을 한 번도 본 적이 없어요. '취준'을 해 본 적이 없는 거죠. 더 솔직히 말씀드리면 그런 과정을 통해 취업한 친구들을 많이 봤는데 안 좋은 모습이나 너무 힘들어하는 모습을 많이 봤어요. 친구들을 보면서 이런 생각이 들었죠. '저렇게 사나 그냥 내가 하고 싶은 거 하다 망해서 이상하게 사나 대체 뭐가 다르지?'

부모님께서는 어떻게 반응하셨나요?

그냥 알아서 하라고 하셨어요. 저희 부모님이 원래 그런 스타일이에요. 그래서 그렇게 된 거죠.

취미로 시작한 일이 직업이 되다

한국에 외국 힙합 정보가 별로 없어서 직접 만든 게 힙합엘이가 탄생한 계기라고 했잖아요. 그런데 보통 그럴 때 사람들은 누군가 만들어 주길 기다리지 내가 직접 만들어야겠다는 생각은 안 하지 않나요? 잘할 수 있을까 걱정도 들었을 것 같은데.

저 같은 기질을 가진 사람은 뭔가 만들어 내는 걸 좋아해요. 사람들이 내가 만든 것에 반응하면 재미도 느끼고요. 그냥 앞만 보고 한 거라 걱정은 안 했어요. 어차피 취미로 한 거니 잘 안 되도 그만이란 생각

:: 힙합엘이는 국내 흑인음악 관련 사이트 중 라이프스타일, 패션, 음악, 영화 등 가장 다양한 구성을 보여 주는 흑인음악 플랫폼이다.

으로 했죠.

힙합엘이가 발전하고 성장한 지금은 생각이 달라지지 않았나요?

지금은 그때와 생각이 많이 다르죠. 힙합엘이가 많은 사람에게 알려졌고 하나의 회사이기도 하니까요. 이제는 저 혼자 하는 게 아니라 같이하는 사람들도 있고, 여러 관계도 연결되어 있고, 이미지도 생각해야 하고요. 예전엔 저만 생각하면 됐는데 지금은 그럴 수 없죠.

직업란에는 뭐라고 쓰나요?

써 본 적이 없긴 한데 만약 쓴다면 힙합엘이 대표라고 쓸 것 같아요. 만약 그런 걸 물어보는 게 아니라면 '미디어 회사 운영'이라고 쓰겠죠.

힙합엘이에 대해 모르는 사람이 직업을 물으면 뭐라고 대답하나요?

그게 정말 어려워요. 미디어 회사를 운영한다거나 힙합 관련 리뷰를 한다고 하면 보통 거기서 질문이 다섯 개 이상 발생해요. 그걸 일일이 설명하기 어렵고 말씀드려도 나이가 있는 분들은 잘 이해를 못 하시니까 곤란할 때가 있어요. 또 저희가 하는 일이 많다 보니 하나로 정리해서 표현하기도 힘들고요.

처음에 얘기한 것처럼 흑인음악 플랫폼을 운영한다고 하면 되지 않을까요?

만약 그렇게 말하면 고모가 뭐라고 말할 것 같나요?

설명하기가 참 어렵겠네요.

바로 그런 문제들이 있는 거죠.

아무튼 좋아하는 걸 열심히 하다 보니 여기까지 온 건데, 처음으로 힙합엘이를 직업이라고 생각하게 된 건 언제였나요?

사이트를 만든 후 4년 정도 지나서였어요. 나이도 먹고 이걸 비즈니스화해야 하는데 선례가 거의 없다 보니 너무 막막했죠. 그래서 고민하다가 제대로 회사를 만들어 보기로 결정했어요. 그때부터 제 직업이 된 거죠.

선례가 없었기 때문에 오히려 사업 성장이 가능했다

이 책을 읽는 사람들에게 힙합엘이를 설명해 주세요.

힙합엘이는 흑인음악과 관련된 콘텐츠를 제작하고 노출하는 곳입니다. 흑인음악을 좋아하는 사람들이 모여 있는 커뮤니티이기도 합니다.

이런 유의 사이트가 다른 장르에는 거의 없지 않나요?

네. 거의 없죠.

왜 다른 장르에는 이런 사이트가 없는 걸까요?

이 부분에 대해서 저도 평소에 생각을 많이 해요. 아직 명쾌한 이유를 발견하진 못했지만 아마 힙합이 여러 장르 중 거의 유일하게 문화화된 장르이기 때문이 아닐까요? 예를 들어 일렉트릭 음악을 좋아하면 일렉트릭 음악을 소비하고 일렉트릭 아티스트를 좋아하고 찾아보는 것까지는 사람들이 해요. 하지만 그게 패션으로 연결이 되고 나의 가치관과 연결이 되고 이 일을 업으로 삼는 것까지 이어지는 경우는 흔치 않죠.

그런데 힙합은 그게 되잖아요. 처음에야 힙합을 그냥 좋아할 수 있지만 계속 들으면서 '힙합에 이런 비하인드가 있었구나' 또는 '내가 좋아하는 브랜드가 여기 나왔네' 하면서 연결 지을 요소가 많은 거죠. 그래서 더 흥미롭게 느끼기도 하고요. 힙합이 커뮤니티를 형성할 수 있는 요소가 가장 많은 장르라서 그런 게 아닐까 싶어요.

힙합엘이의 역사가 이제 9년 정도 됐는데 그동안 분기점이 되었던 사건이나 모멘텀이 된 일에는 어떤 것이 있을까요?

아무래도 저희는 해외의 유명한 래퍼들을 인터뷰하게 되면서 많이 유명해졌죠. 내부적으로는 회사를 설립하고 시스템을 만든 시점이요. 사실 저희 같은 곳이 정말 없거든요. 이런 형태 자체가 없어요.

저희는 직원도 있지만 크루 형태로 스태프도 같이 일해요. 그리고 콘텐츠를 만들면서 커뮤니티도 운영하죠. 이런 선례가 없다 보니 독자적으로 시스템을 만들어야 했고 그게 좀 자리를 잡으면서 내부적으로도 성장했어요. 한국에서 저희 같은 미디어 회사가 자리 잡는다는 게 너무 힘들다고 생각하는데 저희가 그걸 해낸 것 같아서 굉장한 보람을 느낍니다.

한국에서 힙합엘이 같은 미디어 회사가 왜 자리 잡기 어려운 걸까요?

한국에서는 콘텐츠 산업이 그 가치를 인정받는 게 정말 어려워요. 거기에다 힙합이란 장르에 대한 선입견도 있고요. 처음에는 이걸 비즈니스화한다는 것 자체가 불가능해 보였어요. 물론 이미 씬에서 활동하는 프리랜서가 있긴 했지만, 저는 그분들이 하는 일의 가치가 너무 낮게 책정되어 있다고 생각했어요. 솔직히 현실을 알았을 때 되게 충격적이었죠. '이걸 어떻게 업으로 삼고 살아가지? 이렇게 해서 어떻게 시장이 돌아가지? 이게 말이 되나?' 이런 심정이었죠. 그래서 시스템을 만들어야겠다고 마음먹은 거예요.

한마디로 이 시장에서는 자생적으로 돈을 벌고 그걸 유지하기가 너무 어렵다고 느꼈어요. 다르게 표현하면 비즈니스맨이 너무 없었어요. 좋은 음악이나 좋은 에디터가 나오는 것까지는 가능한데 그걸 더 크게 만들거나 같이하는 사람이 없었던 거죠.

국내에 라이센스되는 외국 힙합 CD에는 해설지가 담겨 있다. 20대 때는 그 해설지 쓰는 일을 많이 했다. 시중에 판매되는 CD에 내 글이 들어간다는 사실이 뿌듯했다. 하지만 이 일을 안 한 지 꽤 됐다. 너무 오래돼서 언제부터였는지도 기억나지 않는다. 이유는 간단하다. 보수가 터무니없이 적었기 때문이다. 원고는 A4 몇 장 분량을 써야 하는데 원고료는 너무 박했다. 어렸을 때야 열정으로 가능했지만 시간이 갈수록 이 일은 내 우선순위에서 밀려났다. 힙합엘이도 비슷한 고민을 했으리라 생각한다. 그 후 힙합이 사람들에게 각광받으며 랩으로 힙합을 하는 사람들에 대한 처우는 점점 상승했다. 그러나 글과 말로 힙합을 하는 사람들에 대한 처우는 과연 함께 올라간 걸까 의문이 든다. 힙합엘이는 이를 위해 노력해 온 대표적인 힙합 미디어 회사다. 콘텐츠의 종류를 세분화하고 각 콘텐츠별로 정당한 보수를 책정해 시스템을 만들려고 애써왔다. 그럼으로써 미디어가 창작자의 홍보를 위한 수단으로 존재하는 대신 미디어와 창작자가 동등한 입장에서 서로 영향을 주고받을 수 있게 말이다. 힙합플레이야 역시 마찬가지다. 힙합 콘텐츠 시장의 상황이 예전보다 더 나아졌다고 느낀다면 이 두 미디어 회사의 공이 크다.

하지만 힙합엘이는 자리를 잡았죠. 그 과정에서 중요했던 덕목이나 태도가 있나요?

'일단 하자' 정신? 하고 실패하는 게 낫지, 생각해서 완벽하게 계획을 짜고 이런 거 싫어하거든요. 실행력이 덕목이라면 덕목이죠.

실패했을 때는 왜 그렇게 됐는지 원인 분석을 하나요?

네. 원인 분석은 하죠. 하지만 기가 죽진 않아요. 감정적으로 흔들리진 않습니다.

사람들은 보통 음악 산업의 주인공은 음악가라고 생각하고, 그런 관점에서 보면 힙합에선 래퍼가 주인공이잖아요. 이런 점 때문에 고민하거나 스트레스받은 적은 없나요? '우리는 주인공이 아니라는 사실' 때문에요.

그런 점은 이 일을 시작하면서 이미 알고 있었어요. 만약 그것 때문에 고민하거나 스트레스받는 사람이 있다면 이 일을 하면 안 돼요. 그걸 인정한 뒤에 시작해야 하는 거죠. 다만 그렇다고 저희가 '을'이라는 뜻은 아니에요. 그리고 을이 되지 않기 위해서 저는 팀을 만들고 영향력을 키우기 위해 노력했어요. 뮤지션과 수직관계가 되면 안 된다는 생각이 컸거든요. 예를 들어 뮤지션과 수직관계가 될 경우, 뮤지션이 홍보해 달라고 하면 그냥 그걸 올릴 수밖에 없게 되니까요.

힙합의 특수성을 이해하지 못하면 이 일은 할 수 없다

힙합을 좋아하는 누군가가 래퍼가 되고 싶은 게 아니라 힙합엘이 같은 미디어 회사를 만들고 싶다고 한다면 추천할 건가요? 아니면 말릴 건가요?

기본적으로 추천하지 않습니다. 이 일은 요구되는 능력이 너무 다양하거든요. 힙합에 관한 지식이나 힙합 특유의 태도도 이해해야 하고, 경영도 알아야 하고, 사람들하고 관계도 잘할 줄 알아야 해요. 또 콘텐츠를 구성하는 기획력도 있어야 하고 미디어로서 힘을 갖기 위한 관련

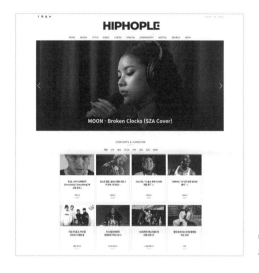

:: 최성웅은 독자적인 시스템을 만들어 현재의 힙합엘이가 될 수 있었던 덕목으로 '일단 하자' 정신을 꼽았다.

활동도 해야 하죠.

그런데 이런 능력들은 한국 사회에서 터득하기가 어려워요. 중고등학교를 평범하게 나오면 아마 지금 말한 것 중에서 절반밖에 체득하지 못할 거예요. 그런 이유 때문에 저 또한 어렸을 때부터 알바도 다양하게 해 보고 힙합과 관련이 없더라도 스스로 재미있다고 생각하는 것을 해 보면서 능력들을 키웠죠.

다른 장르가 아니라 힙합이기 때문에 일하기 더 까다로운 부분이 있나요? 래퍼들의 속성이나 힙합 특유의 문화 때문에 사업적인 특수성도 있을 것 같아요.

있어요. 예를 들어 다른 장르와 비교했을 때 힙합은 아티스트가 중심이 되는 경우가 많아요. 래퍼가 곧 레이블의 대표인 게 그 예죠. 그래서 그분의 방식이나 감정에 따라 일이 바뀔 때가 있어요. 다른 장르에 비해 좀 변수가 많다고 해야 할까요.

힙합이 전체적으로 에고, 그러니까 자아가 강하기 때문일까요?

맞아요. 그게 좋은 음악을 만드는 데에는 도움이 된다고 생각하지만 일을 할 때는 방해되는 면이 있죠. 그래서 이 시장에서는 일반적인 비즈니스맨이 아니라 특수한 비즈니스맨만 일을 잘할 수 있다고 생각해요. 힙합의 특수성, 즉 방금 제가 말한 것들을 잘 이해하고 움직여야 하는 거죠.

반대로 힙합이기 때문에 일이 쉽게 풀리는 면이 있나요?

같은 얘기일 수도 있는데 래퍼들의 에고와 일이 잘 맞아떨어지면 수월하죠.

그걸 힙합 특유의 리스펙트로 해석해도 될까요? 래퍼를 리스펙트하거나 래퍼의 리스펙트를 받거나.

그렇다고 할 수 있죠. 다른 장르에 비해 분명 그런 면이 있어요.

이번에는 조금 다른 질문을 해 볼게요. 한국의 10대들이 왜 래퍼가 되고 싶어 한다고 생각하나요?

자기 얘기를 분출할 수 있다는 것이 중요한 포인트 아닐까요? '나는 저렇게 못 하는데, 난 맨날 학교에 있는데 저 사람들은 하고 싶은 말 다 하면서 심지어 그걸 직업으로까지 하고 있어. 그리고 돈도 벌어. 나도 어차피 뭔가 해야 한다면 저게 멋있지 않을까?' 이런 생각을 하는 것 같아요.

그렇다면 10대들이 래퍼로 데뷔할 때 경계해야 하거나 유념할 점에는 무엇이 있을까요?

TV에 나오는 멋있는 부분만 있는 게 절대 아니라는 점이요. 래퍼가 되면 희생해야 되는 게 너무 많거든요. 또 요즘은 워낙 많은 사람이 래퍼가 되고 싶어 하니까 차별성이 있어야 살아남을 수 있어요. 그 과정에서 엄청난 노력이 필요하고요.

힙합과 관련해서 더 생겼으면 하는 직업이나 생겨야 한다고 생각하는 직업이 있다면요?

일단 아까도 이야기한 비즈니스맨이요. 단순히 돈을 버는 비즈니스맨이 아니라 콘텐츠의 가치를 인정받게 만들어 주는 비즈니스맨이 필요해요. 물론 저희 같은 사람들 혹은 힙합 레이블이나 에이전시가 그런 역할을 이미 하고 있다고도 볼 수 있지만 그런 사람이 더욱더 많아졌으면 좋겠어요.

만약 저희 같은 일을 하고 싶은 분이 있다면 이렇게 말씀드리고 싶어요. 예전에 비하면 지금은 이런 일을 정말 수월하게 할 수 있거든요. 힙합도 그 위상이 높아졌고요. 환경이 좋아졌기 때문에 힙합 미디어 회사를 꿈꾸든 힙합 분야의 다른 종사자를 꿈꾸든 한번 도전해 보는 것도 괜찮다고 생각해요. 힙합을 즐기고 있고 성격도 맞는다면 정말 재미있게 할 수 있는 일이니까요. 실제로 제가 그렇거든요. 저는 굉장히 만족하면서 살고 있어요.

"평범한 래퍼로서도
할 수 있는 일은 너무 많아요"

| 박하재홍 |

서울에서 태어나 사회적 활동가로 일하며 거리에서 랩 공연을 해 왔다. 2010년 제주도로 이주한 후로는 제주
힙합 일원으로 살면서, 대중음악과 인문학을 주제로 다양한 교양 강의를 하고 있다. '엠씨세이모'라는 랩 네임
으로 정규와 싱글 앨범을 발매했다. 대표 저서로는 《랩으로 인문학 하기》가 있다.

박하재홍을 처음 알게 된 건 그의 책《랩으로 인문학 하기》
를 통해서다. 내 책을 담당하던 편집자가 그의 책을 나에게 선물해 줬
던 날을 기억한다. 사방이 래퍼인 한국 힙합 씬에 이런 사람도 있구나,
뭔가 나와 비슷한 결을 가지고 있는 것 같다, 왠지 동질감이 드는걸.
하지만 이 책을 위해 섭외를 할 때에야 비로소 그에게 처음으로 연락
했다. 이제야, 혹은 다행히 이제라도.

박하재홍이 해 준 이야기는 매우 흥미진진했다. 그는 누구보다 힙
합을 사랑하는 사람이었고 누구보다 삶을 힙합으로 가득 채워 온 사
람이었다. 무엇보다 그는 한국에서 새로운 길을 앞장서서 개척해 오고
있었다. 래퍼들이 하지 않는, 혹은 할 수 없는 일을 자칭 '평범한 래퍼'
가 꽤 오랫동안 해 오고 있었다. 힙합의 근본은 무에서 유를 창조하는

것이고, 전에 없던 새로운 것을 스스로 만들어 사람들을 설득하는 것이다. 박하재홍은 힙합과 닮은 삶을 살고 있다.

나는 세상에 하나쯤 있을 '평범한 래퍼'다

간단한 자기소개를 부탁드려요.

안녕하세요. 박하재홍입니다. 평범한 래퍼고요. 힙합이나 대중음악을 주제로 청소년 교양 강사 일을 합니다. 또 소규모 공연도 틈틈이 하고 있고 가끔 랩을 활용해서 사회도 보고 있어요. 책을 세 권 썼는데 반응이 좋은 편이라서 작가로도 불리고 있습니다. 말해 놓고 보니 너무 장황하네요. 래퍼, 글 쓰는 사람, 청소년 교양 강사, 이 세 가지에 중점을 두고 있어요.

모두 힙합과 관련한 일인 거죠?

네. 저는 어디에 가서 무엇을 하든 힙합 분위기로 할 거라고 말하고 시작해요. 어떤 일이든 제가 맡은 일은 힙합 느낌이 나도록 연출하고 있죠.

그러는 데에 특별한 이유가 있을까요?

그렇게 해야 제가 제일 편하거든요. 강의를 하면 의자를 랩 싸이퍼 느낌이 나도록 배치하고요. 제가 입장할 때도 힙합 음악이 나오도록 해 놔요. 사람들이 박수 칠 때는 "Put your hands up!"을 외치죠.

:: 자신을 '세상에 하나쯤 있을 평범한 래퍼'라고 소개하는 박하재흥. 그런 그가 하고 있는 작업들은 힙합 씬의 저변을 넓혀 가는 작업이다.

재미있네요. 그게 일을 쉽게 만들어 주기도 하나요?

네. 그렇게 하면 사람들의 마음에 여유가 생겨요. 초대 손님이 나올 때마다 "박수 주세요"라고 말하는 대신에 비트를 틀면 사람들이 고개를 끄덕이면서 긴장을 풀게 돼요. 물론 처음에는 다들 어색해하지만 5분 정도면 익숙해지는 것 같아요. 그게 힙합 리듬의 장점이라고 생각해요.

혹시 본인이 하는 여러 가지 일을 한마디로 규정한다면 무엇이 될까요?

유치할 수도 있지만 저는 저를 '세상에 하나쯤 있을 평범한 래퍼'라고 소개해요. 저는 뛰어난 래퍼가 아니에요. 음악적인 성과가 대단한 것도 아니고요. 하지만 평범한 래퍼로서도 할 수 있는 일이 굉장히 많다고 생각해요. 래퍼라고 해서 꼭 음악적인 성과를 내면서 살아야 할 필요는 없다고도 보고요.

　랩을 오랫동안 하면 래퍼로서 생기는 능력들이 있어요. 그리고 그건 음악적인 능력이기 전에 언어적인 능력이거든요. 랩을 통해서 글 쓰는 방법도 익힐 수 있고 말하는 방법도 익힐 수 있고 옷 입는 법도 익힐 수 있고 사람들하고 대화하는 법도 익힐 수 있어요. 언어적인 것부터 태도나 커뮤니케이션의 방법까지 래퍼들은 랩을 함으로서 이미 많은 것을 가지고 있거든요. 그리고 그 능력을 다른 많은 분야에서 활용할 수 있고요. 자기가 랩을 열심히 해 왔는데 음악적인 성과가 없다고 망연자실하기보다는 저처럼 평범한 래퍼로서의 능력을 잘 활용해 보는 것도 좋다고 생각해요.

굉장히 중요한 말이라고 생각해요. 이 부분에 대해선 조금 이따 다시 질문하겠습니다. 힙합을 언제부터 좋아했나요?
"난 알아요, 이 밤이 흐르고 흐르면……."

서태지와 아이들이 데뷔한 1992년부터군요.
　네. 1992년부터 27년 동안 좋아하고 있어요. 당시 제가 중학교 2학년이었는데 중학교 1학년 때까지는 그냥 어른들 칭찬받는 게 목표였어요. 용돈을 받는다거나 상을 받는다거나 귀여움을 받는다거나. 그런데 중학교 2학년이 되니까 갑자기 그런 게 싫어졌어요. 시시하게 느껴지고 멋이 없게 보였죠. 서태지와 아이들의 〈난 알아요〉는 연인과의 사랑에 대한 노래지만 제가 당시 그 노래를 듣고 느낀 감정은 좀 달랐어요. 젊은 사람이 당돌하게 자신을 과감히 표현하는 것 자체에 매력을 느꼈죠.

똑같은 이야기도 랩으로 하면 더욱 진심이 느껴진다

다른 음악이 아니라 랩과 힙합에 끌린 이유가 있을까요?

하고 싶은 말을 매력적으로 할 수 있다는 점이 가장 컸어요. 격렬하게 자기가 하고 싶은 말을 매력적으로 표현할 수 있다는 것. 그냥 막 하는 게 아니라 매력적으로 들리도록 자신이 하고픈 말을 쏟아 낼 수 있다는 점에 가장 끌렸죠.

다른 음악 장르에서는 그런 점을 느끼지 못했나요?

그렇죠. 더 추상적이고, 가공이 많이 되어 있고, 정제되어 있다는 느낌을 받았거든요. 저는 랩을 음악으로서뿐 아니라 언어로서도 받아들였어요. 무반주로 하는 랩이라든지, 그냥 대화하다 뜬금없이 튀어나오는 랩이라든지. 음악을 뺀 랩 자체에 굉장한 매력을 느끼는 사람이에요. 지금도 강의를 할 때 말을 하다가 갑자기 랩을 해요. 그리고 저는 그게 전혀 어색하지 않아요. 랩은 원래 얘기하듯이 하는 거고 어떨 때는 말로 할 때보다 랩으로 할 때 내가 하고 싶은 말을 더 자연스럽게 전달한다는 느낌을 받거든요.

말로는 못 했는데 랩으로는 할 수 있었던 이야기가 있나요? 언뜻 생각하기에는 둘 다 입으로 하는 거니 별 차이가 없다고 생각할 수 있거든요.

꼭 랩이 아니면 할 수 없는 이야기가 있다기보다는 똑같은 이야기라도 랩으로 하면 더 즐거울 수 있고 진심이 느껴질 수 있다고 생각해요. 왜냐하면 랩은 리듬에 더 집중을 해야 하잖아요. 예를 들어 랩으로 "힙합 처음 듣는 순간부터 난, 완전 심장이 떨렸지"라고 했을 때 사람들이 "와, 진짜 떨렸나 봐" 이렇게 느끼거든요. 그냥 말로 "힙합을 처음 만났을 때, 진짜 심장이 떨렸어"라고 하는 것보다 랩으로 "떨렸지!"라고 할 때 그 감정을 느낀 순간이 언어에 더욱 묻어난다고 생각해요.

그 집중도, 악센트, 그리고 비트가 주는 두근거림에서 나오는 에너지와 아드레날린이 랩을 말보다 더 강렬하게 만드는 것 같아요. 똑같은 내용이라도 그냥 말로 하는 것보다 라임을 절묘하게 맞춰 이야기했을 때 더 쾌감이 느껴지는 것도 있고요.

네. 저는 무반주 랩을 굉장히 좋아하는 편이에요. 저스디스의 무반주 랩도 저에게 많은 도움이 됐어요. 〈쇼미더머니〉에서도 1차 심사를 무반주로 하는 게 랩의 근본성을 말해 준다고 생각해요. 무반주로 랩을 할 때는 랩 실력과 상관없이 모든 사람이 더 매력적으로 보일 수 있거든요.

중고등학교 시절에는 어떤 학생이었나요?

최근에 서울시 고위 공무원이 서점에서 책을 훔친 일로 파면당한 사건이 있어요. 사람들이 많이 의아해했는데 저는 이해가 가더라고요. 이유는 모른 채 무언가를 무작정 열심히 했을 때 생길 수 있는 상황이라고 생각하거든요. 저도 그런 학생이었어요. 왜 입시 공부를 해야 하는지 이유는 모른 채 열심히 하는 학생이었죠. 그때 서태지와 아이들의 〈교실이데아〉가 나왔는데 대학에 갈 필요 없다는 그 노래를 열심히 들으면서 입시 공부를 하던 학생이었죠(웃음).

학창 시절에 따로 꿈이 있었나요?

아니요. 없었어요.

꿈이 없는 것이 문제라는 생각은 안 했나요?

그렇게 생각하진 않았어요. 제가 1978년생인데 당시 대학 입시 공부를 하는 학생들에게는 '일단 대학만 가면 놀 거야'라는 생각 자체가 굉장한 희망이었어요. 대학에 입학만 하면 마음대로 놀아 보고 옷도 내 마음대로 입고 여기저기 돌아다니면서 재미있게 살아 보고 싶었어요. 그래서 대학에 간 뒤에는 실제로 제가 하고 싶었던 걸 엄청 몰아서 했죠.

사실 당시에 저는 그냥 힙합이 되고 싶었어요. 정말로 그 생각밖에 없었어요. "난 힙합이 되고 싶어." 당시에 드렁큰타이거, 김진표 같은 분들이 활동했는데 저는 저같이 힙합을 좋아하는 사람 중에 어떤 사람들이 그분들처럼 되는 거라고 생각했어요. 평상시에 랩과 힙합을 좋아하고 열심히 하는 사람 중에 어떤 사람들은 저렇게 유명해지고, 나 같은 사람은 이렇게 살고, 그렇게 다 힙합으로 사는 거라고 생각했죠.

요즘 학생들은 랩 스타가 되고 싶다는 얘기를 많이 하는데 어릴 때 저는 그런 생각을 아예 해 본 적이 없어요. 그냥 나와 같이 힙합을 좋아하는 사람이 노력해서 많이 알려지니까 좋다, 뭐 이런 동료 의식을 느꼈죠. 동시에 나는 힙합을 위해서 뭘 할 수 있을지 생각했어요. 힙합을 위해서 무엇을 하며 살 수 있을지가 삶의 관건이었죠. 그래서 옷을 입을 때도 일단은 멋지게 보이려고 입었지만, 사람들에게 힙합을 느끼게 해 주고 싶다는 마음으로 입기도 했어요. '내가 이렇게 입고 다니면 힙합이라는 스타일이 더 알려지지 않을까' 같은 마음이었죠. 내가 힙합으로 살려면 힙합을 위해서 뭔가를 하며 살아야겠다, 힙합 앨범을 사고 옷도 힙합으로 입고 이야기도 랩으로 하고.

《랩으로 인문학 하기》가 나의 직업을 만들어 주었다

대학에 들어간 후 다른 일을 하거나 다른 직업을 가진 적은 없나요?

그런 면에선 어쩌면 저는 대책 없는 사람일 수 있어요. 20대 초반에는 알바만 하면서 살겠다고 생각한 적도 있거든요. 재미있는 게 1990년대 후반에는 요즘과 다르게 래퍼들이 돈을 배척했어요. 물신주의를 배척하는 메시지를 랩에 많이 담았죠. 그래서 저도 그 영향을 받아서 돈을 많이 버는 것을 배척했어요. 그런 게 속물로 보였죠.

그러다가 스물다섯 살 때 갑자기 취업을 해야겠다는 생각이 들어서 현 박원순 서울 시장님이 만들었던 '아름다운 가게'에 면접을 보러 갔어요. 그때도 힙합 스타일로 옷을 입고 갔죠. 그게 제가 힙합으로 사는 방법이었거든요. '면접을 보러 가더라도 넥타이를 매지 않고 힙합으로 입고 가겠어.' 그 후 6년 동안 아름다운 가게에서 일했어요.

박원순 씨가 그때 어떤 반응을 보였나요?

의외로 박원순 씨는 그런 걸 다 좋아했어요. 제가 감동받았던 게 박원순 씨가 쓴 책에 이런 문장이 있거든요. '우리 아름다운 가게에 래퍼가 있었어.' 그 정도로 이 문화에 대해 폭넓게 이해하는 분이었어요.

아름다운 가게에서 6년을 일했는데 왜 그만두었나요?

똑같은 일을 계속하는 게 괴롭더라고요. 직업이란 게 그렇잖아요.

그리고 제가 2010년에 제주도로 이주를 하게 됐어요. 제주도에 목공일을 배우러 갔었거든요. 기술을 배우고 싶어서요. 그런데 그 일이 잘 안 풀려서 어쩌지 하고 있다가 《랩으로 인문학 하기》라는 책을 쓸 기회가 생겼어요. 제가 《희망의 인문학》이라는 책을 읽은 적이 있는데 그 책이 노숙자에게 인문학을 가르치는 내용이었어요. 그 책을 읽고 '힙합의 인문학'을 만들고 싶다는 생각을 한 적이 있는데 그것을 실행에 옮긴 거죠. 책을 출간한 이후로 강의가 하나둘 들어오기 시작했고, 강의에 대한 반응도 좋았어요. 이 학교 선생님이 저 학교에 저를 강사로 소개해 주고 하면서 점점 더 강의 횟수가 늘어났죠.

그러니까 아름다운 가게에서 6년 동안 일한 후에 책을 낸 다음, 지금 하고 있는 일을 계속해 오고 있는 거군요?

그렇습니다. 2012년부터 이 일을 계속하고 있어요.

혹시 지금 하는 일을 하면서 부모님과 갈등은 없었나요?

갈등이요?(웃음) 헐렁한 바지를 좀 단정하게 입었으면 좋겠다는 말씀을 아버지께서 가끔 하시는 거 외에는 없습니다. 왜냐하면 제가 하는 일이 좋은 평을 받고 있다는 걸 아버지도 아시거든요. 물론 어릴 때는 좀 못마땅해하셨어요. 특히 아름다운 가게에 취직하기 전까지가 피크였죠(웃음). 사실 아름다운 가게도 당시 신생 회사다 보니 좀 걱정을 하셨어요. 전문성을 갖춰야 한다고 늘 말씀하셨거든요. 그런데 그 후에 제가 힙합으로 이런 교육 일을 하고 다니니까 이제는 괜찮다고 하세요.

:: 《랩으로 인문학 하기》라는 책을 출간하면서 박하재홍은 지금 하고 있는 일이 '직업'이 되었다고 말한다.

지금 하는 일이 처음으로 직업으로 다가온 순간이 있나요? 아니면 그런 순간도 없이 너무 자연스럽게 흘러왔나요?

자연스럽게 흘러왔죠. 왜냐하면 저는 제가 힙합이 아니라고 생각한 적이 한 번도 없어요. 항상 힙합에 대해 더 궁금해하고, 더 알고 싶어 하고, 오늘 하는 것이 더 힙합스럽기를 원했어요. 그렇게 살다 보니 여기까지 오게 된 거예요.

옛날얘기지만 힙합을 'peace, unity, love, having fun' 그리고 다섯 번째로 'knowledge'라고 했단 말이에요. 힙합을 좋아하는 사람들은 학교 공부와 상관없이 지식에 대한 열망이 강하다고 생각해요. 더 탐구심 강하고, 더 많이 알려고 하는 게 힙합의 성질이라고 생각하기 때문에 저는 힙합을 좋아하는 사람으로서 더 다양한 지식을 쌓기 위해서, 또 더 많은 경험을 하기 위해서 노력했어요. 그랬기 때문에 제가 할 수 있는 일을 잘 찾아냈던 것 같아요.

랩을 할 준비가 되어 있다면, 그 사람은 이미 래퍼

'내가 힙합이 아니라고 생각한 적이 한 번도 없었다'는 말이 인상적이에요. 하지만 대중은 이 말이 무슨 뜻인지 잘 모를 것 같기도 해요. 대체 힙합이 뭐기에 그런 말을 하냐고 물어볼 수도 있을 것 같아요.

어떻게 들릴지 모르겠지만, 저는 힙합을 만날 수밖에 없는 사람들이 태어나는 것 같아요. 힙합이 없으면 큰일 날 사람들이요. 힙합을 통해서 위로와 용기를 받지 않으면 안 되는 사람들이 계속해서 태어난다는 느낌을 받아요. 저 또한 힙합을 통해서 위로를 받고 큰 용기를 얻었고, 그래서 힙합을 위해서 무언가 하고 싶다는 생각을 하면서 살게 된 것이고요. 그래서 힙합이 고마운 거죠.

개인적으로 힙합의 인간적인 면을 굉장히 중시해요. 최근에 TV 프로그램 〈킬빌〉에서 도끼가 자기 매니저에게 랩을 똑같이 할당해 주고 매니저가 랩을 할 때 엄청 행복해했잖아요. 저는 그게 힙합의 인간적인 면이라고 봐요. 그런 모습에 감동을 많이 받았어요. 도끼가 옆 사람을 챙겨 줘서 함께 멋있을 수 있다는 것에서요. 악기 연주를 하면서 그러기는 어렵잖아요. 그런데 그게 힙합에서는 쉽거든요. 도끼와 매니저가 힙합으로 동등하게 빛나잖아요.

무슨 말인지 알 것 같습니다. 저도 공감해요. 다시 본래의 질문으로 돌아가서, 그러면 힙합이 직업으로 다가온 순간은 딱히 없었다는 말인가요?

그렇긴 하지만, 《랩으로 인문학 하기》라는 책을 썼을 때가 지금 하는 일이 직업적으로 구체화된 순간이라 말할 수 있을 것 같아요. 저는 그 책이 힙합이 저에게 준 선물이라고 생각해요. 랩을 열심히 하고 힙합을 좋아하는 사람으로서 지식과 경험을 계속 쌓은 덕분에 의미 있는 책을 한 권 완성한 거죠. 그리고 그 책이 사람들에게 도움이 되는 것을 보면서 이게 바로 힙합이 나에게 준 현실적인 선물이구나, 힙합이 이 일을 나에게 직업으로 주었구나 하고 생각하죠.

힙합을 좋아하는 사람들은 항상 이런 얘기를 해요. 힙합에게 뭔가 돌려주고 싶다고, 힙합을 위해서 뭔가를 하고 싶다고요.

정확히 표현은 못 하겠지만 힙합만의 돈독한 정서가 있어요. 예전에는 힙합 네이션(Hiphop Nation)이라는 말도 많이 썼잖아요. 힙합에는 기본적으로 공동체 정서가 있다고 생각해요. 자기의 멋을 중요시하는 문화도 맞지만 동시에 같이 챙겨 주고 싶고 내가 속한 공동체에서 같이 어울리고 싶은 정서가 힙합에 있어요.

박하재홍의 말에 적극 동의한다. 힙합에는 뭔가 끈끈한 게 있다. 최근에는 래퍼 염따를 통해 그 느낌을 다시 받았다. 염따는 내 유튜브 채널에 나와 이런 말을 한 적이 있다. "제가 1집을 내고 주변 사람이나 팬들이 저에게 앨범이 너무 좋다고 말해 줬을 때 그 한마디 때문에 그때까지 한 번도 경험해 본 적 없는 희열을 느껴 봤어요. 그리고 그런 기분이 삶을 지탱해 줘요. 지금도 마찬가지예요. 그래서 지금 저를 보는 사람들이 저를 통해서 힘을 받았으면 좋겠어요. 우리 삶에는 격려가 별로 없잖아요. 그런데 저는 지금까지 그 격려를 통해서 이 모든 걸 이뤄 냈거든요."

그러던 염따가 기어코 일을 내고 말았다. 염따가 진행하는 네이버 나우 라디오에 래퍼 슬릭 오도마가 출연했다. 오도마는 자신의 앨범 제작을 위해 크라우드펀딩을 하고 있다고 말했다. 그러자 염따가 대뜸 목표 금액을 물었다. 오도마가 330만 원이라고 말하자 염따는 자리에서 일어나 이렇게 말했다. "우리는 한국 힙합을 살리기 위해 이 프로그램을 하는 거고, 이건 기분 좋아서 하는 건데, 나 진짜 부자거든. 네가 진짜 멋있는 앨범을 냈다고 하니까, 아직 들어 보지도 못했지만 너의 다음 진짜 멋있는 앨범을 위해 아무것도 바라지 않고 줄게." 염따는 그 자리에서 330만 원을 현금으로 오도마에게 줬다. 그건 돈이 아니었다. 사랑이었다.

제주도로 이주하게 된 특별한 계기가 있나요?

일단 제가 그 전까지 서울에서 태어나서 거기서만 살았다는 이유도 있고요. 빼먹은 얘기가 있는데 아름다운 가게를 다니는 동안에 힙합으로 살기 위해서 거리 공연을 계속했었어요. 2003년부터 2008년 정도까지 대학로 마로니에 공원에서 공연을 했죠. 그때는 거리에서 랩을 하는 사람이 없었는데 그 점이 이상했어요. 전 힙합이 거리에서 탄생했다고 배웠거든요. 그래서 저라도 해야겠다고 생각했죠.

그런데 거리 공연을 계속하다 보니 서울에서는 이제 더 이상 할 곳이 없더라고요. 또 서울에서만 살았던 것에 대해 경험적 한계를 느끼기도 했어요. 내가 너무 한국의 중심에서만 모든 것을 경험해 온 것은 아닌가 싶었죠. 그래서 지방 소도시에서 변두리 경험을 좀 쌓고 싶다고 생각하던 차에 마침 아는 분이 제주도에서 목공일을 같이해 보지 않겠느냐고 하셔서 제주도로 가게 된 거예요.

제주도에서도 거리 공연을 하고 있나요?

제주도에 와서 겪은 특별한 경험이 있다면, 서울과 다르게 여기에서는 나이 어린 친구들하고 랩을 할 기회가 굉장히 많다는 거예요. 서울

:: 제주도로 이주한 이후, 10대들과 싸이퍼를 하는 등 교류가 늘면서 힙합의 즐거움을 다시 느끼고 있다는 박하재홍.

은 경쟁이 너무 치열하니까 또래 외에 다른 사람하고 어울릴 기회나 분위기가 아예 형성이 안 돼요. 그런데 제주도는 힙합을 좋아하는 사람수 자체가 좀 적다 보니 나이가 많아도 환영하는 분위기가 있어요.

만약 서울이라면 제가 랩 스타가 아닌 이상 10대들이 저를 찾아오지 않겠죠. 그런데 제주도에서는 저와 스무 살 이상 차이 나는 친구들하고도 같이 싸이퍼도 하고 교류도 하고 있어요. 덕분에 힙합의 즐거움을 많이 느꼈죠. 힙합을 좋아하는 것만으로도 세대를 넘어서 대화를할 수 있다는 사실을 깨달았고요. 힙합을 좋아하는 사람이라면 이런커뮤니티 문화를 자기 주변에서 어느 정도 구현하면 좋지 않을까 해요.

지금 한국 사회의 많은 청소년이 래퍼가 되고 싶어 해요.
정확히 말하면 랩 스타가 되고 싶어 하는 거죠.

래퍼와 랩 스타의 차이는 뭘까요?

전 어떤 사람이 항상 랩을 할 준비가 되어 있다면 그 사람을 래퍼로 인정해 줬으면 좋겠어요. 음악적 성과가 있어야만 인정해 주는 것이 아니라요.

일종의 생활 체육 같은 개념인가요? '생활 래퍼'처럼이요.

그렇죠. 기준은 모호할 수 있지만 어쨌든 그 사람이 랩을 했을 때 멋있어 보이고 캐릭터도 살고 사람들에게 즐거움과 감동도 준다면, 그 정도만 돼도 래퍼라고 인정해 주는 분위기가 생겼으면 좋겠어요. 저 같은 평범한 래퍼도 '나처럼 살면 힙합이고 래퍼야'라고 말할 수 있도록. 저는 자신을 래퍼라고 생각하거든요. 매일 랩을 하니까.

교양 강사, 작가, 행사 기획자 모든 것이 나에겐 힙합

청소년 교양 강사로 강단에 오를 때는 주로 어떤 내용의 강연을 하나요?

대중음악 감상을 통해서 문화적 소양을 넓히는 강의를 해요. 저는 어떤 음악을 듣는지가 아니라 같은 음악을 들어도 어떻게 듣는지가 중요하다고 봐요. 예를 들어 어떤 친구는 세븐틴 노래에서 큰 감동을 받아요. 그런데 다른 친구는 세븐틴 잘생겼다고 하면서 노래를 들어요. 똑같은 노래를 들어도 이렇게 차이가 날 수 있거든요. 저는 어릴 때 대중음악을 풍부한 시선으로 바라보기 위해 노력했고 그 과정을 통해서 사회나 역시에 관한 괜찮은 지식도 얻을 수 있었어요. 제 경험을 토대로 내가 좋아하는 음악을 어떻게 들어야 내 삶에 더 도움이 되는지에 관해 주로 강의해요.

언젠가 '스타일'에 관해 타이거JK와 이야기한 적 있다. 그에게 랩에서 가장 중요한 것이 무엇이라고 생각하느냐고 묻자 타이거JK는 리듬, 플로우, 라임, 메시지 다 중요하지만, '오리지널리티'가 가장 중요하다고 답했다. 랩만 들어도 '이건 타이거JK다'라는 느낌이 있어야 하는데 지금 래퍼들의 랩은 눈을 감고 들으면 다 비슷한 것 같다고 했다. 그가 예로 든 건 미국의 래퍼 메이스(Mase)였다. 메이스는 어릴 때 말을 중얼거려서 놀림을 많이 당했다고 한다. 하지만 그는 자신의 말투를 살려서 자신만의 랩 스타일로 만들었다. 그리고 소위 말하는 '대박'이 났다. 자기 스타일에 대한 고민 없이 래퍼를 꿈꾸는 친구들을 위해서 타이거JK의 말을 그대로 옮긴다.

"〈쇼미더머니〉 시즌 6 1차 심사할 때도 1만 2000명 중에서 랩을 못해서 떨어진 사람은 없어요. 기술적으로는 다 좋았죠. 절반 이상은 저보다 잘했고요. 그런데 일곱 시간 동안 심사하면서 죽는 줄 알았어요. 일곱 시간 동안 똑같은 사람의 똑같은 랩을 듣는 기분이었어요. 똑같은 랩에 똑같은 포즈에다 애드리브까지 똑같았어요. 단어 선택까지요. 그러고 나서 떨어뜨리면 왜 나를 떨어뜨렸냐고 묻더군요. 이런 것이 시대의 흐름이기도 하니까 이해하는 부분도 있지만 제 입장에서는 좀 아이러니하죠."

당연히 힙합 음악에 관해서도 많이 얘기하겠죠?

그렇죠. 힙합의 비중이 커요. 지금 시대에 힙합을 좋아하지 않더라도 힙합을 이해하는 일은 중요하니까요. 폴킴, 김동률, 윤종신 노래를 좋아하는 친구들도 힙합이 무엇인지 이해하는 건 교양으로써 필요한 일이기 때문에 그런 경험도 주려고 노력해요.

:: 청소년 교양 강사로 강연할 때 박하재홍은 주로 대중음악 감상을 통해서 문화적 소양을 넓히는 주제를 다룬다.

지금 힙합과 관련한 일을 직업으로 삼으면서 그걸로 생계를 유지하고 있는 거네요.

네. 2011년부터 그렇게 살고 있죠. 제가 하는 일을 크게 나눈다면 청소년 교양 강사, 책 쓰는 작가, 그리고 문화 행사 기획 및 진행이 되겠네요.

현재의 삶에 만족하나요?

그럼요. 만족해요. 하지만 미래가 안정적인 건 아니죠. 저도 프리랜서잖아요.

그렇다면 박하재홍 님처럼 살고 싶다는 10대가 있다면 어떤 말을 해 줄 건가요?

매년 하고 싶은 일을 정해라. 2년까지도 필요 없습니다. 1년마다 하고 싶은 일을 정하면 돼요. 그리고 그걸 후회 없이 해 보는 거죠. 그러면 그게 쌓여서 나중에 구체화되는 기회가 오거든요. 저는 스무 살부터 지금까지 도전해 보고 싶은 건 매년 해 봤어요. 물론 잘된 것도 있고 아닌 것도 있지만 후회해 본 적은 없어요. 제가 할 수 있는 한도 내에서는 모두 해 봤기 때문이에요.

매년 자신이 할 수 있는 일을 정확하게 찾아내서 후회 없이 해 본 다음, 결과를 보고 정확하게 판단해야 해요. 그리고 그 판단에 따라 내년에 할 일을 정해야죠. 저는 그런 스타일이에요.

앞으로 힙합과 관련해서 더 생기게 될 직업이나 생겼으면 하는 직업이 있다면요?

일단 저 같은 사람이 많이 필요해요. 학교마다 저처럼 힙합을 응용해서 뭔가를 해 줄 사람을 찾고 있어요. 하지만 '랩 스타가 되고 싶은데 잘 안 되니까 일단 이것부터 하자'라는 마음가짐으로는 교육자가될 수 없어요. 그런 사람은 하면 안 돼요. 돈이 없으니까 학교 가서 랩이나 좀 하면서 돈 벌자는 생각이면 교육자 기질이 없는 거예요.

힙합 교육자는 힙합 문화에 대한 이해가 깊어야 하고 힙합이 왜이 세상에 태어났는가 왜 필요한가에 대한 답을 스스로 낼 수 있어야해요. 힙합에 대한 전반적인 지식과 이해가 깊으면서 힙합을 교육과 잘결합할 안목이 있는 사람이 해야죠.

마지막으로 이 책을 읽는 사람들에게 당부 한마디를 부탁드려요.

'우리는 성공하기 위해 태어난 것이 아니라 성장하기 위해 태어난 것이다.' 저의 철학이에요. 사람이 성공을 원하는 건 당연하지만 그보다 더 중요한 건 계속 성장하는 거예요. 제가 힙합으로 성공했다고말할 수는 없어요. 하지만 저는 힙합을 통해 계속 성장하고 있고 앞으로도 그럴 거예요. 이 책의 독자분들도 힙합을 통해서 자기가 어떻게 성장하고 있는지 자주 확인하면 좋겠어요.

"고민할 시간에
시도하는 게 나아요"

| 김용준 |

서강대학교 컴퓨터학과에 다니던 2000년에 힙합플레이야를 만들었다. 국내 힙합 사이트 중 가장 역사가 오래됐다. 커뮤니티로서의 기능을 중시하며 음원 방송인 힙플라디오, 오프라인 공연인 힙합플레이야 쇼를 여러 번 개최했다. 아마추어 래퍼들이 자작곡을 올리는 게시판을 통해 많은 뮤지션이 이름을 알렸다. 현재는 '힙합플레이야 페스티벌'을 성황리에 개최하고 있다.

힙합플레이야(HIPHOPPLAYA)는 한국에서 가장 오래된 힙합 사이트다. 앞으로도 영원히 이 사실은 바뀔 수가 없다. 2000년을 기억한다. 2000년의 힙합플레이야를 기억한다. 래퍼들과 그들의 앨범이 하루하루 차례차례 등록되던 힙합플레이야의 모습을 기억한다. 그로부터 20여 년의 세월이 지났고 힙합플레이야는 살아남았다. 이들은 20주년을 준비하고 있다.

살아남는 건 언제나 어려운 일이다. 그냥 버티는 것도 어려운데, 훌륭하게 버텨야 가능한 일이기 때문이다. 그리고 힙합플레이야가 지난 20여 년을 훌륭하게 버틸 수 있었던 중심에는 바로 김용준 대표가 있다. 힙합의 열렬한 팬인 동시에 영민한 사업가인 그 덕분에 힙합플레이야는 여전히 영향력 있는 존재로 살아 있다. 래퍼가 아닌 힙합 산업

종사자 중에서 그는 매우 중요한 인물 중 한 명이다.

컴퓨터 프로그래머를 꿈꾸던 소년, '힙합 회사'를 만들다

힙합플레이야는 어떤 곳이고 무슨 일을 하는 곳인가요?

힙합플레이야는 2000년 8월에 만들어졌어요. 웹사이트로 시작한 힙합 포털 사이트였고요. 지금은 콘텐츠도 만들고, 공연도 하고, 페스티벌도 하고…… 최근에는 사람들에게 힙합 회사라고 소개하고 있어요. 그러면 사람들이 "그게 뭐죠?" 이렇게 묻고 저는 "힙합에 관련된 걸 다 하고 있다." 이렇게 대답해요.

힙합플레이야라는 이름은 어떻게 지은 건가요?

대학교 때 힙합과 컴퓨터를 엄청 좋아했거든요. 하루는 윈엠프(winamp)라는 미디어 플레이어에 외국 힙합 음악을 올려놓고 쭉 보는데 'playa'라는 슬랭 표현이 눈에 들어왔어요. 느낌이 좋았죠. 그래서 힙합플레이야라고 이름을 지었고 로고도 제가 직접 만들었어요.

2000년부터 사이트가 있었으니까 2020년이면 20주년이네요. 언제부터 힙합을 좋아했나요?

듀스 앨범을 듣고 나서였어요. 그 앨범에 되게 힙합스러운 곡이 하나 있었어요. 그런 노래를 좋아하는 저 자신을 보면서 '난 이쪽 감성이 맞나 보다'라고 생각했죠. 솔리드 앨범에도 〈힙합 네이션〉이라는 노래가 있었고요. 처음으로 산 외국 힙합 앨범은 우탱 클랜의 《Enter the

Wu-Tang(36 Chambers)》이었죠. 또 아버지 직업이 군인이었어요. 어린 시절 주한 미군과 같이 있는 부대에 살았는데, 부대 안 오락실에 가면 노토리어스 비아이지(Notorious BIG)의 노래가 흘러나왔어요. 베이스가 울리는 그 느낌을 되게 좋아했죠.

다른 음악이 아니라 힙합에 빠질 수밖에 없었던 이유가 있었나요? 아니면 그 시기에 힙합을 접했기 때문에 빠져든 걸까요?

여러 장르의 음악을 접했지만 힙합이 유독 좋았어요. 사운드의 타격감이 시원했거든요. 그리고 듀스를 예로 들면 힙합 그룹의 음악에는 태도 같은 것이 느껴졌어요. 철학 혹은 살아가는 방식이라고 해야 하나. 그런 게 좋았죠.

돌이켜볼 때 지금도 생각나는 가사가 있나요?

듀스의 앨범엔 자신의 길은 자기가 선택하고 살아야 한다는 메시지가 많았어요. 이현도 형님의 가사에요. 이런 가사들이 제 중고등학교 시절 가치관을 형성하는 데 꽤 큰 영향을 미쳤죠.

그 가사들이 학창 시절 용준 님의 삶에 결핍되어 있는 무언가를 건드린 걸까요?

그럴 수도 있죠. 그런데 전 중고등학교 시절에 우등생이었어요. 반장도 하고요. 그래서 학교를 반대하는 입장은 아니었어요. 지금 생각해보면 그 가사들을 심각하게 받아들이고 좋아했다기보다는 그 가사들이 풍기는 향기를 멋있게 봤던 것 같아요.

그런데 여전히 어떤 사람들은 학창 시절에 공부도 못하고 적응하지 못하는 애들이 힙합을 탈출구로 삼으며 좋아했을 거라고 생각하잖아요.

저의 경우는 그렇지 않았지만, 제 삶에서 힙합을 좋아하게 된 것은 자연스러운 과정이었어요. 저는 사람들이랑 얘기할 때도 꼬아서 얘기하기보다는 솔직하게 얘기하는 게 더 취향에 맞고, 세상이 합당하고 합리적이기를 바라거든요. 이런 저의 성향이 힙합의 코드와 잘 맞았죠.

학창 시절에 꿈이 있었나요?

컴퓨터 프로그래머가 되고 싶었어요. 어릴 때 피아노를 포함해서 여러 가지를 경험해 봤는데 컴퓨터가 제일 취향에 맞았어요. 자료를 모으고 정리하고 논리에 맞게 프로그래밍하는 일이 되게 재밌었어요. 빌 게이츠 같은 사람이 되고 싶었죠. 컴퓨터를 통해 사업도 하고 싶었어요.

첫 광고비 20만 원에서 독보적인 힙합 사이트가 되기까지

그래서 서강대학교 컴퓨터학과에 진학했군요.

네. 대학교 3학년 때 힙합플레이야 사이트를 만들었어요. 그때 창업
붐이 일었거든요. '○○닷컴' 열풍이요. 저는 컴퓨터도 좋아하고 힙합도
좋아해서 외국 힙합 사이트를 주로 봤는데, 우리나라엔 이런 게 왜 없
을까 생각했죠. 그래서 힙합플레이야를 만들게 됐어요. 그런데 의도치
않게 힙합플레이야를 통해서 돈이 벌리기 시작한 거죠. 원래 돈을 벌려
고 만든 건 아니었거든요. 조PD 형이 광고비 20만 원을 보내 줬던 게
지금도 기억나요. 그게 첫 광고비였죠. 처음엔 취미로 시작했지만 돈이
벌리니까 점점 이걸로 어떻게 사업을 할 수 있을지 생각하게 된 거죠.
그런데 이걸 20년 가까이 하고 있을 줄은(웃음).

**힙합플레이야를 만드는 과정에서 부모님과 갈등은 없었나요? '좋은 대학
보내 놨더니 이 자식이……' 이런 말씀을 하셨을 법도 한데요.**

큰 갈등은 없었어요. 저희 부모님은 원래 어릴 때부터 제가 원하는
걸 자유롭게 할 수 있도록 해 주셨거든요.

만약 용준 님이 공부를 못했더라도 부모님이 그렇게 해 주셨을까요?

그건 모르죠. 제가 형제 중에 둘째인데, 부모님이 첫째를 키우면서
자식은 부모 입김대로 되는 게 아니라는 걸 깨달으셨던 것 같아요. 그
래서 저를 키우실 때는 진짜 너무 이상해서 꼭 말려야 하는 게 아니면
자유를 주셨죠.

보통 음악을 좋아하면 창작자가 되고 싶어 하잖아요. 힙합을 좋아하면 다들 래퍼가 되고 싶어 하는데 래퍼를 꿈꾼 적은 없나요?

안 해 봤어요. 플레이어가 되고 싶다고 생각해 본 적은 없어요. 왜냐하면 저는 컴퓨터를 좋아했거든요. 사람은 자기가 잘하는 것에 점점 꽂히게 되고 더 깊이 들어가게 되잖아요.

래퍼들이 받는 스포트라이트를 보면서 아쉬웠던 적은 없나요? '이 분야의 주인공은 어쩔 수 없이 래퍼구나' 같은 생각이요.

그런 생각까지는 잘 안 했어요. 물론 예전에 에픽하이나 다이나믹 듀오를 보면서 나도 저 길로 갔다면 어디까지 갈 수 있었을지, 또 돈을 얼마나 벌었을지 잠깐 생각해 본 적은 있죠. 그런데 그저 스쳐 지나가는 생각이었을 뿐, 깊게 고민해 본 적은 없어요. 예를 들어 돈을 많이 버는 골프 선수, 변호사, 한의사가 제 앞에 있다고 가정해 본다면, 사실 그 사람들은 저와 상관없는 사람들이잖아요. 가진 재능의 종류도 다르고요. 이런 느낌인 거죠.

이 책을 위해 한 힙합 씬의 종사자와 인터뷰를 끝냈을 때, 그가 나에게 이렇게 물었다. "저는 책에 그냥 짧게 들어가는 거죠? 래퍼들이 많이 나오고." 나는 이렇게 대답했다. "아니요. 똑같이 들어갈 거예요. 오히려 저는 래퍼가 아닌 사람들의 인터뷰가 이 책에서 더 중요할 수 있다고 생각해요." 진심이었다. 래퍼가 아닌 사람들과의 인터뷰가 나에게는 중요했다. 먼저, 그들을 수면 위로 끌어올리고 싶었다. 힙합 씬에는 래퍼뿐 아니라 이런 사람들도 힙합을 통해 살아가고 있음을 알리고 싶었다. 또 래퍼기 되고 싶어 하는 청소년들에게 이런 선택지도 존재함을 알려주고 싶었다. '나는 힙합을 좋아하니까 래퍼가 되어야지'라는 막연한 생각 대신 자신의 재능이 무엇인지 그 종류를 정확히 파악하는 게 중요하다고 말해 주고 싶었다. 어쩌면 당신에게 어울리는 직업은 래퍼가 아니라 힙합 평론가나 힙합 레이블의 A&R일 수도 있음을 일깨워 주고 싶었다. 다시 한 번 말하지만 모두가 래퍼가 될 필요는 없다. 아니, 모두가 래퍼가 되어서는 안 된다.

일단 경험해 봐야 내가 누군지 알 수 있다

지금은 많은 청소년이 래퍼를 꿈꾸잖아요. 그런데 관문은 좁죠. 오늘날의 래퍼 지망생들에게는 어떤 얘기를 해 줄 수 있을까요?
해 봐라.

그래도 일단 해 봐라?
네. 해 봐라. 왜냐하면 자기 인생이잖아요. 해 보면 알게 돼요. 자기가 재능이 있는지 없는지. 기본적으로 선택의 문제라고 봐요. 누가 이런 이야기를 한 적 있어요. 두 개의 문이 있는데 A문과 B문 중 어디를 열까 고민할 시간에 그냥 빨리 한쪽 문을 연 다음 그 길이 아니면 다른 문을 바로 여는 게 더 효과적이라고요. 저는 이런 경험주의자에 가깝거든요. 정말 게임 오버가 될 정도의 리스크가 아니라면 일단 시도를 하는 게 자기 인생에 훨씬 많은 것을 안겨 줘요. 이건 비즈니스를 할 때도 마찬가지예요. 무언가를 빨리 해 보면서 내가 누군지 아는 과정을 거치는 게 더 좋아요.

힙합플레이야를 만든 시기가 2000년이잖아요. 당시 대학생이었는데 미래에 대한 두려움이나 걱정은 없었나요?

그냥 너무 재미있었어요. 제가 마음속에 품고 다니는 말 중에 '내가 끝내지 않으면 끝난 게 아니다'라는 말이 있어요. 일단 시작하고 앞으로 가는 게 되게 중요한 것 같아요. 저는 우리나라에 다양성이 더욱더 늘어났으면 좋겠어요. 그래야 사람들이 자기가 생각한대로 살거나 결정하거나 그걸 추진할 수 있는 힘이 생기고, 세상에 재미있는 것이 더 많아지고 더 다채로워지잖아요. 이렇게 될 때 사회가 더 건강해질 수 있다고 생각해요.

사람들은 "대학교 3학년 때는 이래야 돼" "대학교 4학년 때는 이래야 돼" "대학교를 졸업하면 이래야 돼" 같은 말을 많이 하죠. 물론 정석적인 길을 잘 밟는 사람도 필요해요. 하지만 사람에 따라 학교에 안 나갈 수도 있고, 학교에 다니다 필요 없어지면 그만두고 자기 길을 가는 사람도 더 많아져야 한다는 입장이에요. 누군가는 저에게 "그럼 네 자식한테도 그런 잣대를 들이댈 수 있어?"라고 물을 수도 있는데, 저는 실제로 그런 생각을 조금씩 하고 있어요. 아직 아이가 네 살이라 먼 미래의 일이긴 하지만, 제 아들이 인생을 그렇게 살면 좋겠어요.

제가 준비한 질문 중에 비슷한 것이 있거든요. 자식이 래퍼가 되고 싶다고 한다면 부모로서 어떻게 반응할 건가요?

물론 그렇게 하라고 할 거예요. 그런데 래퍼는 지금 잘나가는 직업이니까 다른 분야를 예로 들어 볼게요. 만약 제 아들이 펑크 음악을 하고 싶다고 한다면, 그러니까 제기 이해할 수 없는 문화에 빠져서 그것을 해 보고 싶어 하고, 심지어 그게 돈도 안 되고 장래 가능성이 낮다

:: 힙합플레이야에서 2016년부터 개최하고 있는 페스티벌의 전경. 이렇듯 힙합플레이야는 힙플라디오 방송을 하고, 힙합플레이야 쇼와 힙합어워즈를 개최하는 등 단순히 매거진이라기보다는 '힙합에 관련된 것이라면 뭐든지 하는 회사라고 할 수 있다.

고 하더라도 일단 저는 해 보라고 할 거예요. 그 분야와 관련해 자기가 재능이 있는지 없는지 빨리 판단할 수 있는 환경을 제공하고 싶어요.

합리적인 생각이에요. 저도 공감하고요. 이번에는 힙합플레이야에 대해 이야기해 볼까 해요. 사이트의 대표로서 지난 20년 동안 힙합플레이야가 어떤 변천 과정을 겪었는지 설명을 부탁드려요.

2000년도에 처음 힙합플레이야를 만들었을 때는 이런 사이트가 없는 상황이라 저희가 잘됐던 측면이 있어요. 무럭무럭 자랐고 저희도 하나하나 대응을 하면서 순조롭게 성장했죠. 처음에는 저 혼자 운영을 했는데 6개월 만에 일손이 부족해졌어요. 그래서 당시 사이트에서 활발하게 활동하던 김대형 씨와 서혜정 씨를 게시판 관리자로 충원했죠. 셋이서 같이 놀기도 하고 일하기도 했어요. 그때 각자 한 달에 20~30만 원씩 벌었을 거예요. 초창기에는 월급 세 자리 만들기가 목표였어요. 세이 캐스트(인터넷 음악 방송), 광고비, CD 판매 수익을 합쳐서 각자 대략 100만 원씩을 월급으로 가져가는 게 목표였죠. 그런 후에 회사로서 모양새를 더 갖춰야겠다고 생각한 시기가 있었고, 그러고 나서 저희가 나이를 점점 먹으니까 고정적인 월급을 만들어야겠다고 고민하는 시기가 왔죠.

돌이켜보면 지금까지 웹진이나 콘텐츠를 통해서 번 돈은 거의 없어요. 거의 '본전치기'였던 것 같고요, 대신에 CD를 팔아서 돈을 많이 벌었죠. 공연으로는 돈을 많이 벌기도 했고 잃기도 했고, 음원 사업에 진출해서는 돈을 잃었어요. 하지만 그다음에 음원 유통 사업에 진출해서 돈을 벌었죠. 힙합플레이야 페스티벌을 개최한 지 4년이 됐는데 2019년에는 매진이 돼서 많은 수익을 올렸고, 힙합이 유행하면서 광고를 의뢰하는 기업이 늘어난 덕분에 수익이 또 났죠. 힙합엘이가 광고 단가를 올리면서 저희도 광고비가 올랐어요. 예전에는 광고비가 20만 원, 30만 원, 50만 원 이런 식으로 구분이 됐다면 지금은 100만 원, 300만 원, 500만 원, 1000만 원, 3000만 원 이런 단위로 구분이 돼요. 물론 그렇다고 돈을 펑펑 버는 건 아니고요. 예전보다는 확실히 나아졌죠.

많은 사람이 몰릴수록 새로운 기회는 계속 생겨날 것

처음에는 웹진으로 출발했지만 CD 판매도 하고, 음원 사업에도 진출하고, 공연도 개최하면서 지금까지 온 거군요. 그러면 지금의 힙합플레이야는 무엇이리고 정의할 수 있을까요?

힙합 회사라고 생각합니다. 이제는 저희가 힙합어워즈도 개최하고 있잖아요. 누구는 저희를 매거진이라 부르고, 누구는 저희를 커뮤니티라 부르고, 누구는 저희를 페스티벌 업체라 불러요. 조금 가짓수가 많은 느낌이 들어서 20주년을 기점으로 뭔가 정리를 해야 하지 않을까 싶기도 해요.

이제 정리를 해야 할 시기가 왔다고 생각하나요?

집중하는 게 좋으니까요. 시대가 달라졌잖아요. 이 시대에 맞는 일에 더 집중해야 해요. 예를 들어 소울컴퍼니의 더콰이엇과 일리네어의 더콰이엇은 같은 신동갑이지만 서로 다른 더콰이엇이잖아요. 시대가 달라지면 하는 일도 달라지는 게 자연스러운 거라고 생각해요. 실제로 힙합플레이야라는 이름을 생각하면 사람들은 '인터넷 사이트' 혹은 '자녹게(자작 녹음 게시판)' 등을 떠올린단 말이에요. 이제 거기에서 벗어나려고 해요. '힙합플레이야는 웹사이트다'라는 1순위의 이미지를 저 스스로도 얼마 전에 잘라 냈어요. 힙합플레이야가 꼭 웹사이트일 필요는 없는 거니까요.

힙합플레이야를 하면서 지금까지 겪었던 일 중 가장 큰 위기 상황이나 실패라고 할 만한 일이 있나요?

CD 시장이 저물고 음원 시장으로 넘어가면서 저희도 음원 사업에 뛰어들었어요. 저희가 직접 하기도 했고 음원 서비스 업체인 벅스와 같이한 적도 있는데, 그걸로 몇억 원을 까먹었죠. 그게 저희한테 가장 큰 위기였어요. 돌이켜보면 그 사업 자체가 저희가 할 수 있는 규모의 사업이 아니었어요. 예를 들어 저희 회사에 개발자가 두 명 있었다면 그 사업은 개발자가 열 명은 있어야 하는 사업이었죠. 자금도 훨씬 더 많이 필요했고요. 그때는 그걸 몰랐어요. 그저 빠르게 다음 세대를 준비해야 겠다는 생각밖에 없었죠. 당시에 디시인사이드도 음원 스트리밍 사업에 진출했는데, 거기도 몇 년 지나서 다 정리를 했어요. 왜 그렇게 정리가 됐는지 이제 저뿐 아니라 많은 사람이 알잖아요. 그때 배운 게 되게 많죠.

그러면 '힙합 회사 대표'의 삶이란 어떤가요? 대기업에 다니거나 일반 회사원인 용준 님의 친구들과 비교할 때 어떤 것이 다를까요?

일단 너무 좋아요. 제가 선택한 삶이니까. 물론 비교는 돼요. 수입으로도 비교가 되고 출퇴근 시간, 잠자는 시간, 업에서 받는 스트레스와 기쁜 점, 이런 모든 것에서 차이는 분명 있죠.

대부분의 측면에서 본인의 삶이 더 좋다고 생각하나요?

그런 건 아니에요. 세상에 절대적으로 좋은 직업이 어디 있겠어요. 로펌에 다니고 컨설팅 회사에 다녀서 억대 연봉을 받으면 그만큼 자기 시간이 줄어들지만, 스스로 그걸 행복하다 생각한다면 성공한 거죠. 또 치과의사인 사람이 있는데, 그게 자기가 원했던 삶이라면 그 사람은 행복한 거예요.

제가 이어서 얘기해 볼게요. 어떤 사람들은 "네가 하고 싶은 일을 해. 너의 꿈을 찾아"라고 말하면서 공무원 같은 직업을 상대적으로 불행하게 보잖아요. 쳇바퀴 굴러가듯 똑같은 일만 영혼 없이 하는 직업 취급을 하면서요. 그런데 저는 공무원도 자기 적성에 맞고 행복하다면 성공한 삶이라고 생각하거든요.

그럼요. 사람은 다 달라요. 가지고 있는 힘이 다 다르죠. 조금 느린 사람은 조심성이 있고, 조금 빠른 사람은 행동력이 빠른 거죠.

결국 이것 역시 자기 객관화가 가장 중요하다는 말이다. 자기가 어떤 사람인지, 자신이 가진 재능이 어떤 종류의 것인지 정확히 파악해야 한다. 그래야 행복할 수 있다. 나 역시 한때는 공무원이란 직업을 택하는 친구들을 좋은 시선으로 보지 않았다. 그저 사회가 원하는 대로 휩쓸려 가는 사람으로 취급했다. 하지만 누군가는 공무원의 삶이 자기 성향에 잘 맞을 수 있다. 또 공무원으로서 이루고 싶은 꿈을 가졌을 수 있다. 그런 이들이 래퍼 혹은 예술가의 길을 걷는다면 그만큼 불행한 일이 또 없을 것이다. 래퍼나 공무원이라는 직업 자체가 중요한 게 아니다. 자신을 행복하게 하는 길을 찾는 게 중요하다. 래퍼이기 때문에 남을 함부로 평가하고 단정할 자격이 생기는 것은 아니다. 불행한 래퍼보다는 행복한 공무원이 낫다.

요즘 청소년들은 왜 래퍼가 되고 싶어 할까요? 먼저 이 질문에는 동의하나요?

네. 동의해요. 어린 친구들이 엄청 좋아하더라고요. 거의 아이돌과 비등하다는 소리가 있어요. 래퍼가 자유로워 보여서 되고 싶어 한다고 생각해요. 어릴 때는 좀 단순하잖아요. 필터링 없이 생각할 수 있고 직관적으로 딱 '나 이거 좋아' 이렇게 생각하죠. 그런데 힙합이 그런 면에 꽤 부합하는 것 같아요. 자유롭고, 원하는 거 하고, 돈도 솔직하게 좋아하고.

:: 2000년부터 힙합플레이야를 멈추지 않고 운영해 온 김용준의 바람은 어찌 보면 단순하다. 그는 그저 힙합의 좋은 면이 앞으로 더욱 널리 전파됐으면 하는 마음이다.

어린 나이에 데뷔하는 래퍼들이 경계해야 할 점이 있다면 어떤 것들이 있을 까요?

그런 건 딱히 생각이 안 나네요. 그냥 어렸을 때 세계 골프 대회에 서 우승한 골퍼한테 "어린 나이에 우승했으니 이런저런 것을 조심해라" 라고 하는 것과 비슷하다고 생각해요. 힙합이라서 특별히 더 조심해야 하는 건 없는 것 같아요.

그럼 힙합플레이야 대표로서, 또 힙합 산업의 종사자로 살아가면서 궁극적 으로 사람들이나 사회에 전하고 싶은 메시지가 있나요?

구체적인 메시지까진 없고요. 세상 모든 것이 그렇듯 힙합도 좋은 점과 나쁜 점을 동시에 가지고 있을 텐데, 저는 힙합의 좋은 면이 더 널 리 전파됐으면 좋겠어요.

그건 저도 늘 하는 생각이고, 제 힘닿는 만큼 하고 있는 일이기도 해요. 한국에서는 힙합의 한 부분만 싸잡아서 욕하는 경우가 많은데, 사실 힙합은 되게 방대한 세계잖아요.

맞아요. 저는 힙합이 좋고 힙합으로부터 혜택받았다고 생각해요. 그래서 그걸 환원하고 싶고, 더 알리고 싶어요. 그게 아니면 이 마음이 설명이 안 돼요. 가끔 힙합을 좋아하는 열혈 청년이나 힙합플레이야를 오래전부터 좋아했던 친구들을 만나 보면요. 그 친구들은 힙합을 종교나 사상처럼 믿고 힙합에 어떤 기여를 하고 싶어 해요. 뭔가 해 주고 싶어 하고, 일원이 되고 싶어 하는 열정과 마주할 때가 있어요. 힙합이 그 친구들에게 무언가를 주었기 때문에 되돌려 주고 싶어 하는 거라고 생각해요. 작용-반작용 같은 거죠.

힙합과 관련해서 앞으로 더 생기게 될, 혹은 생겼으면 하는 직업이 있다면요?

A&R이 많아져야 한다고 몇 년째 얘기하고 있어요. 저는 A&R이 아티스트만큼 중요하다고 봐요. 창의적이고 멋있는 A&R이 늘어나야 해요. 그리고 봉현 씨나 저희같이 매체나 기획자의 숫자도 자연스럽게 늘어났으면 좋겠고요.

마지막으로 이 책을 읽는 사람들에게 한마디 부탁드려요.

사람들이 좋아하는 것에는 이유가 있고 가치가 있다고 생각합니다. 힙합이 우리나라에서 그렇게 자리 잡고 있어요. 그게 사람들이 쓰는 돈이나 시간으로 증명되고 있죠. 사람들이 많은 관심을 가지고 많이 소비하는 분야는 당연히 산업이 되고, 그 속에서 새로운 직업도 생겨나요.

전문가도 마찬가지고요. 지금 이 책도 그런 것 중의 하나라고 생각해요. 이런 상황에서 만약 자녀가 힙합에 종사하고 싶어 한다면 부모님들이 조력자가 될 수 있어요. 그리고 이 책은 그 과정에서 길잡이 역할을 해 줄 겁니다.